貧困なき世界

The Quest for Prosperity

How Developing Economies Can Take Off

途上国初の世銀チーフ・エコノミストの挑戦

ジャスティン・リン
Justin Yifu Lin 林毅夫
小浜裕久［監訳］

東洋経済新報社

Original Title
THE QUEST FOR PROSPERITY: How Developing Economies Can Take Off
By Justin Yifu Lin

訳者はしがき

本書は、Justin Yifu Lin, *The Quest For Prosperity: How Developing Economies Can Take Off* (Princeton, NJ.: Princeton University Press, 2012) の全訳である。

二〇一二年秋には、大学で教材に使っているから、出版されてからあまり時間をおかずに読んだようだ。その頃から仲間内で翻訳の話は出ていた。具体的に皆さんに「翻訳する時間ある?」というeメールを送ったのが二〇一三年七月半ば。東洋経済新報社の茅根恭子さんから「翻訳権とれました」というメールが来たのが二〇一三年一一月半ばだった。

例によってぐずぐずしているうちに、出版がだいぶ遅れてしまった。「遅れ」を合理化するわけではないが、二〇一四年にはペーパーバック版も出版されて、そこには、かなり長い（原著で九頁、訳書で八頁）「著者による新しい序文」が付いていて、出版社から日本語訳にも「新しい序文」を入れてくれという連絡があった。「ペーパーバック版へのはしがき」としてこの訳書の最初にある。これを読むと、この本に対するジャスティンの思いの丈がよくわかる。

著者のジャスティン・リン（林毅夫）といつ最初に会ったかよく覚えていない。六本木の芋洗坂の串揚げ屋で一緒に呑んでからもだいぶ時間が経った。その時は、たしかタンザニアの中央銀行総裁をしているベノ・ンドゥルも一緒だったような気がする。

分担翻訳を頼んだ友人たちはかなり早く原稿を仕上げてくれた。二〇一四年中には翻訳原稿は終わっていたが、予期しないことが起こったりして出版が遅れた。最終的に翻訳の編集をお願いした東洋経済新報社ＯＢの黒野幸春氏には、大変な無理をお願いした。今は編集を離れている東洋経済新報社の高井史之氏は、時々訳者の「土曜ゼミ」に来ているが、彼にも側面支援をしてもらった。

二〇一六年六月

小浜　裕久

▼分担翻訳を頼んだ友人たちは左記のとおり。

石川　　薫（第１章）　川村学園女子大学特任教授・国際教養大学客員教授
冨田　陽子（第２章）　セーコロ21（翻訳・研究図書出版）
戸田　隆夫（第３章）　独立行政法人国際協力機構（ＪＩＣＡ）人間開発部長
渡邉　正人（第４章）　駐バングラデシュ大使
林　　光洋（第５章）　中央大学経済学部教授
井戸　清人（第６章）（株）国際経済研究所副理事長
長谷川純一（第７章）　元国際協力銀行（ＪＢＩＣ）開発業務部長
織井　啓介（第８章）　敬愛大学国際学部教授
上田　善久（第９章）　駐パラグアイ大使

＊　ペーパーバック版へのはしがき、プロローグ、第10章などは小浜が担当した。

ペーパーバック版へのはしがき

幸運なことに私は、途上国出身で初めて世界銀行のチーフ・エコノミストになった。ある意味でエコノミスト最高峰の公職かもしれないが、これまでは高名な先進国のエコノミストがその地位を占めてきた。もうひとつの幸運は、二つの経済的奇跡を経験できたことだ。私は一九五二年に台湾で生まれたが、当時の台湾は大半のアフリカ諸国と同じくらい貧しかった。だが中国本土は、一九七九年に中国本土に移った。そのときには、台湾は工業化が進み新興工業国に生まれ変わっていた。自分が生まれた頃の台湾と同じように貧しかった。しかし、中国も台湾と同様奇跡の変貌を遂げたのである。

これら二つの自分の経験から、貧しさは運命ではないと確信した。何百年も貧しさにあえいできた国であっても、自国の運命を変えることができるし、ダイナミックな経済成長経路にのることは可能なのだ。

世界銀行の夢は、貧困なき世界の実現である。世銀のチーフ・エコノミストになるとき、自分の経験に基づいてこの世銀の夢の実現に貢献しようと思った。中国人の専門家として、儒教による教育を受けたものとして、若い頃から自国の近代化に貢献したいと考えてきた。世銀のチーフ・エコノミストは途上国の多くの専門家と意見をかわすことができる。彼らは皆自分と同じスピリットに満ちていた。出張でいろいろな途上国を訪れたが、小農でも労働者でも、昔の台湾や中国と同じく、豊かになりたいと思っていることがよくわかった。彼らは皆、懸命に働いて、自分たちの、そして次世代の豊かな暮らしを手にしたいと思っている。

世銀のミッションで多くの国のリーダーと会ったが、彼らもまた自国の繁栄を強く願っていた。基本的に彼らは合理的で、リーダーの地位に長く就いていたいと考えていた。リーダーの地位だけでなく、歴史に名を残したいとも考えていた。そのためには、国を経済的に繁栄させることがいちばんの近道だ。例外はあるが、残念なことに多くの国は貧しいままである。

若い頃、西欧の先進国には何か繁栄をもたらす秘密の魔法があると思っていた。それを学べば、自分の国も発展し、人々は先進国と同じような豊かさを享受できると思った。しかし、中国の市場経済化過程は、自分がシカゴ大学の博士課程で習った主流派経済学の市場メカニズムの基本原理をほとんど無視して進められた。一九八〇年代、九〇年代の学界で支配的だった考え方は、「ワシントン・コンセンサス」といわれるビッグバン・アプローチで、市場の歪みを一挙にすべてなくすことが市場経済化の成功のもとだと考えられていた。中国がやったような個別の漸進的アプローチは、いちばん悪いやり方だと考えられていたのだ。

中国、そして西欧の多くのエコノミストが批判してきたように、すべての市場の歪みを一挙になくさなければ、格差の拡大とか不正の蔓延とか望ましくない結果になると批判すべきだったろうか。それとも柔軟に考えて、中国政府のやり方は、様々な制約のもとで現実的なアプローチだと評価すべきだろうか。私は後者の立場をとった。そして、それは間違いではなかった。

一九九四年に『中国の奇跡――開発戦略と経済改革』を出版した。(1)この本を書きながら、市場経済化する前の中国では、競争力のない比較優位に反した資本集約的産業を保護してきたことが実感できた。漸進的にひとつひとつ改革して複線工程《デュアルトラック》アプローチをとったので、古い競争力のない産業を保護し補助金を与えていることになったが、労働集約的で競争力のある民間企業の参入を促しもしたのだ。このアプローチが中国に安定とダイナミックな成長をもたらした。

この本では、「ワシントン・コンセンサス」がいうように、民営化、市場経済化、安定化政策で一挙に歪みをなくすと、かつての優遇産業は立ちゆかなくなり、失業は増え、社会的・政治的安定は失われただろう。このような結果を恐れ、「先端産業」を安全保障上の配慮や国家のプライドのために残そうとすると、新たな特権産業を保護するために新たな歪みを生み出し、それまで以上の社会的コストが発生するだろう（Lin and Tan 1999）。

社会主義国、非社会主義国を問わず、一九八〇年代、九〇年代の改革の結果は、『中国の奇跡』で分析したとおりになった。いくつかの国では改革を成功させた。一九八〇年代に改革をスタートさせた中国、ベトナム、ラオス、一九七〇年代初めに改革をスタートさせたモーリシャスは、主流派経済学ではダメだといわれる漸進的改革で、複線工程アプローチを採用した。主流派経済学が主張する改革を実践した国は、結局「失われた二〇年」を経験し、一九八〇年代、九〇年代の経済成長率は一九六〇年代、七〇年代よりも低く、多くの経済危機を経験した（Easterly 2001）。

これまで無視されてきた途上国の現実に根ざした観察を通じて経済理論を再構築する必要があるのではないだろうか。植民地支配から政治的独立を果たし、先進国の大企業の圧力から脱して、途上国は自国のリーダーのもと、工業化、近代化を開始したのである。一九五〇年代、六〇年代の経済学では、途上国でも、先進国と同様、大規模で近代的な資本集約的産業を建設すべきだと考えられていた。その理屈は説得的にみえた。高所得国の労働生産性に並ぶことができなければ、同じような高所得を実現することはできないというのだ。高所得国と同じ労働生産性を実現するには近代的な大規模産業を導入することが不可欠だと考えられていたのである。

途上国で近代的大規模産業を興せないのは市場の失敗によると考えられた。したがって政府は、市場の失敗を克服するために、いまでは良くないとされる輸入代替戦略のもと、近代的大規模資本集約的産業振興のために資源配分を促進すべきだといわれた。この考えに沿った戦略をとった国は、数年はうまくいくことはあったが、すぐに経済停滞や危機を引き起こした。主に東アジアのいくつかの国は奇跡ともいわれる経済成長を実現したが、これらの国は、主流派経済学の考えに反して在来的な小規模労働集約的輸出産業を振興してきた。

理論というものは、現実の世界で起こっていることを理解し、どうやってよりよい世界に変えていくかを教えてくれるべきだ。現在の経済理論は、主に先進国で発達してきたものである。しかし、われわれが学んだように、先進国に秘密の魔法はなかった。なぜだろうか。ひとつには、先進国の理論はファッションと同じように、時代とともにどんどん変化している。さらに、理論の有効性はその前提条件に依存している。しかし多くの場合、途上国の現実は先進国の前提条件とは大きく異なっている。それゆえ、途上国政府が先進国で発達した理論にしたがって政策を立案すると、思ったような結果が得られないことが多い。

途上国のエコノミストは、近代化のために建設的な政策提言をするには、自分の頭で考え、途上国の実態に即した政策を考えなくてはならない。本書はそのような思考の結果だ。この本では、途上国のエコノミストはアダム・スミスに立ち返れといっている。『国富論』（*Wealth of Nations*）ではなくて、そのフルタイトル『諸国民の富の性質と原因に関する研究』（*An Inquiry into the Nature and Causes of the Wealth of Nations*）に注目すべきだ。一人あたり所得の継続的上昇に特徴づけられる近代経済成長は、不断に労働生産性が上昇する過程である。そのためには技術と産業の構造変化が必要で、そうすれば生産コストが低下し、生産物の価値が上昇し、インフラと制度の変化によって取引費用が低下する。

途上国は、インフラやビジネス環境が悪くても、すぐにダイナミックな構造変化と経済成長を開始することができると思う。途上国の政府は、限られた資源と限られた政策遂行能力のもとでも、比較優位構造に立脚した、コストが相対的に低い産業振興のためのイノベーションを実現する現実的な政策をとるべきだ。そのような産業の取引費用を下げるために、工業団地をつくったり、経済特区をつくってビジネス環境を改善することもできるだろう。

中国の場合、市場経済化が始まった一九七九年、ビジネスの環境はひどいものだった。[2] インフラも不十分で、投資環境もひどかった。[3]「ワシントン・コンセンサス」によれば、改革はすべての分野で同時に一挙に行うべきだということになっている。しかし中国政府は、経済特区をつくったり、工業団地をつくったりして、限られた資源と限られた政策遂行能力を活用したのである。経済特区や工業団地では、インフラは整備されており、ビジネス環境もきわめて競争的であった。

市場経済化の初期、中国の労働コストは低かったが、比較優位に即した労働集約的産業をどうやって輸出できる品質に高めるかといった知識が欠けていた。この問題を克服するために、中国政府はあらゆるレベルで、あらゆる地域で、そのようなノウハウを持つ外国企業に、経済特区や工業団地に投資するよう勧誘した。その結果、中国は労働集約的軽工業品の世界の工場となったのである。このような特区における成功によって政府は、その他の地域におけるインフラ整備の資金と条件を得たのである。このようなアプローチこそ、中国や東アジア諸国の高度成長をもたらした秘密である。

華堅集団（Huajian Shoe Factory）がエチオピアですぐに成功した例をみれば、以上で述べたアプローチが他の途上国でも有効な場合があることがわかる。このような現実的アプローチを進めるために、世銀にいた頃、私は二〇一〇年に「アフリカの軽工業」（Light Manufacturing in Africa）という研究を委託した。その研究によると、エチオピアの靴産業の賃金は、中国の八分の一から一〇分の一、ベトナムの半分で、労働生産性は中国の七〇%、ベトナムとほぼ同じである。ということは、エチオピアの靴生産の労働コストは中国の四分の一くらいで、きわめて競争的なことがわかる。しかしながら、靴生産に従事する労働者は、中国で一九〇〇万人、ベトナムで一二〇〇万人に対し、エチオピアではわずか八〇〇〇人である。

エチオピアの故メレス・ゼナウィ首相は、二〇一一年三月、われわれとのミーティングでこの事実を知らされ、中国の製靴企業誘致のため、二〇一一年八月深圳を訪れた。華堅集団の部長たちとデザイナーは二〇一一年一〇月エチオピアを訪問し、有望だと判断して、二〇一二年一月、アジスアベバ近郊のイースタン・インダストリアル・パークに工場を開設した。当初、エチオピア人の従業員は五五〇人だったが、二〇一二年一二月には一八〇〇人に、二〇一三年一二月には三五〇〇人に増え、二〇一六年には三万人に増えると予測されている。二〇一二年末段階で華堅集団はエチオピアの靴輸出を二倍以上に増やした。

二〇一二年以前は、エチオピアだけでなく、ほとんどのアフリカ諸国は、輸出志向的な軽工業品を生産する外国企業を誘致するのがむずかしかった。華堅集団の成功で、外国企業が世界市場への輸出生産基地になり得る国としてエチオピアを見るようになった。エチオピア政府はアジスアベバに二二の工場サイトからなるボウル・ラミン工業団地を建設した。二〇一三年に入ってわずか三カ月で輸出企業にリースされ、八工場が建設され、一四工場が建設される予定だ。エチオピアのビジネス環境は、世銀の「ビジネス環境の現状指標」(Doing Business Indicators)によれば、二〇一二年の一二五位から二〇一三年には一二七位に下がっているが、華堅集団はめざましい成功例だといえるだろう。

途上国は、サブサハラ・アフリカの国であっても、すべての開発条件がそろうのを待つことはない。本書で縷々述べているように、途上国はすぐにでも、比較優位に即した産業を発展させるために、限られた資源と政策遂行能力を活用して、ダイナミックな構造転換と貧困削減を推し進めることができる。もし途上国政府がこのような現実的政策をとるなら、ほとんどの途上国は、かつて中国や東アジア諸国が実現したダイナミックな成長を期待することができるだろう。

三〇年以上にもわたる高度成長によって中国の労働コストは急激に上昇した。二〇〇五年には月額一五〇ドルだったが、二〇一二年になると五〇〇ドルにまで上昇し、沿岸部では六〇〇ドルになっている。中国は、東アジアの過去の例にならって労働集約的産業を低所得国に移管しはじめた（Lin 2012b; Chandra, Lin, and Wang 2013）。確かに動き始めている。中国企業のアフリカに対する直接投資は、二〇〇九年末には九三億ドルに達し、セクターでいうと、鉱業に対する直接投資は全体の二九％で一位だが、製造業への直接投資も二二％で第二位である。中国は、エジプト、エチオピア、モーリシャス、ナイジェリア、ザンビアに経済・貿易協力ゾーンを建設しつつある（MOFCOM 2013）。

多くの専門家が本書の書評を書いてくれて感謝している。『フィナンシャル・タイムズ』の首席経済コメンテーターのマーチン・ウルフは「とても野心的な本だ。経済学の根本問題を探求した渇望の書だ。著者は皆が求めるむずかしい問題に挑戦し、おおむね成功している」と書いてくれた。ブルームバーグのクライヴ・クルックは二〇一二年一二月一八日の書評で、「今すぐ読むべき名著だ。今年読んだ最高の本だ」と書いてくれた。

本書で述べた考え方が、途上国の多くの実務家に評価されたことをとてもうれしく思っている。ルワンダのポール・カガメ大統領が二〇一二年九月に中国を訪問した際、本書のアイディアをどうルワンダに適用するかについて議論することができた。多くの国では前任者の古い計画を捨てるものだが、エチオピアのハイレマリアム・デサレン首相はそのようなことをせず、二〇一三年一月に著者がアジスアベバを訪れたとき、前任の故メレス首相の投資振興計画は継続され強化されると述べた。タンザニアのジャカヤ・キクウェテ大統領は二〇一三年二月にダルエスサラームを訪れたとき、新しい工業団地で軽工業を振興するためのアドバイスを求めてくれた。リベリアのエレン・ジョンソン・サーリーフ大統領は、二〇一四年三月のアブジャでの会議の際、同じアドバイスを求められた。セネガルのマッキー・サル大統領は、経済開発に対する著者の貢献を評価し、二〇一四年一月、セネガルの勲章を授けてくれた。

このペーパーバック版の出版によって、より多くの途上国の専門家が本書のアイディアを理解してくれるようになり、世界銀行の夢である貧困のない世界の実現に少しでも貢献できれば、大変うれしい。

二〇一四年四月

ジャスティン・リン（林毅夫）

註

（1）中国語版はShanghai People's Publishing House and Shanghai Sanlian Sudian, 1994。英語版はChinese University of Hong Kong Press, 1995。日本語版〔初版の訳〕は、杜進訳『中国の経済発展』日本評論社、一九九七年。

（2）市場経済化のスタートから三〇年以上たった二〇一三年、中国のビジネス環境は依然良くなく、〔世銀の〕「ビジネス環境の現状指標」（Doing Business Indicators）によれば世界の中で九一位である（http://www.doingbusiness.org/）。

（3）世銀の*Investing Across Borders 2010*によれば、中国の投資環境は調査対象国のうち最低の八七位である（http://iab.worldbank.org/~/media/FPDKM/IAB/Documents/IAB-report.pdf）。

プロローグ

二〇〇八年一月、世界銀行（以下、世銀）のある高官がワシントンから電話してきて、世銀グループの上級副総裁兼チーフ・エコノミストにならないかといってきた。ちょうど春休みの時期で、次の学期の講義や研究の準備、経済政策に関する会議で忙しいときだった。そんなポストのオファーは予期していなかったが、あまりの唐突さにビックリしたというわけではなかった。電話の二カ月前、世銀のゼーリック総裁が北京に来ていて、彼が滞在しているホテルで話したことがあった。予定を一時間超過して一時間半も話したが、少なくとも本人から受けた印象では、世銀のポストに関する正式のインタビューではなかった。事前の連絡では、中国のインフレ、所得格差、農村開発など中国の国内問題について話そうということだった。ゼーリック総裁の話し方はたいへん紳士的ではあったが、知的好奇心に富んでいて、話は徐々に中国の問題から世界経済が直面する諸問題、貧困削減や貧しい人々を置き去りにしない開発のあり方、これからの援助や国際機関の役割など多岐に及んだ。話が終わって、一年ほど前に私がケンブリッジ大学で行ったマーシャル・レクチャーの講演録をゼーリック総裁に渡した（Lin 2009b）。この講演は、自分のこれまでの経済発展と中国やその他の国の体制移行に関する研究をまとめたものである。

魅力的な仕事

世銀からの誘いはたいへん魅力的なものだった。中国人の自分がこのポストに就くというのは、ある意味、時代の変化の兆しかもしれなかった。チーフ・エコノミストは世銀の知的リーダーであり、世銀の研究全体を企画しコーディネートする。一九四五年の設立以来、途上国のエコノミストがこのポストに就いたことはなかった。経済開発の諸問題と対決するには、世銀は変化していかなくてはならない。世銀は単に資金を供給するだけでなく、開発に対する新しい知見と研究成果を提示しなくてはならない。世銀からオファーされた開発経済学担当副総裁には、世銀だけでなく開発コミュニティ全体に対して、開発政策と開発計画の理解を高めるための分析的枠組みを提示する役目が課されている。世銀の融資業務の効率性を高め、途上国のニーズに応えるべく質の高いサービスを提供しなくてはならない。

世銀からのオファーはたしかに魅力的だったが、それまでの研究者としての生活もとても気に入っていたので、たとえ一時的にせよ、研究者としての生活を中断するのはむずかしい決断だった。それまで一五年間、北京大学の教授を務めてきたし、自分で設立した中国経済研究所の所長も兼務してきた。その間、多くの学生、同僚、友人たちと緊密で強い絆が形成されて、彼ら彼女らと魅力的な研究課題について追求してきた。シカゴ大学では四年間勉強して博士号を取り、イェール大学で一年間ポスト・ドクトラルの研究員をして一九八七年に中国に帰国した。帰国後、中国の経済政策にも深く関わってきた。中国のめざましい経済発展は、われわれの誇りであると同時に、経済学者としてもたいへん魅力的な研究テーマであった。自分としては、中国が直面する諸問題の研究を続けていたかった。世界中の多くの経済学者が、中国は将来様々な問題に直面するといっていて、その解決策を中国にいて探求したかった。

さはさりながら、世銀のポストは魅力的で、開発の様々な問題、たとえば途上国の成長と貧困削減について、多くの専門家と議論し解決のための戦略を練ることは願ってもないチャンスでもあった。世銀のチーフ・エコノミストの役割は途上国の貧困削減を推し進め、「ミレニアム開発目標」達成のために必要とされる政策に関する様々な知的支援を行うことにある。それには、研究、データ、分析、途上国経済のモニタリング、予測、統計能力の構築、政策のレビューやアドバイスが含まれ、援助コミュニティの政策立案に資するものである。

世銀の開発経済学担当副総裁は右に述べたことすべてに責任を負っている。世銀内の他の部門の研究プロジェクトを支援し、『世界開発報告』といった広く読まれる世銀の報告書のテーマを決めて開発の重要な課題を世に問い、また開発経済学分野における二つのトップ・ジャーナルの特集も考えなくてはならない。スタッフには開発の分野でよく知られた専門家も多い。過去の世銀のチーフ・エコノミストには、ノーベル経済学賞を受賞したジョセフ・スティグリッツ、ラリー・サマーズ、スタンレー・フィッシャー、アン・O・クルーガー、ホリス・B・チェネリー、マイケル・ブルーノ、ニコラス・H・スターン、フランソワ・ブルギニョンがいる。これらの人々の後を襲うことはたいへん名誉なことだが、同時に大きな責任を負うことだ。

子供の頃から貧困削減や経済的繁栄のためにダイナミックな経済成長を実現することを助けたいと考えていた。世銀に入って多くの専門家と議論し、経済発展分野での未解決の問題に対して野心的な研究を進め、貧しい国の離陸《テイクオフ》を促進するために自分の専門性を活かすことができると考えた。

世銀の仕事は、とても魅力的な仕事で、断りがたいものだった。

ワシントンに行くとすればいろいろ準備も要るので一週間の猶予をもらった。大学から休暇《リーブ》をもらい、博士課程の学生を後任に託し、新しい挑戦への準備が整った。

アフリカに行って子供の頃の妙な記憶が甦る

二〇〇八年六月に世銀のチーフ・エコノミストに就任して一週間後、私は南アフリカ、ルワンダ、エチオピアに飛んだ。それまでもアフリカに行ったことはあったが、何はともあれ、新しいポストについて初めての旅である。なぜ最初の出張がラトビアでもなく、メキシコでもなく、ネパールでもなかったのか。

なぜアフリカかといえば、アフリカこそ開発経済学の新しい知識と政策の知見が最もよく活用できる最後のフロンティアだと考えていたからだ。サブサハラ・アフリカではマクロ経済運営が改善され、一次産品価格が上昇し、援助も資本流入も海外からの送金も増え、その結果、経済成長率は二〇〇〇年の三・一％から二〇〇七年には六・一％に上昇した。一人あたりＧＤＰの伸びも、一九九六年から二〇〇一年の期間では年率〇・七％だったが、二〇〇二年から〇八年には二・七％に上昇した。一日あたり一・二五ドル以下で暮らしている人の割合も、一九九六年には五八％だったが、二〇〇五年には五〇％に低下している。エイズのような疾病も落ち着いてきており、国によっては下火になっている。六〇％の子供が初等教育を修了しており、幼児死亡率も多くの国で低下している。

援助機関や研究者による実証研究によれば、いくつかのアフリカの国では経済が離陸《テイクオフ》しつつあるという(Pinkovskiy and Sala-i-Martin 2009; Young 2010; Leke et al. 2010)。このように経済が好調なのは偶然ではない。多くの国での過去二〇年のたゆみない努力の結果である。少なくとも五つの大きな変化があった。それは、民主的で国民に政策をきちんと説明する政府の存在、理に適った政策運営、債務危機を乗り切り援助国との関係が変わったこと、新しい技術が普及したこと、さらには政策担当者にも経済活動家にもビジネス・リーダーにも

新しい世代が登場したことである（Radelet 2010）。治安もまた改善されてきた。(1)

もちろんアフリカは依然として多くの問題に直面している。独立以来、構造変化は不十分であり、遅々として進んでいない。サブサハラ・アフリカの経済は、一九六〇年では圧倒的に農村依存で、農業のシェアはGDPでみると四〇％、労働者数では八五％にもなる。農村人口は過去五〇年間着実に減ってきているが、二〇〇〇年でも依然として六三％であり、他の地域と比べると圧倒的に高い。世銀の調査によると、

経済成長はしているものの、きちんと生産に従事している雇用は増えていない。毎年七〇〇万から一〇〇〇万人の若者が労働市場に参入しているのに、雇用機会は十分には増えていない。世界市場で競争するには労働者の熟練は不十分で、アフリカの企業家、とくに女性の企業家は情報へのアクセスもイノベーションへのアクセスも不十分で、起業のための手段も限られている。……サブサハラ・アフリカの農業は基本的に天水灌漑で、急速に進む砂漠化、海面上昇、干害に対抗する手段は限られている。アフリカは気候変動にいちばん影響を受けている。とくに貧しい人々には基本的なサービスが提供されていない。学校には先生がいないし、必要な資金を得るのも大変だ（World Bank 2009a, p. i）。

アフリカはガバナンス指標も悪いし、交通、道路、上下水道、通信やエネルギーといったインフラ整備も遅れている。民間投資も、インフラの未整備やビジネスの規制によってGDPの一五％と低い。世界全体の輸出に占めるアフリカの輸出は、一九七〇年代には三・五％だったが二〇〇八年には一・五％に低下している。二〇〇八年の食料・燃料価格危機に続いて世界経済危機が起こり、それまでやっと手にした経済適正化も危機に瀕している。しかし、将来のアフリカ経済について私は楽観視している。アフリカは様々な危機に直面していることは確

かだが、希望は戻ってきており、良い政策をちょっと後押しすれば、アジアでみられたようなダイナミックな発展が可能だと思う。

最初に訪れたのは南アフリカで、開発問題の政策担当者や研究者が集まる世銀の「年次開発経済学会議」（ＡＢＣＤＥ）に参加した。会議はタボ・ムベキ南ア大統領が開会の挨拶をして世界中から八〇〇人の専門家が参加した。私は、ケープタウン大学でマーシャル・レクチャーに基づいて講演を行った。その講演で話した核となるメッセージは、貧困を削減しダイナミックで庶民の生活水準を向上させる包摂的成長を実現するには、それぞれの国の比較優位構造を指針に開発政策を考えるべきだということだ。そうすることによって、経済は競争的になるし、貧しい人々の雇用機会も作り出すことができる。講演したセッションは、南アのトレバー・マヌエル財務大臣が議長だったが、彼は講演にコメントしてくれて、私の考え方を支持してくれた。

南アに続いてルワンダを訪れた。ルワンダでは、潜在的成長可能性、とくに農村の可能性と制約要因を探りたいと思っていた。東部の州でアグリビジネス、マッシュルーム生産、技術普及のための農業協同組合を訪れた。もちろん政府の高官にもポール・カガメ大統領にも会った。カガメ大統領は長身の元軍人で、静かな物腰の人物だった。われわれは、ルワンダの農業近代化、とくに灌漑について話し合った。外国資金や援助資金を活用してマイクロ・ダムを作ることは重要だが、農民が農閑期に自力で近くに溜池を作ることも大切だと話した。農民は、小型のディーゼル・ポンプあるいは電動ポンプで地下水をくみ上げ、これまでの天水灌漑から灌漑農業に移行できるだろう。対外直接投資を誘致してルワンダ国内でポンプの組立生産が可能だろう。カガメ大統領は、この考えに大いに関心を示した。彼は、アフリカの格言「カタツムリを殺すのに長剣は要らない」を思い出していただろう。中国にも「鶏を殺すのに雄牛用の肉切り包丁は要らない」といった似たような格言がある。

エチオピアでは、初めの二、三日ナザレ渓谷とリフト渓谷に行って、セミナーをしたり農業技術支援センターの職員や女性の農民と議論して、輸出志向的な農業従事者や協同組合を訪問した。アジスアベバではビジネス・リーダー、研究者や政策担当者と会った。メレス・ゼナウィ首相や軍の元リーダーたちにも会った。彼らは有能で、軍人とは思えないほどの知的好奇心を示していた。三時間のブレーンストーミングの前に、現地の店でいろいろなものを買ったが、すべて輸入品だった。ネパール製のマッチ箱やら中国製のプラスティックのスイッチや諸々のものだった。

インフレとか国際収支の赤字といったマクロ経済の安定といった定番の政策についてはすぐに意見が一致したので、店で買ったものをゼナウィ首相に見せた。なぜエチオピアのような八五〇〇万人もの人口を擁し、長いビジネスの伝統もあり新しいビジネスもあり、歴史を振り返れば、多くの外国による侵略も跳ね返し植民地化もされなかった国が、二一世紀になってもネパールのような小さな内陸国からマッチ箱のような軽工業品を輸入したりしているのか訊《き》いた。中国人として世界市場を「中国製」が席巻していることを誇りには思うが、たいした技能も技術もいらない「中国製」のモノをエチオピアが依然として輸入しているのは不思議だ。世銀のチーフ・エコノミストとして、エチオピアの貧困問題と闘う世界市民としては、このようなモノをエチオピアが依然輸入していて貴重な外貨を使っているのは理解しがたい。

このような軽工業品を輸入しないですめば、エチオピアは将来の発展に重要な資本財をもっと輸入できるだろうし、新技術を導入したり、決定的に重要な機械を輸入するために外貨を使うことができる。そうすれば、多くの不完全就業を縮小し貧困削減に対処するという開発戦略に資することができる。私は、輸出振興に加えて、現在輸入している単純な軽工業の輸入代替を進めるべきだと提案した。軽工業の輸入代替が進めば、輸出振興によって稼ぎ出す外貨獲得と同じ効果がある。さらに言えば、輸入代替工業は貧しい人たちの雇用機会を提供し、さらなる工業化のための企業家の訓練にもなる。肝心なことは、エチオピアの比較優位構造に反するような政府の介入をやめることだ。それは可能だと思う。

アフリカ三カ国を訪ねて、私は自分の子供の頃を思い出した。アフリカの農民は生活の改善を強く望んでおり、子供たちのためによりよい未来を創りたいと考えている。彼らの目を見ると、一九六〇年代、七〇年代の台湾、一九七九年に中国に移った頃のことを思い出す。このように離れた場所で、昔の自分の国を思い出すのはちょっと変な気分だった。国のリーダーだけでなく、若い専門家、研究者、学生、ビジネスマンまでもが、国の将来を憂い、他国の経験に学びたいという熱意に強い印象を受けた。彼らは日々困難な問題に直面しているが、よりよい未来を創ろうという気持ちは萎えることがない

ルワンダ、エチオピア、そして南アフリカでさえも、現在の経済的・社会政治的特徴は、かつてのアジアに似たところがある。一世代前の東アジアをみると、高い人口密度、在来の農業、小さく弱い工業部門があり、社会の安定のために強い政府があり、勤勉な国民が数多くいた。

アフリカだけではない。この出張のあとにも多くの他の途上国を訪問したが、いつでも数十年前のアジアの風景を思い出す。当時のアジアでは貧困が蔓延し、ガバナンスはひどいもので、生産能力もまったくひどく、エコノミストからはどうしようもない経済だとみなされていた。

何度もいうように自分の子供時代のことを思うと不思議な気分になる。人々の熱意と楽観主義に直面し、様々な開発担当者と議論すると、正しい思想と合理的な開発戦略、なにがしかの資金があれば、貧しい途上国はアジア的な経済発展を実現し、新興工業国になることができるという思いを強くする。政策担当者と議論すると、自分の役割は、世界の歴史、他国の政策経験から教訓を引き出し、経済分析から彼ら自身のビジョン、制約条件、将来の目標を踏まえた望ましい戦略をつくる手助けをすることだと思うようになった。

それには各国の事情を勘案し、信念と謙虚な気持ちでいなくてはならない。ヨーロッパ、ラテンアメリカ、ア

ジアと同じく、アフリカも一つの国ではない。アフリカには五〇以上の国があり、各国はそれぞれ独自の歴史・文化を持ち、強さも弱さも持っている。経済発展という仕事に着手するとき、政策担当者は、中国の改革開放政策の父、鄧小平がガーナのジェリー・ローリングス大統領に、「われわれの開発モデルをそのままコピーしてはなりません。中国の経験が役立つと思えば、それを自国の環境に合わせて修正して利用すべきです」といったことを思い出す（Zoellick 2010）。この本の目的は、このような各国ごとの特性に合わせた開発戦略のロードマップを描くことにある。

註

（1）　サブサハラ・アフリカにおける国家間の武力紛争は、ピークだった一九九九年には一六件もあったが、二〇〇五年には五件に、二〇〇六年には七件まで減ったが、二〇〇八年と二〇〇九年にはふたたび一一件にまで増えてしまった。武力紛争による死者は、一九九九年には六万四〇〇〇人だったが、二〇〇五年にはここ数十年の最低の一四〇〇人にまで減ったが、二〇〇八年には六〇〇〇人に増えてしまった（World Bank 2011）。

目次◎貧困なき世界——途上国初の世銀チーフ・エコノミストの挑戦

貧困なき世界

――途上国初の世銀チーフ・エコノミストの挑戦――

THE QUEST FOR PROSPERITY

How Developing Economies Can Take Off

Chapter 1 New Challenges and New Solutions

第1章　新たな難題と新たな解決策

「何をかなえてほしいか願うときには注意しよう。その望みがかなってしまうかもしれないから！」世銀のチーフ・エコノミストに就任して以来、このアメリカの古い諺について私は何度も考えさせられた。善かれ悪しかれ私の就任は、「大恐慌」以来その震度と規模において最も深刻な金融および経済の危機にぶつかった。経済のスローダウンを免れた国はなかった。経済と金融のほとんどの専門家が危機のタイミング、速さ、そして深刻さについて厳しい過小評価を行った。そしてその結果、強いマクロ経済政策の対応にもかかわらず、状況はいま不確実性の真っ只中にある。

これまでの多くのほかの危機と違って、今回の危機は発展途上国のせいではない。この危機は想定外のつまずきを途上国のマクロ経済運営にもたらし、難題となった。途上国のうち数カ国は危機の発端となった金融デリバティブにたいして絡んでおらず、強い景気刺激策を実施する財政上の余裕と外貨準備を保有していた。しかし他の多くの途上国は、多国籍銀行の支店を通じた巨額の短期資金流入、大きな経常収支赤字、実態より高すぎる価格の住宅市場をかかえ、あるいは景気対策をとるために十分な財政的余裕を欠いていた。

この危機の規模、過酷さ、そして不公正さは、おそらくサブサハラ・アフリカで最も顕著であった。グローバル経済に最も縁遠い地域であるにもかかわらず、サブサハラ・アフリカは危機の影響を最もひどくこうむった。大陸に押し寄せる危機の一つひとつのチャンネルがそれぞれ特別に過酷なインパクトを与えた。商品価格の下落は、石油輸入国にとっては利益であったが、多くの商品輸出国の輸出収入と財政収入の大幅な下落を招いた。商品価格が高かったときに意外の利得を貯えておいた国々でさえ、非石油部門が小さいことや財政支出への依存度が高いことから、苦しむこととなった。(1)

景気後退前に記録的な額を達成した民間資金の流入（その額は開発援助額を上回った）は突然激減した。アフリカの証券市場は平均で四〇%下落し、ナイジェリアのように六〇%以上下落した市場もあった。(2) また、出稼ぎ労働者の送金額もそれまでは伸び続けて労働力輸出国にとっては主要な成長要因となっていたが、この危機で大幅に減少した。政府開発援助だけは伸び続けたが、しかし世界経済がより堅調だった二〇〇五年の〔英国で開催された〕グレンイーグルズ・サミットにおいてG８諸国がコミットした額には遠く及ばないものであった。援助供与国内では、自国の経済刺激策と財政再建計画への圧力がますます高まり、これから数年にわたり対アフリカ援助額は減少が見込まれる。こうした展開はサブサハラ・アフリカ諸国の成長を鈍化させ、また「ミレニアム開発目標」に向けた前進を阻害しかねない。(3)

幸い、力を合わせた結果、世界は最悪の事態は回避した。政策担当者たちは、この危機がほとんど先例がないほどに大規模でありかつ危険であることをすぐに理解した。第二次大戦後のこれまでの危機は、いくつかの個別の途上国ないし地域（東アジア、ラテンアメリカ、メキシコ、ロシア）か、あるいはひとつか二つの高所得国（日本、スウェーデン）で発生したものであり、そのインパクトは世界のGDPにとっては小さな部分であった。今回の危機は、ほとんどすべての先進国と途上国の経済を同時に襲い、一国が自国だけで金融政策、為替政策、あるいは通商政策を通じて高い失業や大きな過剰能力を回避することは不可能だった。

G20諸国の強い政策協調によって、世界は第二の「大恐慌」を回避した。政策担当者たちは様々な手段を講じて迅速かつ巧みに危機に対応した。たとえば、自由貿易への信頼に足る確約、大規模な財政刺激パッケージ、きわめて緩和的な金融政策、そして決定的かつしばしば革新的な金融部門への支援（流動性の供給、資本再構成、資産の買上げ、様々な種類の資産と債務の保証）である。(4) その目的は、クレジット・クランチ（信用収縮）や金融混乱の先進国経済への直接的な影響をやわらげ、また弱い経済と金融圧力が相互に絡み合って悪影響を及ぼしあう悪循環を緩和することにあった。

諸悪の根源――過剰能力

国際金融機関や政府によるこのような迅速な動きは、世界経済のメルトダウンを防ぎ、危機の衝撃をやわらげた。しかし、この政策対応の短期的な効果が不況を防いだとはいえ、高まりつつあるシステミック・リスク、下落する資産価値、そしてタイトとなり続ける信用といった根源的問題には対応できなかった。こうした根源的問題が経済界と消費者の信認《コンフィデンス》に重くのしかかり、グローバルな経済活動の急速な鈍化をいっそう悪化させている。中央銀行から銀行やプライマリー・ディーラーへの流動性の供給はつねに効果的というわけではなかった。というのは、住宅、建設、さらには広範な製造業部門が抱えるダブダブの過剰能力のせいで、資本、資産の質および信用リスクに対する懸念が先進国のビジネス環境を覆っているからである。こうした懸念のため、多くの仲介業者は、たとえ流動性が手元にあっても、信用供与意欲に欠けている。その結果、世界的な回復は脆弱であった。さらに、経済成長は、高い失業や過剰能力を大きく切り込むに十分なものとなるとは予測されていない。また、とくに通貨紛争とそれに付随する保護主義をはじめとする悪しきリスクが増大した。

実際、世界経済の回復には二つの経路があり、いまなお世界経済の七割を占める高所得国は高い失業、大きな過剰能力、うなぎのぼりの政府の債務、低成長、そして乱高下する金融市場であがき続けている。グローバルな危機は金融セクターが引き起こしたが、しっかりした世界経済の回復の鍵はリアル・セクターにある、と筆者は考えている。過剰能力は、企業利益、民間投資および家計消費に執拗にマイナスの影響をもたらしうる。そして過剰能力は、とくに豊かな諸国においては伝統的な金融政策を効果のないものとしかねない。

能力が十分に活用されていないときには、儲かる投資機会がなく、また家計消費を直撃する雇用不安のため、低金利は民間投資や民間消費を刺激することにつながらないことがある。(5) 過剰能力はまた金融市場でも悪循環を招く。つまり、資産価格(不動産)、民間投資および家計消費は伸びず、過剰能力は居座り続ける。こうした動きは資産価格と企業利益にさらに下方圧力を加え、また不良債権を増加させる。さらに多くの企業での給与は横ばいか下落しており、個人消費をさらに切り詰めさせている。家計のバランスシートは悪化し続けており、これは不確実性に輪をかけることとなりやすい。投資家と消費者の様子見姿勢はいくつかの大国での生産減少の下方スパイラルを持続させる。つまり、雇用不安と将来への低い確信による消費の縮小が更なる過剰能力を生み出すのである。

危機に陥った先進国が競争力とダイナミックな成長を回復するためには、労働市場、福祉制度および金融機関の構造改革が必要である。ある国で過剰能力が大きくまた失業率が高いときには、構造改革は景気を後退させ、また政治的に実行できない。先進国がそこから脱出する方法は、伝統的な金融財政政策ではない。それは、過剰能力を吸収するに足る十分な需要を創出し、また構造改革の余地を創り出すための、大規模な、調整された、グローバルな生産性を高めるような、隘路を解き放つインフラ計画である。筆者は二〇〇九年二月にピーターソン国際経済研究所で行った講演で、これを「ケインズ主義を超えて」と呼んだ。(6) これなしにはいまや「新しい正常」

(new normal) として知られている先進国の弱い経済成長が続きかねない。過剰能力があると、チープマネーは個人消費を刺激しない可能性がある。[7] その代わり、安価なクレジットは投機的な利益追求型ベンチャーを鼓舞し、キャリー取引やほかの短期資金移動によってとくに新興国でいくつかの資産価格を急上昇させよう。多くの国の実体経済における低い利潤率にかんがみ、こうした価格急上昇は持続しうるものではない。もし増え続ける債務問題が処理されれば財政政策にはもっと望みがある。[8] もし政府と民間セクターの指導者たちが成長の手を縛っている制約は何かを見出して投資をすることができれば、今日の支出は需要と雇用を元気づけるという短期的効果のみならず、持続する力強い経済成長の輝ける未来への道を開きうるのである。それは、財政政策による刺激策が将来の生産性を上げないときに生じうる債務が持続してしまうという問題を乗り越えるのに役立ちうる。[9]

世界経済の危機が勃発したとき、ボブ・ゼーリック総裁のリーダーシップのもとで、世銀は関係国を助けるために三本柱からなる危機対応パッケージを迅速に策定した。それは、弱者への長期的悪影響を回避するためのソーシャル・セーフティー・ネットの強化、雇用創出のための中小企業支援、および景気安定のための隘路を打破するためのインフラ計画であった。世界経済がどのように進もうとも、途上国にとってはダイナミックな経済成長をすることが至上命令である。途上国にとって成長と雇用は、社会の安定を維持し、今日の貧困を削減して将来の開発への希望を達成するためにきわめて重要である。もし途上国がこれを達成できれば、持続的な経済回復に貢献することにもなる。それではどのようにして貢献するのだろうか。世界的な危機は開発関係者に経済学と政策についての様々なこれまでの考え方を再考させる良い機会を与えてくれる。

浮き彫りになる経済的成功の謎

世界的危機が発生した結果、「再　考《リシンキング》」という言葉がメディアや経済専門家が最も頻繁に使う用語のひとつとなった。ジョージ・ソロスの寄付で設立された「新経済思考研究所」(Institute for New Economic Thinking) は、二〇一〇年四月にケンブリッジ大学で「経済危機と経済学の危機」というテーマで創設記念会議を開催した。世界中からの二〇〇人以上の出席者の一人として筆者は喜んで参加させてもらったが、著名な経済学者、政府関係者およびジャーナリストが経済学で広く受け入れられた叡智に挑戦していた。筆者のＩＭＦのカウンターパートであるオリヴィエ・ブランシャールは、多くの疑り深い人々が不可能だろうと考えていたことをやってのけて勇気づけられた。彼は、経済学者を代表して謙虚さを示し、判断の過ちを認めたのであった。ブランシャールは次のように書いている。「マクロ経済学者と政策担当者は、一九八〇年代初めから景気変動が着実に減少し続けたのは、まあ自分たちの腕によるものであり、したがってマクロ経済政策をどのように運営すべきか自分たちは承知している、と思いたがってきた。今回の危機によってこれまでの評価を疑問視せざるを得ない」(Blanchard, Dell'Ariccia, and Mauro 2010, p.3)。

ブランシャールは長年にわたる伝統的な叡智を要約してこう書いている。「私たちはこれまで金融政策にはひとつの標的、すなわちインフレが、またひとつの手段、すなわち政策金利があると考えてきた。インフレが安定しているかぎり生産ギャップは小さくかつ安定しており、金融政策は結果を出していた。財政政策は二次的な役割を果たすもので、政治的な制約がその実際上の有用性を大きく減じていると考えていた。また金融の規制はおおむねマクロ経済政策の範疇外にあるものと考えていた」(Blanchard, Dell'Ariccia, and Mauro 2010, p.3)。アカロフとシラー（Akerlof and Shiller 2009）、クルーグマン（Krugman 2009）、スティグリッツ（Stiglitz 2009）といったほかの著名な研究者たちも、マクロ経済学で主流であったいくつかの教義、とくに競争的な市場さえあれば強いビジネスのインセンティブ、効率的な結果および富を生み出すと決めつけていること、に疑問を呈した。

第二次大戦後に経済学の一分野となった開発経済学においては、結果を出すとされた政策立案の柱となっていた一連の理論が失敗したことは、いっそう明らかであった。確かに開発経済学はいくつかの目を見張るような分析をもたらしてくれた。しかし、経済学の一分野としての開発経済学は、貧しい国で富を生み出してそれを分配するための説得力ある知的アジェンダをこれまでのところ提示できていない。それが証拠に、世界の多くの地域で貧困は根強く残っているのである。

いまから数十年後、経済史家が過去一〇〇年を振り返ったとき、とくに二〇世紀後半において国によって成長パフォーマンスがきわめてばらついているという謎に興味をそそられるのではないだろうか。ブラジル、中国、インド、インドネシア、韓国、マレーシア、モーリシャス、シンガポール、タイ、そしてベトナムといった一握りの国が、わずか一世代で食うや食わずの農業中心の経済を工業化で変貌させ、急成長して数億人の人々を貧困から引き出したことに驚嘆することであろう。

さらに彼らを困惑させるのは、こうした成功国の多くがたどった変わった知的道筋ではないだろうか。当時主流であった政策ラインをとった国は、もしあったにしてもほんの二、三カ国であった。世界で人口が三番目に多い米国を脇に置くとして、ブラジル、中国、インド、インドネシア、という世界で最も人口が多い国々は、平均して年六%を優に超える経済成長で大きく伸びた。それは世界の人口の四〇%以上の人々の生活水準を大きく向上させた。同様のことがいくつかの南米（チリ、コロンビア、ペルー）とアフリカ（エチオピア、ガーナ、モーリシャス）の諸国でも起きている。これらの諸国は主流派の開発理論による標準的な勧告をほとんど採用しなかった。

だが将来の経済史家は、人類の六分の一以上の人々（よく知られているようにポール・コリアーが「最低辺の一〇億人」（bottom billion）と名づけた人々）を擁するその他の諸国が貧困の罠から逃れる能力が明らかに有していないことに首をかしげることであろう。また彼らは、一部の成功国を除き、二〇〇八年の危機勃発以前に、豊かな国と貧しい国の間に経済的収斂がほとんどなかったことに気づくであろう。発展途上国が大いに努力し、また多くの多国間開発機関が支援したにもかかわらずである。同様に不思議なことといえば、いくつかの国は貧困国から中所得国に成長したが、そのカテゴリーに数百年とはいわないまでも数十年とどまり続けていることである。アルゼンチン、フィリピン、ロシア、南アフリカ、そしてシリアは、一定の所得水準に到達したのちに成長が鈍化して、「中所得国の罠」にはまっていることが知られている国々である。

経済的成功、あるいは失敗についてどう理解したらよいのだろうか。何世紀にもわたって経済学者たちはこの根本的問題について議論してきた。最近では『成長委員会報告書』（*Growth Commission Report*）があげられる。(10) しかし、幅広い原則についてのコンセンサスと金太郎飴的なアプローチはだめだということ以上には、経済学者たちは個々の特定国に有効で実際にとりうる政策手段を見出せずにいる。

今回の金融・経済危機においても、持続的な高度成長を達成してきた国は、世界的なメルトダウンにもかかわらず、やはり良い結果を残していることが確認された。危機は、大変な人的また金融と経済的なコストを課したが、そうした中で数十年にわたる成長についての研究と開発についての考察から得た知識について深く考え、また成功している諸国から学び、さらに、これからの新しいアプローチを探求する、またとない機会をもたらした。貧困との戦いが、単に道義的責任であるのみならず、国境を越えて世界的な安全の欠落（疾病、栄養不良、危険、暴力）をもたらす主要な問題に立ち向かう戦略となっているグローバル化が深化している世界では、成長を生み出しかつそれを持続させる新たな方法を考えることが、経済学者にとってきわめて重要な任務となっているのである。

アインシュタインのジョークをまじめに考える――新しい構造主義経済学

アルバート・アインシュタインはかつてこう冗談を言った。「すべてを知っているのに何も動かないのが理論であり、すべてがうまく動くのに誰もどうしてだか知らないのが現実である。われわれは理論と現実を一緒くたにした、それで何も動かず……誰もどうしてだか知らない！」

世界的な危機に照らして発展途上国の持続的成長を達成するための戦略が再検討されている中で、開発研究は改めて経済発展の本質に焦点を当てていくことがきわめて重要である。筆者は、経済発展の本質は不断の構造変化のプロセスであると考えており、それは工業や技術の向上と経済の多様化ばかりではなく、雇用構造の変化（労働力がより生産性の高いセクターに移動していく）や「ハードな」（目に見える）と「ソフトな」（目に見えない）インフラの変化を含むものである。経済研究は技術革新《イノベーション》にたいへん注目してきたが、このように同じくらい重要な課題については十分な注意を払ってこなかった。

先のアインシュタインの冗談を真剣に受け止めて、この本は、政策担当者が直面する長期的な開発の難題に焦点を当て、繁栄を求めることにかかわっている政策担当者のための一つのロードマップを提示しようと試みるものである。まず、第二次大戦以降の開発についての考え方の変遷と主流であったパラダイムの盛衰について考察する。次に、開発の歴史および経済分析と実践を考慮しつつ、多くの国が失敗する中でなぜいくつかの国が成長と繁栄の探求に成功したのかを説明する。そして最後に、途上国が持続的開発を達成し、貧困を撲滅し、そして先進国との所得格差を縮小することができるような枠組《フレームワーク》みを示唆する。

結論は楽観的である。つまり、それぞれの国を取り巻く環境や歴史がしばしば重要な役割を果たしていたとはいえ、中国、韓国、シンガポールやモーリシャスといった国々の輝ける経済パフォーマンスにはきちんと考えれば謎などないのである。ますますグローバル化が進む世界において、サブサハラ・アフリカ諸国を含めたすべての発展途上国は年率八%ないしそれ以上の成長を数十年にわたって継続的に達成でき、貧困を大幅に削減でき、そして一世代か二世代の間に中所得国ひいては高所得国にさえなれる、と筆者は考えている。ただし、それは各国政府が自分の国が持っている広義の資源（人的資本、物的資本、天然資源など）が定める比較優位に沿って、またグローバル経済の中で後発組の優位を活用して、市場経済で民間セクターの発展を容易ならしめるための正しい政策枠組みを遂行する場合に限られる。(11)

本書は、歴史と経済実態に立脚した新しい枠組み——新しい構造主義経済学（a new structural economics）——を提案する。経済開発分析および政策立案において構造的実態を考慮すべきであると強調し、また政府を、遅れた構造を開かれた市場経済において現代的な構造に転換するのを助けるまとめ役《ファシリテーター》であるとみなす。

この新しいアプローチは、発展段階が異なる諸国の構造的な違いについて考察し、それについての説明を試みる。そうした構造的違いは、これまでの開発理論がとっていた考え方とは異なり、国々の間でのグローバルな力の配分やそのほかの外的要因によって自国では変えられない構造に起因するものではない。それは、大半が当該国の資源構造（天然資源、労働力、人的資本、および物的資本等の生産要素の相対的豊富さと定義される）に内生的なものであり、市場によって決定されている。「旧構造主義」の哲学は、貧困国は不平等な世界の必然的な犠牲者であり、政府は歪曲効果のある介入をして内向きの経済をつくるべきだと決めつけて主張するが、この本の分析ではこれを否定する。またこの分析は、ビジネスが発展するためには外部性を乗り越えることや企業と産業間のシナジーを掘り下げることが求められるような世の中での自由市場の魔法のような美徳や無謬性への盲目的な信奉も否定する。

本書にいう新しい構造主義経済学は次の三つの考え方からなる。

- 第一に、ある経済の生産要素（その国が有する土地、労働および資本）の構造は、いかなる特定の時点でもとりうる所与のものであり、また時とともに変わりうるものであるが、それが予算総額、相対的要素価格および比較優位を決定し、ある開発レベルから他の開発レベルへと発展させる。したがって、ある経済の産業構造は、開発の異なるレベルにおいて異なってくる。それぞれの産業構造は、その操業と取引において相応するインフラ（「ハード」＝目に見えるもの、および「ソフト」＝目に見えないものの双方）を必要とする。
- 第二に、それぞれの経済開発レベルとは、低所得の農業社会から高所得の工業経済へと向う連続線のあるポイントであって、二つの経済開発段階の二分法（「貧しい」か「豊か」か、「発展途上」か「工業国」か）ではない。開発途上国の産業の高度化《アップグレーディング》とインフラの改善の目標は、必ずしも高所得国のそういった目標からつくられる必要はない。
- 第三に、それぞれの所与の開発レベルにおいては、市場が効率的な資源配分の基本的メカニズムである。しかしながら、経済開発は、それぞれの新しいレベルにおいて産業の高度化および多様化とともに、相応する「ハード」と「ソフト」のインフラの改善を必要とする動態的なプロセスである。このような高度化は企業の取引費用や資本投資収益に大きな外部性を惹起する。したがって、効率的な市場メカニズムに加えて、政府はインフラの改善を調整するか実施するとともに、外部性を補償して、産業の高度化と多様化を円滑にすべきである。

このような考え方は、成功した国では歴史的にも現代の事実からも、政府が産業構造の高度化と多様化のまとめ役であることから導かれたもので、論争をよぶようなものではないだろう。しかし、政府が経済発展を促進する産業政策をデザインし実行すべきだという考え方については、多くの論争がある。

多くのエコノミストが構造変化のためには政府の役割が不可欠だと考えているが、産業構造の高度化や多様化に政府が積極的に介入すべきかどうかについては、反論も多い。それは、政策立案のための分析枠組みが確立されていないからである。比較生産費原理、後発性の潜在的利益、さらには産業政策の成功と失敗から、政府の望ましい介入の基本原理が明らかにできるだろう。開発理論だけでなく、この本では、政策担当者が経済的繁栄と平和を求めるための実践的な考え方の枠組みを提供したい。

世界経済危機のあとの多極化する世界経済にあって、国家間の相互依存性の認識は重要である。われわれがなすべきことは、適切なマクロ経済政策によって経済的回復を加速化することであり、途上国の生産性を向上させ、さらなる危機を防ぎ、資産バブルを防ぐための金融セクターの規制を進めることである。

豊かな国と貧しい国が協力することは経済的インセンティブにかない、それによって多くの分野で双方が得をする。世界の持続的成長と安定のために「ウィン・ウィン」の解決策を追求しなくてはならない。通貨戦争や貿易戦争のような「ゼロサム・ゲーム」を追求してはならない。現在の新たな世界秩序のもと、貧しい国も豊かな国も構造改革が進められるような国際的金融制度が確立されなくてはならない。

困難なときに偉大な指導者は希望を表明したものである。第二次大戦当初の一九四〇年、ウィンストン・チャーチルは、英国議会での首相就任演説で同胞に向かってこう言い放った。「私は、血潮、苦役、涙、そして汗以外に差し出すものがない……しかし私はこの職務に明るく希望をもって就任するものである。」後日、彼は次のように書いた。「悲観論者はいかなる好機においても困難を見出し、楽観論者はいかなる苦境においても好機を見出す」。チェコの前大統領で著名な作家でもあるヴァーツラフ・ハヴェルは、楽観主義と希望とは区別すべきであると示唆した。ハヴェルは、楽観主義はあまりにもナイーヴかオポチュニスト的であり、希望は道義的に正しいことがなされるように望むことだと考えて、こう述べた。「希望は楽観主義とは絶対同じものではない。希望とは、何かがうまくいくだろうという確信（conviction）ではなくて、結果がどうなろうとも何かが道理にかなっているという信念（certainty）である」。

今日の世界経済の難題は楽観主義と希望を共に必要としている。幸い、私たちは歴史、経済分析および政策から役に立つ教訓を学んでおり、これらの難題に取り組むことができる。本書が解決策の研究の一助となれば幸いである。

註

（1）アンゴラのGDPは、二〇〇八年から二〇〇九年に二〇％以上縮小した。

（2）この地域で最も重要な国であるガーナとケニアは、八億ドル以上の国債発行を延期せざるを得なくなり、主要なインフラ計画に遅れが生じた。

（3）グレンイーグルズ・サミットの宣言（二〇〇五年G8、パラ25およびパラ27）は次のように大胆なコミットをしたが、実現されなかった〔訳註―以下二つのパラグラフの翻訳は外務省ホームページによる。http://www.mofa.go.jp/mofaj/gaiko/summit/gleneagles05/s_01.html〕。

「パラ25　我々が二〇〇二年にモンテレーで合意したように、二〇一五年までにミレニアム宣言（ミレニアム目標）に包含されるものを含む国際的に合意された開発の目標と目的を達成するためには、他の資金に加えて、政府開発援助の大幅な増加が必要である。このコミットメントを実現することは、アフリカにおける最近の進展を定着、発展させ、その他の資金を増加させるような成長を刺激し、そして、アフリカその他の貧困国がやがて援助への依存を減少させることを可能とするために、必要とされている。

パラ27　G8及びその他のドナーのコミットメントは、二〇一〇年までに、アフリカ向け政府開発援助を年間の総額で二五〇億ドル増加させることに繋がり、この結果、アフリカ向けの援助額は二〇〇四年と比較して二倍以上に増加する。」

（4）　IMFは、債務が少なくかつ規律ある政策運営をしているすべての国はGDPの約二%に相当する財政刺激策をとることを慎重に推奨されうると主張している。同勧告は、乗数が一という推定に基づいており、したがって世界全体の成長を二%と予想した。この乗数が一というのは、財政刺激策がうまく機能した場合の控えめな推定値である。二〇〇九年一月現在、G20諸国が発表した財政刺激パッケージはGDP合計の二・七%にのぼる。うち、減税とインフラがそれぞれ〇・八%、その他支出が一・二%である（Freeman et al. 2009）。

（5）　二〇〇九年に米国では一四〇の銀行が倒産した。

（6）　この講演に基づく論文が、“Beyond Keynesianism: The Necessity of a Globally Coordinated Solution”（Lin 2009a）として出版された。

（7）　オリヴィエ・ブランシャールは、行き過ぎたレバレッジ、行き過ぎたリスク・テーキング、あるいはファンダメンタルズから明らかに乖離した資産価格に対処するには金利は効果的な手段ではない、と正しく指摘している。彼はまた、「この危機は、金利は現実にゼロ・レベルになりうること、そしてゼロ水準となった場合には金融政策にとって厳しい制約となって問題が起きている間、手足を拘束することとなる」（Clift 2010）と記している。また他の著作においては次のように記している。「信用と量的緩和を含む金融政策がほぼ限界に達した場合、政策担当者は財政政策に依存する以外にほとんど選択肢がない」（Blanchard, Dell'Ariccia, and Mauro 2010, p.9）。

（8）　多くの国における「一時的な」財政刺激策が、いずれほとんどの先進国経済で必要となるいくつかのむずかしい調整を回避する方途とならないように注意しなければならない（予算の優先順位と配分の再考、公共支出抑制の執行、社会保障改革、および歳入創出のための新しい戦略）。

（9）　リカードの等価性〔定理〕とケインズ経済学を超えていく必要性についての議論に関しては、Lin and Doemeland（2012）を参照。

（10）　この報告は二〇〇八年に『成長委員会報告書――持続的な成長と包摂的な開発のための戦略』（Commission on Growth and Development 2008）として発表された。同委員会にはマイケル・スペンスとロバート・ソローの二名のノーベル賞受賞者を含む二〇名の政策の専門家が参加した。また、同委員会の活動は、オーストラリア、オランダ、スウェーデンおよび英国の各政府、ウィリアム&フローラ・ヒューレット財団ならびに世銀グループが支援した。

（11）　比較優位とは、ある国、個人、企業、地域が競争相手よりも安価な機会費用である財を生産することができる状況、と概して定義される。比較優位は絶対優位とは異なる。絶対優位は、ある財をいかなる他の主体が生産するよりも安価な単位あたりの費用で生産することができることをいう。比較優位は、一八世紀英国の経済学者デヴィッド・リカードが『経済学および課税の原理』（一八一七年）で論じた。

第2章　ナラティブの戦いとパラダイムの変化

Chapter 2 A Battle of Narratives and Changing Paradigms

一九八六年当時、私はイェール大学の経済成長センターで博士号取得後の研究を行いながら、ハーバード大学でゼミを持っていたのだが、そこにいる間にボストン美術館を訪れた。ポール・ゴーギャンの有名な絵画「われわれはどこから来たのか　われわれは何者か　われわれはどこに行くのか」を鑑賞して深い感銘を受けた。ゴーギャンはこれが自分の最高傑作で自身の思考の総括だと考えた。絵を通して、彼は人生の意味についての長年にわたる疑問に取り組もうとした。その大きな絵には様々な人物が描かれており、それぞれ独特の暗示的行動をしている。そのうちの一人は、腰布だけをまとってリンゴをもいでいる男だ。背景には女が二人、お互いの身体に腕を回して歩いている。絵の左端には、浅黒い肌の裸の老女が、死に瀕して頭を抱え込み、座っている。

ゴーギャンは「彼の生国フランスよりも文明化されていない社会を求めて」タヒチに移住したのだったが、この一八九七―九八年の作品において、人間の存在についての疑問を描出して提示した。この絵画の全体的な雰囲気は、人口の大部分を貧困からすくい上げた産業革命にもかかわらず、一九世紀末のヨーロッパにおけるインテリ層を特徴づけるある種の悲観論や虚無主義すら反映している。この絵に描かれた人物たちは、経済的な窮状ではなく自分の存在価値という問題に、より強く向かい合っていたのだ。

人生に意味を与えること

台湾で成長期に共に過ごした貧しい人々、そして本土で目にした貧しい人々は、ポール・ゴーギャンの人物像が彼の絵の中で示そうとしていたと思われる悲壮感を帯びた人々とはけっして似ていない。私が子供の頃は、戦後の荒廃した旧植民地生活から社会的、政治的および経済的な混乱で困難かつ先行き不透明な時代だったが、私は主として歴史と経済学のレンズを通して人間の尊厳という問題を考えていた。そして、そうだ、飢えは中国社会の思い出の中にある人々の、苦難にまつわる厳しい側面だと思われる。「やあ」「おはよう」「こんにちは」「こんばんは」という代わりに、台湾海峡のどちらの側の中国人も、友人に「ちゃんと食べたかい？」と尋ねるあいさつをするのだった。

私の兄弟たちは、昼食のため学校から帰宅してきたとき、もしストーブが冷たいと、母に食事を求めようとはしなかった。しかし、ポール・ゴーギャンの絵画に見える悲壮感、幻滅感、絶望感は、けっして私のまわりの人々の全体的な気分の一部分ではなかった。まったく反対に、人間の無力感は、モチベーションとインスピレーションの源であった。私はそれを、一緒に育った人々の中に見た。そして、アフリカ、南アジア、また私が近年訪れたその他の多くの貧しい国の人々の中に、繰り返し目にしたのである。それぞれの国は繁栄の種を授けられている、と私は確信するにいたった。

一〇代の頃、私は二人の人物の生涯について学んだ。彼らは私のインスピレーションの源となり、彼らの来歴は、私の人生において幾度かの大きな選択に寄与した。一人は李氷《りひょう》である。彼は二二〇〇年以上前、中国の戦国時代、今は四川省となっているところで、秦王朝の役人であった。岷江の頻繁な洪水により管轄下の人民が苦しんでいるのを目のあたりにして、彼は「ユーラシア大陸東半分でかつて見たうち、最も大規模で最も周到に立案された公共事業計画」（Sage 1992, p.149）である都江堰《とこうえん》灌漑施設を建設した。技術的・地質学的困難にもかかわらず、山の中の固い岩盤を通して幅二〇メートルの水路を掘削し、河岸に灌漑施設を建設するために、李氷は自ら八年間にわたって数万人の労働者の指揮をとった。このインフラ建設は、今日でも存分に機能しているのだが、国中で最貧地域のひとつを「天国の土地」と呼ばれる肥沃で豊かな場所へと変えた。一九七九年夏、私が台湾から中国本土に渡った後、最初に訪問した場所のひとつが、都江堰であった。狭い水路を見下ろす崖の上に立って、私は雷鳴のような轟音と足元の水路を通って水が激しく流れる光景に茫然とし興奮した。この流れは二二〇〇〇年以上、けっして絶えることはなく下流の肥沃な平野を灌漑してきた。

　私にとってのもう一人の偉人は、明朝時代の偉大な思想家、儒学者、知事で将軍だった王陽明《おうようめい》（一四七二—一五二九）である。同時代のヨーロッパにいたマルティン・ルター（一四八三—一五四六）と同じように、王陽明は彼自身の哲学体系（新儒学に心を取りこむ学派）を、古典的儒教の革新的な再解釈を通じて打ち立て、一二世紀の新儒学の学者だった朱子によって継承され一般に流布していた儒教思想の厳密な行動規範から、人々を解放した。彼は「知は行動の始まり、行動は知の到達点」とし、知識と行動の統一〔知行合一〕を教えたことで最も良く知られている。彼の思想は、幾世紀にもわたって東アジアの社会に影響を与えた。王陽明はまた、傑出した知事で、天才的な軍隊の指揮官でもあった。正義のための戦いと革新的な教義を理由に、彼は幾度も左遷され朝廷から追放された。しかし彼の個人的な受難は、心の中の義務感を弱めることはなかった。政治的には挫折し、知事としては不十分な軍事支援しか受けられなかったにもかかわらず、彼は王子の謀反（寧王の乱）とその他にも農民反乱を何件か鎮圧して、平和をもたらし、私の祖先が二五〇年前に台湾へ移住する前に住んでいた地域で教育を推進した。

私は常々、不運だったり個人的には逆境にあるときでも、人は李氷のように、何世代にもわたってその土地が繁栄するのを助けるためのことをすべきだし、知識人は王陽明のように、ひとりで考え人々の利益のために知識と行動を統合させるべきだと信じてきた。このような努力は、人生に良い目的意識を与える。知識と行動の統一という王陽明の思想は、とくに私が、「貧困のない世界」の創造を付託されている知識の銀行《ナレッジ・バンク》たる世界銀行で、責任を果たすのに役立った。人間生活は明らかに物質的な問題以上のことに関わっているとはいえ、人間の基本的要求を解決することと、誰にでも経済機会を与えることは、悲観論と虚無主義から逃れる良い方法である。人々が天賦の才を最大限に活用し、彼らを取り巻く現実に精神規範を適合させる条件の創出は、実際に李氷と王陽明が実行できたことである。彼ら自身のやり方で、彼らは同胞が人間的条件を改善する助けをした――そしてそうすることによって、彼らの人生に意味を与える助けをしたのだ。

幸運なことに私は、台湾海峡の両側の、さらに米国最高の大学で教育を受けた。さらに二重に幸福なことに、台湾（そこで私は生まれた）が貧しい農耕社会から工業大国へと変わるさまを成長期に見守り、中国本土が貧しい中央計画経済から活気あふれる市場経済へと奇跡的に変身することに参画した。世界銀行のチーフ・エコノミストとして、世界中の貧しい僻地を幾度となく訪れるたびに、一九八〇年に広東省の省都広州から、新たに計画された経済特区のひとつである深圳に初めて行ったときのことを思い出す。三〇〇キロの道のりは、デコボコ道を自動車で走り、何本かの川を渡るにはフェリーに乗って、一〇時間以上かかった。その頃の深圳は、中国香港特別行政区（SAR）から境界を越えたところにある小さな漁村だった。今日、そこは居住者一五〇〇万人を擁する、中国国内で最も所得の高い近代都市のひとつへと変容した。今日、広州から深圳への旅は、高速道路でたった二時間だし、高速鉄道では一時間だ。いまや私が新しい立場で、これらの旅行中に若く無邪気な学生たちに出会うと、彼らはかつての私と同じくらい幸福になれるだろうかと、自問を止めることができない。私は読書から、大多数の経済学者は一九六〇年代に、アフリカは東アジア諸国よりも経済発展のより良い条件と好機を備えていると信じていた、と理解している。そして私は知りたい、アフリカ、南アジア、そしてその他の地域の貧しい国の運命は来るべき数十年に変わるのだろうかと。

その歴史的背景を振り返ってみると、都江堰は、著しく経済的、軍事的、そして心理学的な意味さえ持っていて、とくに英国生まれの経済史家アンガス・マディソンの著書から学んだ後では、李氷の業績を過小評価するのは困難である。マディソンは、一八世紀より前に西欧世界では、一人あたり所得を倍増するのに約一四〇〇年かかったという計算結果を出している（Maddison 2001）。そして今日の生活水準で測れば、一八世紀初めに世界中のすべての国は貧しかったのだ。

成長の進化

歴史から経済成長の進化を研究した経済史家は、時代を三つに区分した。第一は、人類の歴史の大部分にわたる一八世紀半ばまでで、人口増加にもかかわらず生活水準が変わらないマルサス的定常状態の時期。第二は、一七五〇年ころから一八二〇年代で、生活水準に多少の改善と、人口的趨勢に変化（出生率の上昇と死亡率の低下）が見られた。第三は、最初英国で一九世紀の第一・四半世紀の終わりに認められ現在に続いている、近代経済成長のひとつである（Cameron 1993）。

近代経済成長の謎の解読と、所得水準の収斂および発散の説明は、研究の重要なテーマである。経済成長は実際、世界の国々や地域にわたって生活水準の格差が拡大した主たる源泉である。バローとサライマーティンは「長期の成長率に少ししか効果のない政府の政策を考慮するなら、反景気循環的政策やファインチューニングのマクロ経済分析よりも、われわれは生活水準の改善にもっと貢献できるだろう」と述べている（Barro and Sala-i-Martin 1995, p.6）。

サイモン・クズネッツは、成長パターンを歴史的、実証的に観察するという綿密な分析手段の研究の先駆者であるが、ノーベル賞受賞講演で、一国の経済成長を「人々の多様化する経済財を供給する能力の長期的上昇。技術進歩に基づくこの能力の成長。そのために必要とされる制度や考え方の変化。これら三つの構成要素はすべて重要である。財供給の持続的な増加は経済成長の結果である」と定義している（Kuznets 1971）。それによって確認される継続的な技術革新、産業の高度化《アップグレーディング》と産業構造調整を特徴とする、一人あたり所得の持続的な増加の過程は、近代経済成長の特徴である。

一八世紀以前、ほとんどの国はかなり後進的な農業国で、戦争や自然災害にしばしば悩まされ、マルサスの罠（人口の増加は農業生産の増加より先に進むので、食料供給が人口を養えない局面があるにちがいない、という考え）に苦しんでいた。人口の少数集団である、支配階級、職人、商人を除けば、ほとんどの人々は零細農業、畜産、または漁業に従事していた。一八世紀以前でも生産活動を積み重ねて経済は発展してきたが、当時の技術と産業を所与とすれば、資源配分は最適条件に近かった。したがって、資源配分の改善から得られる利益は小さかった（Schultz 1964）。さらなる経済発展は、外因的なショックとか経験からの改善として、なんらかの技術革新を伴ってのみ実現可能であった[1]。この近代以前の時代には、経済発展は主に、人口の増加とそれによる経済規模の増大であった。経済は拡大したが、一人あたり所得はそれほど変化しなかった（Kuznets 1966; Perkins 1969; Clark 2007）。今日先進国とみなされる地域と発展途上とみなされる地域の当時の所得格差は、今日の視点からするとかなり小さく、せいぜい五〇％であった（Bairoch 1993; Maddison 2006）。事実、今日のいくつかの途上国、中国とインドの一部は、当時のヨーロッパよりも裕福だと思われていた（Smith 1776; Cipolla 1980; Pomeranz 2000)。一八世紀の末まで中国と西欧の市場発展の程度は同じ水準だった（Shiue and Keller 2007)。

一八世紀半ばに英国で「産業革命」が始まった後、科学的実験が技術的な発明や革新の主な供給源になった(Lin 1995; Landes 1969, 1998)。このことはとりわけ、先鋭的な新しいアイディアを基礎とし、バラバラで今までにないような変化を統合したような大きな発明の場合には本当のことであった（Mokyr 1990)。世界の技術フロンティアにある先進国にとって、このような発明の変容は、研究開発（R&D）への投資を通じて技術的優位の加速を可能にし、技術的発明と革新が経済活動の成果として内生的に決まるようになった（Romer 1986; Lucas 1988)。研究開発への投資が増加するにつれ、技術革新は加速化し、産業構造は継続的に高度化し、生産性は上昇した。結果として西半球の先進諸国は離陸しはじめて、北と南の格差が広がり始めた（Braudel 1984; Baumol 1994)。

ラント・プリチェットは、その現象を「格差発散、ビッグ・タイム」という独創的な論文で実証した(Pritchett 1997)。生産性の進化と生活水準を考察して、一八七〇年から一九九〇年の間に最富裕国と最貧国の一人あたり所得の比率はおおよそ五倍に広がった、そして最富裕国とその他のすべての国々との間の所得格差は大きく拡大した。ブラッドフォード・デロングは、同じパターンを「われわれがいま生きているのは、生まれた国によって子供たちの将来の希望に大きな違いができるという意味で、かつて世界が経験したことのない最も不平等な時代である」と述べている（DeLong 1997)。

この格差の発散は、前世紀を通じて途上国と中所得国が先進諸国に追いつこうと試みながらほとんど成功しなかったことからすると、なおいっそう不可解である。一九世紀末と二〇世紀初頭には、ラテンアメリカ、ヨーロッパとアジア（最も顕著なのは旧ソビエト圏諸国と中国）の多くの国々が、多くの場合、近代的な資本集約的重工業に基づく、野心的な経済追上げ戦略を打ち出した。最初はアジアと中東、後にアフリカにおいて、新しく独立した国として植民地と半植民地が、強い国家主義と果敢な夢を伴って出現してきた。先進諸国と比較して、これらの諸国では、経済成長率と一人あたり国民総生産が著しく低く、出生率と死亡率が高く、平均的な教育水準が低く、インフラ整備が非常に遅れていた。これら諸国は一次産品の生産と輸出に大きく特化していたので、近代的工業製品は輸入に頼っていた。したがって、近代的製品の輸入依存を低下させ急速な経済的離陸《ティクオフ》を達成して貧困を撲滅するために、どの発展途上国でも技術的に最新の工業に乗り出すのは、国家的目標としてきわめて重要なことだった。しかし、これら諸国のほとんどは、この目標達成に失敗した。

経済成長の持続的加速が実際に達成されたのは、ほんの数カ国で、つい最近ではチリ、中国、インド、モーリシャスあるいはベトナムなど少数の国である。(2) しかし多くの低所得国は貧しいままだし、多くの中所得国は米国や西欧の生活水準に近づくことができなかった。結果として、人類の六分の一以上(コリアーの言葉では「最低辺の一〇億人」)は、貧困の罠に落ちたままだ(Collier 2007)。

最近の危機によって確認されたように、危機の前に成長率が持続的に高かった国は、世界経済のメルトダウンにもかかわらず、危機の後にもうまく経済運営をしていた。これらの国の経済はダイナミックで、危機からの回復も速かった。危機の前に、対外バランスシートが好調で国家歳入の余地が十分あったので、外的ショックと戦うために、反景気循環的政策を実行することができたのであった。

貧困との戦いが、道義的責任だけでなく、国境に関係なく地球を不安定にさせるいくつかの主要問題(疾病、栄養不良、不安定、暴力)となっている。世界の国際化が進展するにつれ、成長を創造し持続させる新しい方法を考えることは、エコノミストたちにとってきわめて重要な任務である。したがって、富の創造の方法についての新しいアイディアを探し続けることが重要だ。

この章では、経済成長と開発思想に関する知識の進化について概観する。知的進歩と挑戦を振り返ると、とくに過去六〇年間にわたって起きた多くの変化と絶えず変化する支配的パラダイムによる政策によった国はうまくいかなかった。歴史、政策の実践、経済分析の教訓から得られる新しい思考が必要なのである。

貧しさと豊かさの謎解き

秦王朝最初の皇帝である始皇帝と彼が築いた万里の長城からエジプトのファラオたちと彼らが築いたピラミッド群まで、マケドニアのアレクサンダー大王と彼が築いた諸都市からフランスのルイ一四世と彼の煌めく宮殿まで、世界の政治指導者たちはしばしば、政治的勝利と、自分よりも後まで残るであろう、そして庶民の生活を改善するであろうインフラ建設を通して、大きな成果をあげることで頭がいっぱいになっていた。しかし知識人と学者が、経済成長戦略について体系的に考え始めたのは、やっと一八世紀末になってからである。

経済学の教育を受けなかったスコットランド人の道徳哲学者が、現代経済学の進路を決め、研究者たちを公共政策において最も基本的な課題の研究に駆り立てることになった。成長、雇用創出、貧困削減のための処方箋は何だろうか。実際、アダム・スミスが一七七六年に富の創出の秘密の探求に乗り出して以来、エコノミストたちは推理小説における探偵のように振る舞った。理論を考え、仮説を立て、事実を検証し、証拠を追跡し、先例に倣《なら》うのだ。彼らは、ある程度成功したが、多くは失望するだけだった。

高成長国と低成長国とを比較すると、初期条件や政治的・制度的変数の違いが大きいことがわかってきた。しかし使用可能な政策手段に関しては、多くが憶測のままである。事実、スミスの独創的な著書から二〇〇年以上後でも、経済成長は多くの人にとって「ミステリー」であり、残りの人たちにとっては、エルハナン・ヘルプマンとウィリアム・イースタリーによる暗喩《メタファ》を使えば、「とらえどころのない探求」である。

デヴィッド・ヒュームは、ウォルト・ロストウが「最初の現代的経済学者」と断言した人物だが、人間のありようについての分析の中心に、経済分析を据えた。ヒュームはさらに、経済的概念は「合理的に明瞭で首尾一貫した成長動学の理論を形成する」と表現した。彼の足跡をたどった古典派経済学者たち、すなわちアダム・スミス、アルフレッド・マーシャル、デヴィッド・リカード、アリン・ヤングたちも、経済成長のことで夢中だった。たぶん、「啓蒙運動」を通じて喧伝された人類の進歩の考えに強く引きつけられたこともあって、彼らは経済発展の本質と決定因を研究し、政策担当者がいかにしたら繁栄をもたらすことができるかについて探究した。彼らの先駆的研究は、生産要素の蓄積、生産要素の代替、技術変化や特化を強調しているが、それらは現代の成長理論でもいまだに中核を成している。

ロンドン・スクール・オブ・エコノミクスで一九九六年二月に行われたライオネル・ロビンズ記念講演で、「一国の長期的経済厚生にとって何よりも大切なのは、経済成長率である」、「一見すると小さな年間成長率の違いが、長い時間に積み重なって、生活水準の非常に大きな違いにつながる可能性がある」とロバート・バローは指摘した（Barro (1997) の裏表紙）。しかし「大恐慌」の後で、有識者の興味の中心が長期問題から短期問題へと移行するにつれて、成長分析は沈滞した。エコノミストたちの関心は、どちらも人間の福祉にとって重要なのだが、景気循環の動態と長期成長の研究の間で揺れ動いた。

そして一九四〇年代になって奇妙とも思えることが起こった。別々に仕事をしていた四人の研究者が、他国より成長が速い国があるのはなぜかを理解する最初の分析フレームワークを考え出した。ロイ・ハロッドとエヴセイ・ドーマーの最初の研究に続いて、ロバート・ソローとトレヴァー・スワンはソロー＝スワン・モデルを生み出した。体系的な成長分析の、最初のはじけるような大波だった。彼らの目的は、成長の仕組みを理解すること、決定因を確認すること、そして経済政策の役割を説明すると思われる成長会計の方法を発展させることであった。

かつてアイルランド人の喜劇役者スパイク・ミリガンは、「お金で幸せは買えないが、惨めな気持ち以上の喜びをもたらしてくれる」といった。彼のブラック・ユーモアは、第一世代の成長問題研究者にはたぶん広く受け入れられただろう。彼らは研究の中で資本の重要性を強調した。彼らのモデルは、規模に関する収穫不変、収穫逓減、生産要素間の代替弾力性に基づく新古典派生産関数を特徴としている。経済の一般均衡を提示するために、彼らは貯蓄率不変の法則を採用した。これは荒削りな仮定であったが、一般均衡理論は実世界の問題に説得力を持って適用できるので、大きな進歩であった。これらのモデルから引き出されるひとつの重要な予測は、条件付き収斂の概念で、資本に対する収穫逓減の仮定から導出された――貧しい国は労働者一人あたりの資本が少ない（長期的あるいは定常状態での労働者一人あたり資本と比較して）のでより速く成長すると考えられる。(3)

一連の成長研究の長所は、理論的・実証的分析に、資本と労働に加えて、技術を明確に導入したことである。しかし当時使用可能だった分析ツールは限られていたので、このアプローチには欠点が目立つようになった。技術は外生的に所与の公共財として提示されていた。資本に対する収穫逓減の仮定に基づくこのモデルが示した重要な予測は、技術が連続的に改善しなければ、一人あたり成長は止まるだろう、という考えだった。その仮定はモデルが条件付き収斂という基本的な予測を支持していたが、何か中途半端だった。長期間にわたる成長の主要な決定因である技術が、モデルの外に置かれたままだったのだ。(4)

いわゆるイギリス・ケンブリッジ学派の伝統を引く研究者たちは、初期の成長理論家たちの中で卓越していた。その中でもジェームズ・ミード、ロイ・ハロッド、ミハウ・カレツキ、リチャード・カーン、ニコラス・カルドア、ジョーン・ロビンソンのような経済学者たちに率いられて、彼らは、今日、独占的競争革命として知られているものの基礎を打ち立てた。一九三〇年代から六〇年代にかけて経済学者の間では一般的だった見解とは反対に、彼らの研究では、成長分析の中心的な特質は、産業の大部分は完全競争でもないし完全独占でもないという認識であるべきだと提唱した。彼らはまた、成長モデルにおいて資本は計測し集計されうるというアイディアに異議を申し立てた。このアイディアは当時ロバート・ソローとポール・サミュエルソンによって展開された伝統的な新古典派的見解の中核であった。イギリス・ケンブリッジ・グループから出された見解は、当初おおいに議論の余地があったし、左翼だとかイデオロギーに動機づけられているとさえ受け取られたにもかかわらず、彼らの成長経済学の進化への貢献は、次第に経済学の主流に認められるようになった（Robinson 1933, 1956; Solow 1998）。

一九四〇年代と五〇年代に研究の新分野が急成長したにもかかわらず、マクロ経済学者たちは、戦後の時代を特徴づける景気循環の研究にいっそう強い興味を示した。安定化政策、破壊的で犠牲の多いインフレーションを避けるための金融・財政措置の理解を改善しようとするにあたって、彼らは、成長の長期的決定要因の分析にはほとんど力を注がなかった。そのうえ、主流派は進化経済学の挑戦にも立ち向かわなければならなかった。一九七〇年代に発表された進化経済学の論文は、Nelson and Winter（1982）にまとめられている。彼らとその追随者たちは、企業と産業が時間とともにいかに変化するかという基本的な問題の研究に集中した。彼らは、利潤極大化と市場均衡という新古典派の基本的な前提に反対し、技術革新や企業間の競争動学の分析にはそれらの前提は無効であることを明らかにした。これらの前提の跡を継ぐべく、彼らは、経済学が生物学の自然淘汰の概念を借用して企業行動のより的確な進化論を構築するよう提唱した。彼らは、企業は一般的に利潤によって動機づけられて利潤を増やす方法を追求することは認めてはいるが、利潤極大化の方法を考察しなかった。さらに、彼らは利潤のより多い企業は、利潤のより少ない企業を廃業に追い込む傾向があると力説した。彼らの新しいパラダイムと分析フレームワークから引き起こされたことは広範囲に及んだ。それらは、成長と技術変化の条件下における、競争の激しい企業ダイナミックスの、より明確で説得力の強いモデルを発展させることができたばかりでなく、そのアプローチは、心理学やその他の社会科学における研究成果とも矛盾しないと受け取られた。最終的に、彼らの研究成果は、厚生経済学と産業に向けての政府の政策に対して重要な貢献をした。したがって、これが後に、新古典派のフレームワークを放棄した他の多くの経済学者たちにとって創造性の源泉となったのはもっともなことだった。

新古典派の中で状況が変わったのはやっと一九八〇年代においてだった。卓越した研究者たちの新しいグループが、諸国間の経済実績の違いについて、ふたたび注意を向けようとしたときだ。これには、各国間の経済状態の大きな違いを明らかにして比較実証分析を可能にする新しいクロスカントリー・データが利用可能になったことが大きい。アンガス・マディソンのような経済史学者の新しい研究も、成長の重要性に対する関心を高めていた。数字は不可解で、いまもそのままだ。世界のいろいろな地域における経済成長と実績レベルを調べると、国や地域によって成長は実にデコボコだということがわかる。一九〇〇年から二〇〇一年の間に、西ヨーロッパにおける一人あたりＧＤＰは、六・六五倍（西欧から分家した国々、オーストラリア、ニュージーランド、カナダ、米国では六・七倍）、ラテンアメリカでは五・二倍以上、東ヨーロッパでは四・二倍、そしてアフリカではわずか二・五倍だった。(5) 高成長の環境または一人あたり所得が経済協力開発機構（ＯＥＣＤ）諸国の一人あたり所得と同程度の国に住んでいる人々の数は、過去三〇年間に一〇億人からおよそ四〇億人へ四倍となった（Commission on Growth and Development 2008）。

成長の分析者とモデル作成者は、技術変化という長期的成長の主要決定因がモデルの外に置かれている状態から新古典派モデルを解き放とうと考えるようになった。第一の歩みは、広い意味での物的・人的資本への投資に対する収穫非逓減に支えられた連続的成長の理論を考案することだった。もしも経済が成長するにしたがって収穫が逓減しないのなら、その過程は永久に継続しうる（Romer 1986）。第二の、そしてより効果があるアプローチは、成長モデルにおいて、完全競争という拘束をとり去り、不完全競争と研究開発（R＆D）理論を合体させることだ。このように果敢な方法論上の処置は、新しいアイディアなしに経済が進まない理由、一人あたり所得の成長が長期的にプラスを維持できる理由を説明できた（Romer 1987, 1990; Lucas 1988; Aghion and Howitt 1992）。

内生的成長理論は、それが知られるようになるにつれ、実際、技術は資本と労働とは非常に異なるタイプの要素（限界費用がゼロでも他者によって無制限に使われうる）だから、非競合の仮定を維持しつづけた。(6) しかし、次の必然的な一歩を踏み出して、技術の公共財的性格を理解し、部分的には排除できる非競合財として検討することが重要である。だから新しい考えでは、技術を単なる公共財ではなく、あるレベルで個人的管理下になる財であると再分類した。部分的に排除できる非競合財と定め、したがってある程度の排他性とか専有可能性を与えることにより、生産と使用の問題についてインセンティブを確かにすることが可能になった。完全競争の仮定から離れたのは必然的な動きだが、それは大きな方法論的帰結を生じさせた。成長の新古典派モデルは技術と要素の蓄積を外生的なものとしてとらえていたにもかかわらず、もしミクロ経済の基盤に技術的フロンティアのモデルをおくなら、内生的成長理論は、長期間に新しいアイディアを通じて技術が成長する理由を説明できる。

経済学者たちにとってもうひとつの悩ましい問題は、ある国では成長を引き起こして持続させる技術の拡散がいかにして起きるのか、そして他の国ではなぜ根づかないのか、という問題である。チリ、日本、シンガポールは、より先進的な国々から利用可能な技術をうまく取り入れて産業を高度化したが、一方、コンゴ民主共和国、ジャマイカおよびネパールでは、同じことをするのがむずかしい。初期の要素賦存量と歴史的・政治経済的道程の違いを越えて、前者と同じような成果をあげるのに、後者の邪魔をしているのは、何だろうか。

最近、この難問に答える研究が進んでいる。選択肢のひとつは、内生的成長理論に新しい構成要素として技術移転の道を加えることだ。つまり、異なる国は異なる中間資本財を使うというメカニズムの「内生化」である(Jones 1998)。もうひとつの人気のあるルートは、政治経済学のモデルを通じて成長の基本的な決定因を確認する試みだ。以前の成長モデル化の波とは反対に、この一連の研究は、成長の近似的な決定要因ではなく、制度とか統治の質といった要因の成長への影響に焦点を当てた(Acemoglu and Robinson 2001; Glaeser and Shleifer 2002)。その他にもいくつかのアプローチが試みられているが、今までのところ、国々を横断し時間を横断する経済成長のミステリーを説明できる洞察力を持っていない(7)。

ロバート・ルーカスと洗濯屋の娘

何が起こったのか。「経済成長のミステリー」をどうやったら説明できるか。うまくいく国とうまくいかない国があるのはなぜだろうか。

「われわれが経験できる最も美しいことはミステリーだ」とアルバート・アインシュタインはいった。多くの経済学者たちが同じように考えていたに違いない。経済学者の数が次第に増加するのは、経済成長のパズルの解決に努力を捧げてきたからなのだ。私がかつて在籍したシカゴ大学のロバート・ルーカス教授は、景気循環の研究を革新的に進め、ノーベル経済学賞受賞に輝いた。彼は「経済学者はどうして国家の富に関心を持たないのだろうか」と述べている(Lucas 2002, p.2)。国々の一人あたりGDP格差が発散していく傾向をみて、彼はさらに「将来の可能性を信ずることなしに、どうしてこんな成長実績の違いをみることができるだろうか。インド経済をエジプトとかインドネシアのように導くような方策が、インド政府にあるだろうか。もしもあるのなら、それはまさしく〝何〟だろうか。もしもないのなら、そうさせている〝インド固有の性質〟とは何だろうか。このような疑問を考えはじめると、他のことを考えることができない」と述べている（Lucas 1988, p.5)。

セオドア・シュルツ、ゲーリー・ベッカーといったシカゴ大学の先輩たちに続いて、ルーカスは、「伝統的農業経済から近代的な成長経済への首尾良い移行は、人的資本の蓄積に決定的に依存する」と信じている。彼は、経済成長の集計的モデルに具現化されているこのアイディアが、「成長のエンジンの他のヴィジョンに中心を置いたモデルによって予測される行動よりも、経済発展の事実により強く」順応した行動をいかに生み出すかを明らかにしようとしている（Lucas 2002, p.16)。

「人的資本成長の増加の源泉と特性は、いくぶん誤解されたままである。機械仕掛けの神のように、目に見える重要な結果は、見えない原因に起因する」といって、ルーカスは、いかにして成長は持続しうるか、国々によって成長率はなぜ異なるのかということに関する一般理論を発展させてきた（Lucas 2002, p.16)。彼の研究の枠組みは、物的資本と人的資本の両方の蓄積を一体化したモデルで、新しい知識の伝播や、しばしば貿易が刺激を与える生産活動を通じる学習を通じてもたらされる人的資源の外部便益を強調している。[8] より発展の遅れている国が近代的な成長国に変身するには、人的資本の蓄積率の上昇を経験しなければならないことを彼は立証している。社会とその住人は、「発展を創造する新しい可能性」に開かれていなければならない（Lucas 2002, p.18)。

ルーカスは、興味深い実生活の逸話を通じて、人的資本蓄積の重要性をたくみに説明している。たとえば、彼は、シカゴの近所のクリーニング屋の娘の話をしている。近所の洗濯屋は最近やってきた韓国人女性が取り仕切っているのだが、「彼女の英語は仕事をやっとこなせる程度」で、そこにシャツを持っていったら、彼女の三歳の娘がカウンターの上に座って、算数のドリルをしている。彼女はとても良くできて、明らかにものすごく喜んでやっている。一五年後に、この少女はシカゴ大学かカリフォルニア工科大学で教授連の子供たちやメイフラワー号の子孫たちと、机を並べて勉強し続けているだろう！

持続的成長における人的資源の蓄積の重要性について、私はまったく同感だが、一方で近代以前の成長と近代の成長を正確に区別するものは、革新《イノベーション》が、ビジネスの実践や発展に統合される方法と、それが起きるスピードである、と私は考えている。一八世紀に始まって、経験を基礎とする外生的な革新から、実験を基礎とした内生的な革新へと移行できた国もあった。このような変化は、技術革新、構造変革および所得増加を加速させた（Landes 1969; Lin 1995）。

この考え方によれば、国が異なれば経済成長も異なってくる。技術革新の新しいメカニズムから利益を得るために、先進国は研究に投資し、新しい技術と製品を発明し、人的資源に投資しなければならない。人的資源が増加すると、科学者のR&D遂行機能が高まる。そしてその労働力が新しい技術を生産過程に統合できるようになる。

新しい技術と産業によって解き放たれた可能性を十分に生かすために、先進国は、絶えず制度を改善しなければならず、したがって取引費用を削減し、生産可能性曲線上に生産能力を維持するために、適切な賃金とインセンティブを新しい発明品とインフラに提供しなければならない。なぜそうなのだろうか。工業化された高所得の国々は、生産における規模の経済性を伴う資本集約的な産業に比較優位があることが多い。それらが必要とする様々な種類の「ハード」のインフラ（電力供給、電気通信網、道路、港湾施設、等々）と「ソフト」のインフラ（規制・法的枠組み、文化的価値体系、等々）は、企業取引が長距離で高価値になってくる国内外の市場の進化する必要性に応じなければならないからである。

これらの諸国は、生産と技術の発展過程において産業のハシゴをのぼり続けるにつれ、生産規模も拡大させた。なぜなら、資本設備は分割不可能だからだ。企業は次第に大きくなり、たいていはより大きな市場を必要とし、回り回って、電力、運輸、その他の形のインフラの対応変化が必要となる。企業が世界の技術フロンティアに到達すると、次第に彼らだけで新技術と新製品を発明しなければならなくなり、技術的突破口《ブレイクスルー》と彼らの新製品を市場が受け入れるかの不確実性から生ずる、より大きいリスクに直面する。産業構造の高度化に伴い、企業規模、市場の範囲、リスクの性質が変化すると、ハード、ソフト両方のインフラに要求されることも変化する。もしもある国のインフラが同時に改善されなければ、種々の産業の高度化は、不振になったり失速したりするだろう(9)。

事柄はそれぞれにまったく異なるが、実のところ簡単である。後発性の利益を持っている発展途上国は、技術、産業、制度を選択して導入する。彼らは、高所得工業国の既存技術、産業、制度を模倣し、ライセンス供与を受けることができる。もしも途上国のリーダーたちが、民間部門が可能性を引き出し先進国に追いつかせることができるような政策枠組みを創出するために、民間部門で効果的な働き方を見つけ出すことができたら、彼らの国々は、先進諸国よりも高い革新率と成長率を享受できるだろう。

所得水準の収斂と格差拡大の説明

経済成長論は、ここ何十年か、理論と実証の両方の分野でかなり進歩した。理論分野では、内生的な技術革新と規模に関する収穫逓増の分析は、高所得工業国の経済成長の大局的な視点と方法を捉えるための、そして彼らの経済成長率がなぜ人口増加率よりも絶えず高かったかを説明するための、有用な全般的枠組みを提供してきた。ソローの研究から、われわれは、資本蓄積（物的、人的、両方の）と成長過程における技術変化の重要性がわかる。ベッカー、ヘックマン、ルーカス、シュルツとその他多くの研究者の貢献から、新知識の普及やＯＪＴ（実地学習）（しばしば貿易によって促進される）と学歴間賃金格差を通じての人的資源の重要性も学んだ(Schultz 1962; Becker 1992; Lucas 2002; Heckman 2006)。グライフ、アジェモル＝ジョンソン＝ロビンソン、グレーサー＝シュライファーの研究（Greif 1993; Acemoglu, Johnson, and Robinson 2001; Glaeser and Shleifer 2002）によって例示される理論的・実証的分析の支えを受けて、成長は、革新活動が促進され変化のための条件が整っている国において徐々に展開してきた革新や制度によって、強く駆り立てられることを、われわれはノースの研究（North 1981）から学んだ。ローマー、ルーカスと内生的成長理論家たちからは、知識の創造と改革を蓄積する成長理論の必要を、われわれは理解した。要するにわれわれは、とくに先進国における成長の基本的構成要素のいくつかについて非常に多くのことがわかったのである。

実証分析の最前線では、一連の標準化されたデータ・セット、とくにペンシルヴァニア大学国際比較センターの諸表（PWT: the Penn World tables）によって、高成長国と低成長国の間の差異を明らかにする比較研究が進展した。すなわち、

- 生産力、人的資本、人口構造、インフラ、金融発展、または不平等などの初期条件
- 貿易の開放性、マクロ経済の安定性、公共支出の水準と構成、課税、規制といった、様々な種類の政策変数
- 一般的なガバナンス指標、行政の能力、法規範、財産権の保護、汚職といった制度的変数

クロスカントリーの回帰分析に基づく様々な研究で、条件付き収斂のアイディアが確認された。すなわち、初

期段階で所得水準が低いと、他の決定因が同じであれば、通例高い成長率が実現して所得水準は収斂する。そして、投資と小・中学校への就学率などの人的資本の様々な政策に配分された産出量の割合は、たいてい、成長と正に相関している。それに反して、人口増加（あるいは出生率）や政治不安（革命、クーデター、戦争勃発の頻度で測られる）は、一人あたり所得の増加に対して、負に相関している。そして市場がより歪んでいる国（外国為替の闇市場プレミアムやその他の貿易障害で測られる）は、成長率が低くなりがちで、一方、金融市場がより良く発達している国では（たとえば所得に対する流動資産量で測られる）、成長率がより高い傾向にある（Mankiw 1995）。

しかし、かつてヨハン・ヴォルフガング・フォン・ゲーテが「知れば知るほど疑問が湧く」といったように、成長研究は、特定の国々において成長を加速し維持するために使用可能な政策手段の識別にあたって、重大な方法論的な困難と挑戦に、いまだに直面している。ディートンは、「実証家と理論家の隔たりは、前世紀の最後の二五年間のどの時期よりも今のほうが大きいように思われる。そのうえ、再統合なしに長期的な科学的進歩のチャンスはあり得ない」と記して（Deaton 2009, p.45）、経済学者の間に共通して漂う失望の感情を表している。数十年にもわたる理論的な前進と新技術の発展により、明快でたいていは抽象的なモデルが生み出されたが、政策担当者が成長を刺激するために使える具体的な方法はなかった。

さらに、おおかたの新古典派モデルの予測とは反対に、世界の国々の間の所得水準の収斂は限られていた。二〇〇八年に米国（最も大きくて世界で最富裕国のひとつ）における一人あたりＧＤＰ（購買力平価で計算）は、隣国メキシコの三倍、インドの一六倍、コンゴ民主共和国の一四五倍だった。このギャップはさらに広がりつつある。過去一世紀のほとんどの間、途上国の所得は、比例的にも絶対的にも、先進国からはるかに遅れをとっていた。(10) 実証研究から、工業国と途上国の格差拡大は、避けられないわけではないことが明らかになった。過去二世紀に、最先進国に追いつくことができた国がいくつかあった（一九世紀末にフランス、ドイツ、米国、二〇世紀には北欧諸国と日本を含む一三カ国。『成長委員会報告書』の分析）。

日本は過去一世紀に最も印象深い成長記録を達成した。マディソンによると、一九〇〇年に日本の一人あたりGDPは米国のわずか二九％だった（一九九〇年基準のギアリー＝カーミス国際ドルによる）。二〇〇八年には七三％になった。その他の国々も米国に追いついた。スウェーデンは一人あたりGDPを米国に比べて五四％から七八％に改善した。フランスの一人あたりGDPは米国の七〇％を超えたところにとどまっていた。これに反して、旧ソビエト連邦諸国の対米国一人あたりGDPは、三〇％から二五％に下降した（Maddison 2006）。

歴史をみると、成功した国々の成長過程は同じようなパターンをたどったことがわかる。英国や米国のような先頭ランナーは、革新的な新製品、産業、営業方法についての創意工夫を一心に追求し、生産性の上昇と急成長をもたらした。フランス、ドイツ、日本などの後発国は、飛ぶ雁のように、成功した国々を単純にまねして、追いつくことができた。西欧が革新を行い工業化するのに三〇〇年かかったのに、日本は一〇〇年かからなかった、という理由はここにある。さらに東アジア（とりわけ香港、台湾、韓国、シンガポールは二〇世紀の後半、先進西側諸国の所得水準に近づいた）では四〇年だった。つい最近では、ブラジル、ロシア、インド、中国で構成される新しいグループ（BRICs）も離陸した。その他の成功した国のほとんどの物語は、チリからモーリシャスまで以上に述べた同じパターンで理解できる。

今までのところ、この選ばれたグループを除けば、第二次大戦以降、ほとんどの途上国は、経済成長を熱く望みながらも失敗してきた。事実、政府の努力と国際開発機関の援助にもかかわらず、多くは度重なる危機に直面してきた。失敗の経験が広範囲に渡っているので、たとえマクロ経済政策が最適ではなく、制度が脆弱で、私有財産権が成熟していなくても、どうしたら技術の流れを促進して成長を爆発させるのに必要な条件を途上国が創出できるか、を理解する必要がある。

プリチェットの言葉を使うと「ビッグ・タイム」を予測する成長研究が不毛なのは、提案されている理論が、途上国の所得水準が収斂するかどうかを判断する基本的な要因を捉えられなかったからだ。最近、国々の経済活動の進化は、条件付き収斂によって決定される、と主張する研究者たちがいる。均整成長状態における差異を説明するその他すべてのマクロ経済変数が一定に保たれているときに、国々の所得が収斂するという考えである。あるいは、別の言い方をすると、世界の所得の配分は、国々の間にある収斂クラブの存在を明らかにしている。(11)

実際の経済成長の成果が収斂しないという謎《パズル》は、綿密な国別研究と歴史的経験に基づいた比較研究を通ずると、より容易に解決できるかもしれない。成功した国々が収斂している主な理由は、物的資本の賦存だけでなく人的資本の賦存も変え、新しいアイディアを導入するペースを速め、産業高度化の過程を加速し、ソフト・インフラ（たとえば制度）とハード・インフラ（たとえば輸送網や通信網）を改善する能力を彼らが持っていたからだと思われる。しかし知的進歩は、開発経済学の分野では遅いままだ。後発国を最先進国に追いつかせる経済的戦略と政策を理解し再現するのは、世界中の経済学者と政策担当者にとって、やはり大きな課題である。

発展思想──進歩、波動、ブームと流行の物語

スイスの言語学者フェルディナン・ド・ソシュールは、一九世紀末から二〇世紀初頭にかけて、一九一三年に死去するまで、いわゆる構造言語学と呼ばれる言語学の一分派を発展させた人だが、すべての社会科学と人文科学で後に構造主義という言葉で表されるようにその意味が幅広いことを知ったら、おそらく驚愕したことだろう。彼の目標は、人間の言語や文化的慣行のように大きなシステムの中で、最小の構成要素の関係と機能を研究

することに焦点を当てた、思考形式と分析方法を精巧に構築することだった。ソシュールの言語学研究は、具体的には、言語そのものだけではなく、言語が意味をなしうる潜在的なしきたりや決まりごとにも重点を置いていた。彼がしばしばいっていたのは、表層的な現象よりもむしろ、主に「深層構造に関心」を持っていて、すべての話し手に共通で無意識のうちに機能している言語のインフラに興味を抱いていた。彼は努力の結果、非常に成功をおさめ、その研究分野で多くの発展の基盤を築く知的財産を残した。

ソシュールの足跡に続いて、他の分野の研究者たちが構造主義の流儀を拡張した。フランスの人類学者クロード・レヴィ＝ストロースは、構造的分析に四つの基準を規定した（Lévi-Strauss 1963）。第一に文化的現象の無意識的下部構造の研究、第二にバラバラの存在ではなく「関係のある」下部構造の構成要素の評価、第三に単一の要素ではなくシステム全体としての研究、第四に現象の下に潜んでいる構造パターンを説明する一般法則の提供、である。

経済学における構造主義は、オーストリアの経済学者、ポール・ローゼンシュタイン＝ロダンによる一九四三年の非常に影響力のある論文の発表によって浮上した（Rosenstein-Rodan 1943）。当時の彼の関心は、ブラジル、中国、ナイジェリアといった貧しい国が直面している困難ではなく、「東欧と南東欧の工業化問題」で、これが論文のタイトルだった。発展の好循環は、主に、個別企業のレベルにおける規模の経済性と市場規模の間の相互関係に依存することを彼の論文は示唆していた。具体的には、市場規模が、より高水準の賃金支払いの必要を相殺する生産性の境界に対して十分に大きい場合にのみ、現代的生産方法は伝統的生産方法よりも生産性が高い、と考えた。しかし市場規模は、これらの現代的技術を採用する範囲によって決定される。したがって、近代化の過程が非常に大規模に始まると、経済発展の過程は自己増強型で自立型となる。そうでなければ、こうした国々は、無限の貧困の罠に落ちる。この論文は、同様の考えをにわかにかき立て、それは経済発展の構造主義的アプローチとして知られるようになった。

一九四〇年代と五〇年代に、低所得の小国が直面している問題は、工業大国のそれとは基本的に異なっていると主張する同様の理論に基づいた様々な研究が発表された。そうすることで、彼らは経済学を構造主義のより広い知的価値体系に配置しようとして、最小主義者や還元主義者の社会理論へのアプローチを認めなかった。選択そのものよりも人間の選択を形成する制約に焦点を当てて、彼らは、第三世界において工業化の速度を落とす互いに連結された三つの要点を特定した。すなわち、途上国が大幅な賃金格差にもかかわらず世界の舞台で先進国と競争できないこと、自分たちの市場を守り低所得国の輸出品を制限する貿易障壁を確立するという富裕国の傾向、途上国においては生産活動が輸入された資本設備に依存していること、である。

米国の詩人ウォーリス・スティーブンス〔訳註1〕が示唆した「ブラックバードを見る一三の方法」があるように、経済学の分野で初期の構造主義に近づく方法は数多くあるといわれている。スティーブンスの詩は、そもそも風変わりで独特の文学的美意識を表現するために言葉を割り当てたわけではなく、様々なテーマについて読者が思いめぐらす方法を問題にしていたと指摘する批評家もいた。一三の詩節それぞれで「ブラックバード」というキーワードを使うことにより、詩人は自問の過程へとわれわれを連れ込み、案内する。同様に、経済学的構造主義は、必ずしも貧しい国がいかに理解されるべきかの有限理論を明確に表すことによってではなく、それらについての伝統的な思考をかきたてる啓蒙をもたらすように意図されている。事実、どんな包括的研究も、それ以降「構造主義」というラベルで一緒くたに扱われる経済思想の、たいていはまったく異なっているブランドを十分に評価はできなかった。したがって、以下の数段落は、読者に最も代表的な著作の味わいを与えるだけであって、そのアプローチからは共通のテーマを引き出すことになるだろう。

経済的構造主義は、数世代にもわたって、たいていは異なる観念的な傾向の研究者たちと思想家たちにとって、次第に分析の広範なテーマとなってきた。発展途上国の問題全般を体系的に研究する彼らの試みは、第二次大戦後の特別な歴史的・知的背景の中で始まった。彼らの研究の背後にあったのは、経済学におけるケインズ流の介入主義の高まり、ソビエト連邦における国家計画の経験（その時点ではめざましい結果をもたらすようにみえた）、植民地となっていた多くの国や地域の政治的独立、新しい国の近代化によって自分たちの可能性を示したいとする新しい民族主義的政府の熱望である。

ローゼンシュタイン＝ロダンの著作が点火した知的伝統は、三つの重なり合う局面へと進化した（Dutt and Ros 2003）。意見の不一致はあったけれども、これらの第一世代の構造主義者（ここでは「旧構造主義者」）は、現代の先進産業を自然発生的に発展途上国で発展させるのは、他ならぬ彼らの市場における構造的硬直性と調整問題のために、不可能だと主張した。この市場の失敗命題は、「開発経済学」の中核となり、第二次大戦後に浮上した。[12] 市場には乗り越えられない欠陥があり、そのため、国家は経済発展を加速する力強い手段であるという考えである。当時の多くの開発経済学者たちは、投資に資源を直接配分し、巨大な近代産業において「管制高地」〔訳註2〕をコントロールするために公営企業を立ち上げ、産業化への圧力で主導的役割を演ずることによって、国家は市場の失敗を乗り越えると主張した。

一九四五年から五〇年代半ばまでの経済的構造主義の第一段階では、貧しい国は低い貯蓄率、低い投資率、高い人口増加率で特徴づけられ、これらはすべて規模の経済性や外部効果に起因する市場の失敗によって主に引き起こされた、という事実が強調された（Rosenstein-Rodan 1943; Nurkse 1953）。第一グループの思想家のその他のリーダーたちは、これらの国々の本質が二重経済であることを強調していた。つまり、事実上無制限の労働供給源である自給自足農業部門が大きく、したがって近代工業部門はより小さいのだった（Lewis 1954）。

第二段階はおよそ一九五〇年代半ばから六〇年代後半まで続き、ミュルダール（Myrdal 1957）、ハーシュマン（Hirschman 1958）、チェネリーとブルーノ（Chenery and Bruno 1962）、フルタド（Furtado 1964）の貢献が主役となっていた。以前のテーマに加えて、第二段階の研究者たちは、豊かな国と貧しい国の間の構造的差異を強調した。彼らは、特定の部門（たとえば、輸入率の上昇をむずかしくしていると思われる農業部門）において、多くの供給上の制約があると指摘した。これらの制約の除去には、近代的な機械設備を豊かな国から輸入する必要がある。このことは、国内貯蓄と外国為替が不足している貧しい国にとっては大変なことである。

そのうえ、初期の構造主義者の第二グループは、輸出を増大させようとどんなに試みても、商品の非弾力的な世界需要にあって交易条件が悪化するので、貿易は成長のエンジンとして頼りにならないと信じていた。「大恐慌」時の国際貿易の落ち込みは、このような輸出悲観論を実証するようにみえた。ラテンアメリカでは、政治指導者と社会的エリートたちが強く影響を受けたのは、交易条件の悪化、一九三〇年代の世界大恐慌の間に遭遇した経済的困難、ドイツのハンス・シンガー（Singer 1950）とアルゼンチンのラウル・プレビッシュ（Prebisch 1959）という二人の経済学者が別々に展開させた命題である。シンガーとプレビッシュは、一次産品輸出の交易条件の悪化は永続的で、資源集約的な途上国から資本集約的な先進国へと所得が移転すると確信していた。彼らは、途上国が先進国から搾取されない方法は、輸入代替として知られる過程を通じて国内製造業を発展させることだと論じた。

これら旧い構造主義的経済学者たちの最初の二世代ではこの政策判断に広い合意があったにもかかわらず、罠から逃れ、好循環をスタートさせる的確な政策が実行されるにつれて、いろいろな考えの専門家が現れてきた。ローゼンシュタイン＝ロダンは、「ビッグ・プッシュ」（大規模で組織化された政府投資計画）が解決策のようだと述べた。エストニア生まれの経済学者ラグナー・ヌルクセも、狭い市場が発展の主たる障害だとみなし、いっせいに実現される新しい投資のみが、求められる需要を創出できると指摘した。彼の「均整《バランスト》成長」理論では、資本の不足は発展への拘束的な制約として確認され、市場の拡大と生産の増加として理解された。ハーシュマンのように、問題は資本の不足ではなく、起業家能力の欠如（それ自体制度的要素の影響だが）であると考えた人たちもいた。彼らは、投資は貧しい国では均一に拡がらず、強い後方連関と前方連関のある主要な経済部門で選択された計画に集中されるという「不均整成長アプローチ」を提唱した(13)。要するに、多くの途上国政府は、経済成長を最も大切な責務と考えていたのである。

多くの場合、結果は失望させられるものだった。先進国の所得に収斂する代わりに、途上国の所得は、沈滞したりむしろ悪化したりして、途上国と先進国の所得格差は拡大した。多くの途上国で、良かれと思ってなされた政府の介入は失敗した。これは、一九六〇年代と七〇年代のアフリカ諸国、ラテンアメリカ諸国、南アジア諸国にわたる事例であり、この頃、輸入代替と保護主義は発展戦略の基本的特徴であった。

旧構造主義の教義に基づく政府主導の経済発展戦略が多くの国々で失敗するにつれ、自由市場アプローチのほうがうまくいき、発展思想に影響を与えるように思われるようになった。この傾向は、マクロ経済学における新しい挑戦によって強化された。支配的な影響力を持つケインズ流マクロ経済学は、一九七〇年代のスタグフレーション、ラテンアメリカの債務危機、八〇年代の社会主義的計画システムの崩壊という挑戦を受けた。合理的期待という新しい考え方が浮上して、経済発展のために財政政策と金融政策を使う際の国家の役割に対する理論的根拠に反証を行った。

一九八二年の債務危機に直面したとき、旧構造主義の理論的枠組みに追随していたラテンアメリカ諸国にとって、状況はさらに悪化した。こういうことが起きたのは、ブレトンウッズ体制の崩壊で、いくつかの国には彼らの借款を返済できない事態で無制限の外国資本を利用させてしまったと国際金融市場が悟ったときだった。この危機は、すでに世界中の未払債務のかなりの割合を負っていたメキシコとその他いくつかのラテンアメリカ諸国を打ちのめす相互に関係のある外因的な衝撃によって、突然引き起こされた。危機が起こって、多国間貸付機関と二国間貸付国、とくに米国は、即座にラテンアメリカ諸国に一連の包括的改革を要求し、新古典派パラダイムの規範に追随した一連の自由市場政策を主張した。開発思想の新しい波が生まれ、これは後に「ワシントン・コンセンサス」として知られるようになった。

当時の旧構造主義の支持者たちは、一九世紀アメリカの技術者アルフレッド・ホルトのように感じたに違いない。ホルトは、技術者のある集会で「どうすればよいかわからなくてうまくいかない可能性のあることは何でも、たいてい、遅かれ早かれ、うまくいかないことがわかっている」と語った。これは有名なマーフィーの法則のより早い洞察のように聞こえる。経済発展に関する旧構造主義理論に終わりを告げたのは、一九八〇年代後半における社会主義経済の崩壊であり、これはフランシス・フクシマが「歴史の終わり」を発表することにつながった。この重大な出来事は、国家介入と中央計画経済システムの擁護者を制して、自由市場経済学が完全な勝利を示したようにみえた。主流派のエコノミストのほとんどは、資源・供給・価格の配分の歪みは不可避で、経済主体には実行可能なインセンティブ・システムが欠如しているがゆえに、経済における政府介入のほとんどは失敗する運命にある、と結論づけた。

一九八〇年代初頭、構造主義者たちは新古典派経済学者からの批判に応えて、貧しい国の実際の経験に開発経済学を修正・適合するために、新しい試みをしようとした（Taylor 1983, 1991）。これは、イギリス・ケンブリッジの伝統の成長理論からも進化経済学からも影響を受け、綿密な経済分析の進歩とともに構造主義の初期の所見のいくつかを調整しようとした。これは近年、重要な貢献を含むようになってきた。なかでも注目すべきは、Ocampo and Taylor (1998)、Dutt and Ros (2003)、Ocampo, Rada, and Taylor (2009) などだろう。テイラーの「新構造主義」（neostructuralism）という特定ブランドは、ギブソンによって「最新構造主義」（late structuralism）と呼ばれた（Gibson 2003）が、かなりの注目を引き起こした。しかし実際には、当時の政策サークルで優位に立つ新新古典派的見解と張り合い、自由市場アプローチの勝利の気分を煽り、ワシントン・コンセンサスの政策の真ん中に、この発展思想を置くことはできなかった。

これらの支配的な見解は、ジョン・ウィリアムソンによって提示された。彼は「ワシントンにいるほとんどの人たちが、ラテンアメリカ（すべての国々ではないが）が一九八九年以後（必ずしもどんなときにでもないが）引き受けるべきと考えていることの最大公約数」としてワシントン・コンセンサスという用語を初めて使ったエコノミストである。新しいコンセンサスは、すぐに次のように認識されるようになった。

ワシントンを本拠地とする国際金融機関によって不運な国々に強いられ、その国々を危機と窮乏に導いた一連の新自由主義政策。……ここにあげられた三つの大きなアイディアは、マクロ経済秩序、市場経済、世界に向けての開放性（少なくとも貿易と直接投資に関して）である。これらはＯＥＣＤ諸国に関するかぎり、長い間正統派とされていたアイディアであるが、発展途上国は次のことから利益を得ることが可能であった別の宇宙からやってきたと主張する地球規模のアパルトヘイト的なものがかつてあった。すなわち、(a)インフレーション（インフレ税から利益を得て投資の後押しとなるように）、(b)工業化の開始における国家の指導的役割、そして(c)輸入代替。ワシントン・コンセンサスは、このアパルトヘイトの時代は終わったといったのである。(14)

ワシントン・コンセンサスは本当に新しいアイディアの強い波を表していたのだろうか、あるいは開発思想の別のブームにすぎなかったのだろうか。確かなことがひとつある。成長、雇用創出、経済的安定に関していえば、その結果は期待はずれで、一九八〇年代と九〇年代は発展途上国にとって「失われた二〇年」であった

(Easterly 2001)。驚くほどのことではないが、ワシントン・コンセンサスのアイディアは、すぐさまおおいに物議を醸し出すことにもなった。[15] そもそもコンセンサスなどなかったし、いつだってワシントンのエコノミストたちは経済政策の異論を抱くのだと述べる人たちさえいた。反グローバル化の批評家たちは、高所得国と国際機関は世界に向けて新自由主義的経済アジェンダを設定すべきでないと主張した。

主流派のエコノミストたちの間ですら、新しい政策アジェンダには不満があった。ワシントン・コンセンサスを下から支える構造調整プログラムの経済的・社会的費用を批評して、ジョセフ・スティグリッツは彼らの計画には重大な間違いがあると考えており、「今日、多くの人々の心の中に、もしも社会的セーフティ・ネットが提供されておらず、社会に与えた悲劇が短期的経済利益を圧倒するようになったら、社会は混乱するだろう。〔たとえば〕インドネシアでは、もしも予算状況におけるわずかな改善によってひょっとして助けられることがあったとしても、補助金カットに端を発した暴動でひどい損害を受けた」といっている (Stiglitz 2003, p.35)。ダニ・ロドリックは「これらの改革の結果について広く合意を得たたったひとつのことは、物事が意図されたようにはまったくうまくいってこなかったということだけだ。今日最も熱烈な支持者たちですら、ラテンアメリカにおいて成長が期待以下だったと敗北を認めている。……サブサハラ・アフリカでの成功物語が非常に稀なだけではなく、一九九〇年代の市場指向型改革は、その大陸がまさに巻き込まれている公衆衛生の緊急事態に取り組むには不適当だということが判明した」と述べている (Rodrik 2006, p.974)。

ワシントン・コンセンサスとは、資本勘定の自由化（ウィリアムソンは非常に意識的に彼のリストから排除したといっている）のような新自由主義政策、マネタリズム、サプライサイド経済学、あるいは最小限国家（国家に福祉の提供と所得再分配をやめさせる）を意味していると解釈した批評家たちがたくさんいた。しかし約束を果たすのに失敗した主な原因は、それが一連の理想化された市場機構（そのいくつかは先進市場国からさえも失われているかもしれない）を本気で擁護したためだ。ほとんどの途上国にとって，それは効果的な経済戦略ではなくて，たいていは複数レベルの歪みに追い込まれ，二番目，三番目，あるいはn番目に良い状況から次第に推移させる必要がある。ワシントン・コンセンサスの枠組みは，技術革新，産業高度化や構造変化の過程における調整と外部性の問題点を打開するにあたり，途上国政府は重要な役割を果たすことが要求されるという点も無視していた(16)。

開発思想においてもう一つの関連していながら異なる思潮は，新制度派経済学で，ロナルド・コースとダグラス・ノースによる研究の上に築かれた（Coase 1937, 1960; North 1981, 1990, 1994）。これは，財産権，良い統治《ガバナンス》，競争的なビジネス環境とその他の制度の重要性を強調しているが，これらはすべて正しく機能している市場経済を築く基礎のように思われる。理論の基盤は，取引には必ず費用がかかる，そして様々な代替策（すべて不完全だが）が，政策の企画と実施に考慮されるべきだ，という認識である。これは経済学の言語と手法を使って社会制度の成立と進化を説明しようという試みだ。

コースとノースは制度の四段階を特定化した。レベル1は，伝統，慣行，価値観，宗教などが埋め込まれた非公式な制度から成る。レベル2では，公式の規則《ルール》が創り出される。司法上の命令のうち最も強いのは一国の憲法である。レベル3は公式の規則の統治または実施のレベルであり，しばしばレベル2の制度が計画に比べて運営に失敗し必然的につくられたものである。これは主体者たちがお互いに正式に付き合い契約書にはサインをするレベルで，重要な役割に不可欠な契約においては良い統治法であった。「制度は念入りにつくりなさい，それによって対立をやわらげ互いに利益を得られる」ように，ということだ（Williamson 2000, p.599）。そして最後のレベル4は市場のレベルであり，経済活動が実際に起こり，価格体系が機能する。

新制度派経済学は，取引費用の発生と重要性，および商取引のインセンティブを保証する規則を策定する必要性について、深い洞察を行った。しかしそれはまた、市場を適切に機能させる「ソフト」インフラストラクチャーに対する投資は持続的に必要だが概して緩慢であると考えた。その主な弱点は、経済発展に対して非常に幅広いアプローチをとったので、結果的には具体的な政策提言ができなかったことである。その提案は概して途上国政府を途方に暮れさせるほど、あまりに基本的で散漫で、多くの場合、資源、潜在的可能性、時間が足りなかった。

一九九〇年代の経済発展の教訓についての重要な報告で、世界銀行は経済成長の複雑性を強調し、単純な公式に従うようなものでないとみなしていた。一九九〇年代の多くの途上国における改革は、能力の拡大や成長にではなく、資源の効率的な利用だけにあまりにも狭く焦点を当てすぎていた。持続的長期成長への基盤を達成しつつ、これらの改革は現存の能力のより良い利用を可能にしたにもかかわらず、その能力を拡大するために十分なインセンティブを提供することはなかった。(17) このことは、「唯一で万能な一連の規則などない……［われわれは］常套手段とか捉えどころのない〝最善策〟の探索をやめる必要がある」ということなのだ（World Bank 2005, p. xiii）。

新しい答えを探す苛立ち

「行こう。そうだ、行こう（彼らは動かない）。」サミュエル・ベケットは著名な戯曲「ゴドーを待ちながら」の中で、何の変化も起こらない繰り返しの筋で人生の無意味さを表現している。主役のウラジミールは他の配役よりも強い道徳的判断の感覚を持っているのだが、やはりひどい優柔不断におそわれる。絶えず罪悪感に苛まれつつ、彼は自分自身の短所について沈思する。「僕は眠っていたのだろうか。……他の人たちが苦しんでいるときに」と、彼は他の人たちの惨めさを、少しもどころか何も改善してあげていないと考えて、恥ずかしさと不面目の烙印を感じるのだ。「明日、目覚めたときに」今日の彼からは思い出す価値があることは何もないだろうと、彼は恐れる。「ここから君はどこへ行くのだい？」と彼は他の人たちに尋ねる。

多くの経済学者たちも、長年の研究の後で同じことを感じた。全般的な開発思想と個別の成長研究に失望（なかでも注目すべきは繁栄を生み出そうとして、政策担当者たちが詳細な実行計画を探索したことだ）して、従来の知識の有効性と実用性を再評価し、新しいアプローチの根本的な探索をするようになった。新しいコンセンサスは、単純な打開策と「最善の事例」探索ということに関しては信頼性が低いように思われるが、各国の成長を妨げる最も根本的な制約要因をひとつか二つ特定化するといういっそう深い経済分析には信頼性が高いように思われる。

この方向の正しさは、リカルド・ハウスマン、ダニ・ロドリック、アンドレス・ヴェラスコによって提案された「成長診断」枠組《フレームワーク》みによって実証された。これは発展途上国の最も根本的制約要因をひとつか二つ特定化し、次に、それらの除外に集中しようとするものだ。理論的根拠の中心は、経済改革は経済環境次第だということを保証することである。必要とされる改革をいろいろ書き並べたリストを示されて、政策担当者たちは問題すべてを一気に解決しようとしたり、彼らの国の成長可能性にはけっして重要ではない改革から始めたりする。そして、しばしば、改革は足の引っ張り合いをして、ある地域での改革は、他の地域での予期せぬ歪みを生じさせる。成長にとって最大のハードルとなっているひとつの地域に集中することによって、国々は改革努力から成功を収める可能性が高い（Hausmann, Rodrik, and Velasco 2006, p.12）。

提案されたアプローチでは、それぞれの国の問題とされる制約要因を特定する助けとして、意思決定の樹状図《ツリー》の方法を提示している。これは個々の開発戦略の政治的な費用・便益を具体的に特定するわけではないが、対立仮説に集中することによって、政治的制約に応える政策担当者たちが利用可能な選択肢を明らかにする助けになる。彼らは「われわれは主に短期の制約に関心があり、われわれの興味の中心は、成長に点火し、経済拡大につれて必然的に浮上する制約を特定することであって、成長の明日の制約を予測することではない」という(Hausmann, Rodrik, and Velasco 2006, p.12)。

このアプローチから学べる重要な教訓は、次のようなものである。異なる国々（あるいは同じ国においてさえも異なった時点）では成長を促進するためには異なる政策選択を必要とする。成長が必要とする（安定した通貨、財産権、開放性、自由市場といった）「大原則」は多くの形をとりうる。これらをやり遂げるにはその国に特有の背景と情報が必要である。具体的にいえば、これらの原則は、あるひとつの明確な制度的あるいは政治的形式を必要としない。各国には成長の可能性にとって何らかの制約要因があると思われていて、それらを特定して除去するのに失敗すると、他の生産要素がすべてそろっていても、経済成長の妨げになる。「成長診断」アプローチは、確かに成長分析においては重要な前進だ。しかしこのモデルは「制約要因」の概念を完全に具体化させるわけではない[18]。様々な定義は意図的にまったく曖昧なままにされていて、それらを運用しづらくしている。

もうひとつの影響力の強い新しいアプローチは、マサチューセッツ工科大学の「貧困ラボ」(Poverty Lab)の研究者によるもので、成長の探求は開発プロジェクトやプログラム（明確な反事実的効果に対抗して）の影響の再評価に集中すべきであると主張している。確かな影響評価は、最も効果的なプログラムが、全国レベルまたは国際レベルに拡大することを保証する必要があるという考えから始まって、無作為にいくつかの構成単位では介入を行い、その他は対照群を構成し、その後二つのグループの平均的成績を比較するという無作為化比較試験(RCTs: Randomized Comparison Trials)または社会的実験を考案した。この方法は経済理論やその他の情報源に基づく憶測を排除できるようにみえたから、提案者たちは、これこそが議論の余地なく効果を確認する唯一の方法だとみなした。彼らは、どのプログラムが功を奏し、どれがダメなのかを知るために利用できると力説した。

けれどもRCTアプローチもまた、発展の戦略と政策について一般論を述べるには不適当な方法論的問題をはらんでいる。RCTは、ある特定のミクロ・プロジェクトの有効性を理解するには便利だが、たいがい、特定の方法が、どうしたら最優先事項の知識格差にぴったり合うかについての明確な戦略的評価からは出発していない。そのうえ、マーティン・ラヴァリオン（貧困問題の著名な専門家で、世界銀行では私の同僚）が指摘したように、無作為化は、発展に関連のある介入と背景の無作為でない小集団にのみ適している。たとえば、インフラストラクチャー・プロジェクトなどは、貧しい国の発展戦略では中核的活動であり、その配置を無作為化するなど、めったにできない。ラヴァリオンは「無作為化という考え方そのものが、多くの開発プログラムの考えの対極にあり、ある種の人々や分野への到達を狙っている」といっている（Ravallion 2009, p.2）。RCTが本当に、局所的な発展の経験から地理的あるいは文化的に異なった地域への教訓が移転できると仮定したとしても、それらは開発戦略を企画しなければならない政策担当者たちに有益で総体的な指針を提供するには、やはり不十分である。

新しい戦略思考の必要性

アダム・スミスとデヴィッド・ヒューム以来の経済成長と開発経済研究における困難を振り返って、私は混乱を引き起こすような三つの所見を述べたい。第一に、これらの成長研究の様々なアプローチはすべて、興味深い問題解決に光を放っていたが、異なる国々の産業高度化と構造変化の過程における失敗や成功をほとんど説明していない。このことは、世界各国の労働者一人あたり生産額と国民所得の違いを、経済学者たちと政策担当者たちがまだ説明できないという事実から明らかである。持続可能な経済発展には、資源に基づく経済から工業経済へ、それから脱工業化段階へと構造変化する必要があるということは良く知られている。しかし第二次大戦後にこの変化を遂げた発展途上国は少ない。

一方、多くの発展途上国が、いまだに農業と一次産品輸出に依存しているか、あるいは特定の伝統的商品から製造業の基盤を形成することに失敗している。経済分析は今までのところ、低所得の農業国から中所得あるいはさらに高所得工業国へと移動することができる国があって、一方では残りの大部分は見たところ悲惨な貧困状態に陥っていたり中所得段階から動かないという理由を体系的に説明していない。輸入代替を経験した国は、結果として過重な財政支出、既得権益、保護部門における低生産性成長につながると思われる。しかし輸入代替は、低所得の農業国が国際市場で競争力を持つようになろうとする道筋で、どんな新工業国にとっても通らざるを得ない途だ。新産業の発展における内在的な調整と外在的問題ゆえに、民間企業の活動の場のかさ上げと投資環境の改善だけでは、持続的で活力に満ちた成長に点火するには明らかに不十分だ。アダム・スミスやその他の人が取り上げた大きな疑問（大部分には解答がない）は、今日も課題として残っている。どうしたら低所得の農業国から中所得の工業国へと移行し、脱工業化高所得国へと進展して、成長と富の創造を加速できるのだろうか。この転換における公共部門と民間部門のそれぞれの役割は何であろうか。

他方、農業国から工業・サービス国へと変身し、一人あたり所得を大幅に上昇させた中・高所得国は、いまもなお絶え間ない産業と技術の高度化という困難な問題に直面している。低成長で中所得の罠に落ちた国もあるし、高い失業率と経済的不安定に苦悶している国もある。

第二の所見は、開発政策は開発思考と並行して絶えず進化するということだ。事実、国際開発機関の政策提言は、支配的な発展パラダイムの変化にぴったりと従っていたし、時にはこのような変化の主要な提案者にもなっていた。一九五〇年代には世界の政治環境は西ヨーロッパの再建に偏っていたが、その頃に始まって、世界銀行はインフラストラクチャーの再構築に集中していた。一九六〇年代と七〇年代は独立国の出現と冷戦がアジェンダを支配していて、スローガンとしての目標は、重工業とインフラストラクチャーの発展に移っていた。

一九八〇年代にいくつかの新興国ではマクロ経済の大幅な不均衡《インバランス》が、そしてラテンアメリカでは債務危機が発生し、ワシントン・コンセンサスが採用されることになった。構造調整プログラムが、世界銀行と低所得の借入国の間の主な交流媒体となった。ベルリンの壁の崩壊と公共政策の新しいコンセンサスの模索を伴って、世界銀行は開発のために全体論的なアプローチをとるように転換した。世界銀行はすべての借入国において、社会開発と貧困削減に焦点を当てた包括的な開発枠組みを採用した。そしてまた、政府当局者たちとの対話の中に、より多くの関係者（国会議員、民間・社会組織と民間企業のリーダー）を参加させようとした。近年では、世界的アジェンダで優勢となっているグローバル化への関心もあって、世界銀行の政策は、統治《ガバナンス》を改善し、厳密な影響評価を通じて現場での結果を確実にもたらすようにして、「ミレニアム開発目標」の達成に重点的に取り組んできた。

第三の所見は、国々が産業と技術のハシゴをのぼるにつれ、当時の主流派の開発パラダイムの政策的処方にめったに従わなくなったことである。最も成功した途上国は、『成長委員会報告書』（Commission on Growth and Development 2008）にあげられている一三カ国のうちの多くを含め、一般通念を否定して、彼らの製造業基盤を拡大し、より高度な工業製品を手がけるようになった。彼らの発展過程では、旧構造主義者の学説が推奨した輸入代替戦略の代わりに、輸出促進戦略を追求した。そして彼らはそれぞれ、ワシントン・コンセンサスが推奨したように、市場競争だけに依存するのではなく、民間企業が新しい産業に参入するのを政府が積極的に促進した。国民の保健と教育は、政府が最初に保健と教育の計画についての無作為化試験とか社会実験をしなくても、すばらしく向上した。こうした成功はエコノミストたちが行っている包括的な政策提言の適切性や妥当性に関して、重大な疑問を投げかけた。

否定しようもない知的進歩にもかかわらず、今日の成長と発展のアジェンダに関するいくつかの重大な疑問は、前世代の研究者が直面したものと同じまま残されている。もし成長が主として革新《イノベーション》によって推し進められるのならば、うまく革新を起こして変化に適応した国がある一方で、うまくいかない国があるのはなぜだろうか。どんな力が所得水準の収斂を実現し、どんな要因が物質的進歩を止めてしまうのだろうか。低所得国を中所得国へ、そしてさらに高所得国へと移行させる構造変化のようなものの条件は何だろうか。成長の最も重要な決定要因（初期条件、制度、政策）は何だろうか。成長力学において、政府と市場の適切な役割とは何だろうか。

持続的成長の決定要因、具体的にはチャンスと富を生み続けるために、貧しい国を発展のある段階から次のそしてもっと先進的な国へと変化させるための構造的分析ができる、より広い理論的枠組みで、既存の知識を完全なものにするときが来た。李氷《りひょう》が二〇〇〇年以上前に都江堰の建設を決心したような、もはや気まぐれな成功物語のようには思われない大胆な政策行動をとるために、何が機能し何が機能しないか、概念にまとめる必要がある。エコノミストたちは彼の高い鉄棒に届かないかもしれない。しかし、彼らは間違いなく、歴史から、そして経済理論からさえも多くを学ぶことができる。もし彼らがつねに良い判断を下せば、だ。古代中国の哲学者である老子は「以前の知識は道の花であり、愚行の始まりだ」と警鐘を鳴らした。現代の言語に翻訳すると、この言葉の意味するところは「現存の理論は不変的な道の機能の証明（特定の条件下で）であるとともに、条件は常に変化するのだから愚行の始まりだ」ということだろう。(19) 政策担当者たちが、利用可能なように棚に並んでいる理論に頼るよりは、政策が対処しようとしている問題の性質を明確に理解してから、体系的に政策決定を始めるのは良いことだ。次章では、そうしたことの失敗例について議論し、開発政策の多くの失敗から教訓を得ることにしよう。

註

（1）アメリカから世界の他の地域にトウモロコシやサツマイモがもたらされたのは新大陸発見の副産物であったが、そのような、現代以前の技術革新の数少ない例は、外生的な技術的ショックとして分析できる。現代以前の技術革新のほとんどは、職人や農民の日常業務の副産物であった。

（2）たとえば、Commission on Growth and Development（2008）の研究対象とされた一三カ国を見よ。

（3）条件付き収斂はソロー＝スワン・モデルの重要な特性である。これが条件付きであるのは、これらのモデルでは、労働者一人あたりの資本と産出量が均整成長状態に保たれており、それが貯蓄率、人口増加率、生産関数の状況といった各国間によって異なる特性に依存している。最近の多くの実証研究では、政府の政策とか人的資本の初期賦存状況などが分析に含められるべきだ、と示唆している。

（4）新古典派モデルのCass（1965）とKoopmans（1965）の見解は、ラムゼーの消費者最適化分析の上に構築されていて、貯蓄率の内生的決定要因を提供しようとした。この展開は、条件付き収斂の領域で役立ったとはいえ、長期成長が外生的技術進歩によって決定されているという問題を解決していない。

（5）Maddison n.d.; *The World Economy: Historical Statistics*を参照（www.ggdc.net/maddison/）。

（6）経済学では、財は、それが一人の消費者による消費が他の人による同時の消費を妨げるときに、「競合的」とみなされる。最も個人的な財（食料、衣料）がこの定義に当てはまる。それに反して、「非競合的」な財は、他の多くの人たちに同時に利用されうる。典型的な例には、きれいな空気やほとんどの知的財産などの無形資産が含まれる。財が「排他的」だとみなされるのは、対価を払っていない消費者がその財を入手するのを妨げ得るときで、「非排他的」というのはそれが不可能なときだ。「非競合的」（数人の人たちが同じ財をその価値を損なうことなく消費できる）で「非排他的」（ある個人がその財の消費から排除され得ない）な財は、公共財と呼ばれる。

（7）Jones（1998）; Barro and Sala-i-Martin（2003）; Helpman（2004）といった研究サーベイを参照。

（8）ロバート・ルーカスは、一九九七年にイェール大学のクズネッツ記念講演で同じような指摘をした。ここで彼は、工業化の初期段階での人的資本の成長と人口転換の相互作用について考察した。彼はまた、産業革命の途上で発生した非常に大きな社会間所得不平等がすでに頂点に達したかもしれないこと、所得格差は二〇世紀を通じて低下しただろうという可能性を解説するために、波及モデルを使った。

(9) この点の良い実例は、金融部門で観察できる。先進国の経済では資本集約的企業とハイテク企業が優勢であるが、金融システムは、株式市場、ベンチャー・キャピタル、大手銀行によって支配されている。これは、金融資産の動員や配分、リスクの分散と共有、経済成長の促進に効率的である。それに反して、小規模でリスクの低い労働集約的企業は、途上国における経済成長のメイン・エンジンで、そこでの金融構造は、銀行、とくに地方の小規模銀行が主役となる。

(10) 一八七〇年から一九九〇年までに、最富裕国と最貧国の一人あたり所得の比率は、おおよそ五倍に増えた。Pritchett (1997) 参照。

(11) これはBaumol (1986) とBarro and Sala-i-Martin (1992) で提示された見解である。Prescott (1999) はもっと楽観的で、所得格差の発散が継続するということはあり得ず、世界的な所得の分配は最終的に収斂するという見解を表明している。

(12) 「伝統的経済学」では扱われなかった開発経済学の新しい分野は、低開発問題を扱うこととなった (Hirschman 1982)。初期の貿易と開発の理論および政策は、途上国に関して広く認められ定型化された事実と前提を基礎としていた (Krueger 1997)。これらは次のような考えを含んでいた。途上国の生産構造は、一次産品生産に非常に重点を置いていたので、発展途上国が自由貿易政策を導入したら、彼らの比較優位は永遠に一次産品生産のままであろう。一次産品に対する世界の所得弾力性と需要の価格弾力性は低い、そして資本蓄積は成長に不可欠であり、発展の初期段階でそれが起こるのは、資本財の輸入を伴う場合だけである。これらの定型化された事実と前提を基礎にして、発展の過程は工業化であり、工業化は、最初は輸入代替からスタートすると考えるのが論理的な帰結である (Chenery 1958)。

(13) 後方連関効果は、企業とその供給者の間の、財、サービス、資金の流れを通ずるさまざまな経路に関連し、経済的相互依存のネットワークを創出した。ある一つの産業の成長が、それを供給する諸産業の成長をもたらすときには、後方連関効果が存在する。典型的な例は繊維工業である。それは綿工業の成長を促進し、綿花栽培農家の所得を上昇させ、農村地域における財とサービスの需要を増大させるかもしれない。前方連関効果はたいてい、生産者か供給者と顧客を結びつける流通網が存在する。あるひとつの産業の発展は、その産業の生産品を使う他の産業の成長があるとき、そしてある産業の生産物が他の産業を促進するときには、前方連関効果が存在する。たとえば、多くの国で、農業や製造業の発展は、運輸部門のサービスの開発を促進した。

(14) ワシントン・コンセンサスには一〇の改革が含まれている。財政規律、公共支出優先順位の並べ替え、とりわけ基礎的保健と教育への無差別な補助金のような支出を転換すること、節度ある限界税率での広い税基盤を併せ持つような税制の構築、金利の自由化、競争的な為替レートの導入、貿易の自由化、外国直接投資の自由化、民営化、規制撤廃、財産権の確保（Williamson 2002）。

(15)　主な批判としては、Naím（2000）とBirdsall and de la Torre（2001）を参照。

(16)　この問題については、次章で詳細に議論する。

(17)　Zagha, Nankani, and Gill（2006, p.9）は、「改革は効率の向上を達成する助けとなり得る一方で、生産意欲の強化なしに、そして資本蓄積と生産性向上の努力の効果を低下させる市場や政府の失敗に取り組むことなしには、経済を持続的な成長の道筋に持っていけないだろう」といっている。Pritchett（2006）は、エコノミストたちは単一の成長理論を探求するのは断念して、その代わりに、国々の個々の状況に合わせて注文仕立てされた成長と転換の一群の理論の開発に焦点を合わせるべきだ、と提言している。

(18)　成長にとっての制約要因を識別するのに用いられてきた方法は、シャドー・プライスによっていた。シャドー・プライスのデータが広く利用可能な国々においてすら、それぞれの国で経済開発にとって最も必要とされている分野を、これらのデータが的確に表しているかどうかは不明である。たとえば、技術と人的資本が補完関係にある低所得国の単純な成長モデルを考えてみよう。このような国では、人的資本と技術の水準が低いゆえに、教育と技術採択の両方のリターンは低いだろう。シャドー・プライスだけに集中し、国家間の水準の比較を無視すると、教育水準の向上と技術採択を促す必要はないと提言することになる可能性もある。

(19)　目下の問題の解決に過去の経験と既存の理論を使うには注意深くなくてはならないという論議については、*Benti and Changwu: Dialogues on Methodology in Economics*（Lin 2012a）参照。

〔訳註1〕　Wallace Stevens, 1879–1955.　米国の詩人。ペンシヴァニア州レディング生まれ。裕福な家庭に育ち、生涯、保険会社の顧問弁護士・副社長をしながら、詩作。「ブラックバードを見る一三の方法」を収めた『ハーモニアム』（一九二三年）は高い評価を受けなかった。一九五〇年『秋のオーロラ』で全米図書賞を受賞、『詩集』で一九五五年ピューリッツァー賞を受賞。

〔訳註2〕　第3章の〔訳註1〕を見よ。

Chapter 3 Economic Development: Lessons from Failures

第3章　経済開発——失敗から学ぶこと

二〇〇八年八月、ガーナ出張に先立ち、私は、ガーナ独立時のクワーメ・エンクルマ大統領による六分間の演説のビデオを手に入れた。ガーナは、昔、「黄金海岸」と呼ばれ、一九五七年、アフリカにおけるヨーロッパの植民地として最初に独立を果たした国である。音声は雑音交じりで多少歪んでおり、途切れ途切れになっていたが、そんなことは構わない。半世紀以上経った今日でも、当時の人々の喜びや興奮、そして楽観主義が伝わってくる。エンクルマは、「一九五〇年代と六〇年代のネルソン・マンデラ」とも呼ばれたが、首都アクラに集まったたくさんの人々の前で演台に立ち、旧英領植民地であったガーナが自由を取り戻し、主権国家となることを宣言した（Biney 2008, p.129）。

社会学と教育学を修め演説の才にも恵まれたエンクルマは、同国の人々から、「オサギィェフォ」(Osagyefo)〔ツウィ（Twi）語で「救い主」の意味〕と親しみを込めて呼ばれた。彼は、建国に向けての志を大胆に、そしてきっぱりとこう述べた。

ついに戦いは終わった。そして、皆さんの愛する国、ガーナは、永遠に自由となった。……新しいアフリカ人は、自らに課された新しい戦いに挑む準備ができている。黒人が自らの問題を自らの力で解決していくことができる、ということを示すのだ。私たちは、世界に対して、他の国々に対して、私たち自身の礎を築く準備ができていることをはっきりと示すのだ。……ガーナは永遠の自由を得た。ここで、楽団にガーナの国歌を演奏してもらいたい。……私は、この国の未来を形づくるために、国民である皆さんの力を必要としている。私たちは、力を合わせ、この国を世界のすべての国から尊敬される国につくりあげていくのだ。……ここにどれだけたくさんの人々が集まってくれたか、私にはわからない。大切なのは、何百万という人々がこの瞬間を共有しているということだ。最後に、皆さんにいっておきたい。皆さん自身が最後の砦だ。アフリカ人が立派に事を成し遂げることができるということを世界に示そうではないか！　私たちは覚醒した。もはや眠りにつくことはない。今日、いまこの時、世界に新しいアフリカが誕生した！（Nkrumah 1957）

彼の演説は、興奮のるつぼの中で行われた。ビデオは、人々の誇り高き思いがひとつになった様子を伝えている。聴衆は、一言一句に拍手喝采し、未来を確信し、独立がもたらしうる無限の経済発展の可能性に歓喜した。このような楽観主義は、アフリカ全土で、そして発展途上地域のいたるところで共有された。歴史家のフレデリック・クーパーはいう。「先駆者としてのガーナの歴史は、特別な意義を有する。クワーメ・エンクルマは政治指導者であるだけではない。彼は独立と反植民地主義と汎アフリカ主義の預言者でもある。彼は、〝はじめに政治の王国を求めよ〟という格言をしばしば用いた。これは、ガーナ国民が自国のみのために声をあげることを求めたものではない。アフリカ全土の植民地化された社会をダイナミックで豊かでチャンスにあふれた土地に変えていくために、指導者や市民が持つパワーを活用してほしいという切なる訴えであった」（Cooper 2002, p. 161）。この演説が行われる数年前から、インドでネルーが、中国で毛沢東や孫文が、インドネシアでスカルノが、そして、植民地支配の軛《くびき》から逃れた諸国で、同じようなヴィジョンが相次いで示されていた。これらの国々では、政治と経済を近代化することが開発の指針となった。

ガーナで最初の指導者となった直後、エンクルマは工業開発を促進することを約束した。第二次大戦後のその他の多くの政治指導者と同様、彼は後発の途上国が急速な工業化と近代化を遂げるために、ソ連の工業化をその論拠として中央集権型の計画経済システムがそのとるべき道であると考えた。経済開発戦略を推進すべく一九五九年に発表されたガーナの第二次開発計画は、先進的で高度な資本集約型の工業開発を先例のない速度で達成することを目指していた。

一九六〇年七月四日の演説で、エンクルマは、政府が工業化を重点的に促進するプログラムを発表した。そこでは、農業の多角化と機械化が、国の経済と社会を変えていくための基盤であるとされていた。「この開発を促進することを通じて、比較的短期間でガーナが近代的な工業国家となり、すべての国民に機会を提供し、世界中のどの国と比較しても遜色のない生活水準をもたらすことになろう」と彼は約束し、製鉄所、アルミ溶鉱炉から製糖所にいたる様々な工場の建設を推進していった（Nkrumah 1960）。当時、ガーナは低所得国であり、世界の製鉄市場においては、フランス、日本と西ドイツが主なプレーヤーであった。経済の現実を踏まえない善意の意図と偉大な野心は、工業化と開発の失敗に帰結することになる。

失敗の原因は何か。この章では経済開発の失敗の原因を追究する。開発の失敗の根本的な原因に関する現在の多くの議論は、問題の兆候や帰結を表面的に考察するだけで、肝心の原因に迫っていない。たとえば、先進国の工業に追いつき追い越すために高い目標を掲げ、士気高く臨んだ資本集約的プロジェクトの多くは、しばしば高くついて失敗に終わるという議論はなされても、それがなぜかについてはなんら説明がなされていない。

近代化に向けての善意の意図は、エンクルマのような政治指導者を鼓舞したが、目標を達成するために選ばれたプロジェクトは、資本が相対的に稀少な経済にとってはあまりに資本集約的でありすぎた。生産要素賦存の配分や構造によって決定される経済の比較優位に適合したものではなかったのだ。その結果、重点セクターの諸企業は、開かれた競争のきびしい市場において生き残ることができなかった。初期投資からその後の運営にいたるまで政府の能力と意思に依存し、大量の資源が投下され、あらゆる種類の保護が継続的に与えられ、補助金や介入によって最適な資源配分は阻害された。結果は壊滅的であり、彼らの夢と名声は砕け散った。

この過ちの原因は、多くの発展途上国において追求された戦略の設計や実施にではなく、政策担当者による目標設定のあり方そのものにあった。その時その時の国の発展段階や生産要素賦存の構造に適合しない目標設定に問題があったのである。そのような非現実的な開発目標から教訓を導き出すことを通じて、この章では、なぜ比較優位の実態に適合しない戦略が失敗に終わるのかについて素描し、そして、旧来の経済学の知見を超えていく必要性について訴えることとしたい。

成功の陰にある実行可能性

このような失敗をしたのはエンクルマだけではない。世界史をみると、多くの政治指導者が、善意の崇高な意図をもって掲げた目標を追求し、無残な結果を自国や人々、そして時には彼ら自身にもたらした事例は枚挙にいとまがない。彼らは、国の開発とは、国内、時には国外からの資源をも投入して壮大なプロジェクトを実施することでその国の過去を清算し、より高い新たな境地にその国がいたったことを世界に示すことであると考えていた。彼らの夢は壮大であった。しかし、その夢の追求は、高くつく失敗に終わった。なぜなら、その夢は砂上の楼閣にすぎず、堅牢な基盤の上に築かれたものではなかったからだ。

エンクルマの頃のガーナが、製鉄所やアルミ精錬所などの、近代的で先進的な資本集約型の工業を目指した動機は明らかであり、かつ理解できるものである。一九六二年、エンクルマの率いる会議人民党（Convention People's Party）は、「仕事と幸せのためのプログラム」を発表し、そこで「帝国主義と植民地主義は、西洋が工業革命のために要した民間資本をガーナには残さなかった」と書いている。「（資本）集約的で多角的な農業、迅速な工業化、そして生産性の向上に不可欠なサービスや工業」は、唯一政府のみが提供できる、というのである（Convention People's Party 1962, pp.393–394）。残念なことに、先進ヨーロッパ諸国における新しい工業を野心的に発展させようとしたガーナの大胆な計画は、経済の基礎的条件に関する分析を踏まえたものではなかった。その中には先見性があり、カリスマ的な政治指導者であったエンクルマは、多くの偉大な思想家と親交を結んだ。その中には経済学者もいて、その後ノーベル賞を受賞したW・アーサー・ルイスも含まれていた。ルイスは、一九六〇年代前半にガーナ政府のアドバイザーも務めた。しかし、彼でさえ、エンクルマの崇高な夢は、国の現実に鑑みると達成不可能なものであったと認めている。

ガーナの開発計画は、「工業開発公社」と呼ばれる国有会社の創設を含み、工業開発に関する定量的な指標を掲げていた。そこでは、「ビッグ・プッシュ」と呼ばれる経済開発に対する旧来の構造主義的アプローチに即し、六〇〇の工場が設立されることになっていた(1)。当時のガーナには、野心的な目標を達成するために必要な、技術的な能力も、コスト面での競争力も、資本もなかった。楽観的な試算でも、国内資本のみでは必要とされる資本の二五％しか調達できないことが想定され、残る大部分は政府による海外からの借入れによって調達されなければならなかった(2)。

大胆な資本集約的プロジェクトを強力に推進し、ガーナは、第二次開発計画（一九五四—六四年）の期間、平均で実質所得の二二％という高い投資率を達成した。重工業の生産能力を確保するために大規模の投資がなされ、新たに設立された資本集約的工業は規模の経済を享受した。しかし、国内市場の需要は小さく、また、海外での競争力はなかった。結果として操業開始早々に余剰能力が発生し、多額の損失を抱え込んだ。

生き残るために、これらの工場は政府から継続的な保護と補助金を必要とし、それは経済構造を歪め、さまざまなマクロ経済上の問題を引き起こした。公営企業の累積債務は、財政赤字、国際収支不均衡、高いインフレを招き、国は深刻なマクロ経済危機に陥った。一九六四年から六六年の間、ＧＤＰ成長率は三年連続でマイナスとなり、インフレ率は、一九五七年の一・〇%から六五年には二二・七%に上昇した (Aryeetey and Fosu 2008)。国家経済は破綻し、一九六六年、「救い主《オサギィエフォ》」エンクルマは、軍事クーデタによって放逐された。その後ガーナは、長期にわたる経済停滞と政治的社会的混乱に陥ってしまった。エンクルマが追放された年の一人あたり実質ＧＤＰは一三四五ドルであったが、その後の二〇年間で九八八ドルにまで落ち込み、二〇〇八年においても一六五〇ドルにとどまった (Maddison n.d.)。

崇高な動機に基づく近代化の努力が無残な結果に終わった国はガーナだけではない。第二次大戦後、毛沢東の中国、ナセルのエジプト、ネルーのインド、スカルノのインドネシア、そしてアフリカ、アジア、ラテンアメリカのほとんどの途上国が、工業化のために同じような戦略を採用し、同じように悲惨な結果に終わっている (Lal 1983; Krueger 1992; Lin 2009b)。東欧やラテンアメリカの多くの国で、工業化の試みは、一九六〇年代半ばよりも相当前から開始された。初期の構造主義的諸政策は、当該国の歴史的な状況や初期条件に関係なく、ことごとく期待はずれの結果に終わり、途中で断念せざるを得なかった。

戦後、ガーナやその他の途上国の開発の試みがお粗末な結果に終わった理由を求めて、新古典派経済学者たちの多くは、独占的国営企業、特定の工業に対する巨額の補助金、政治がらみの横領、レント・シーキング〔超過利潤の追求〕、相次ぐ金融抑制などに加えて、自国通貨の過大評価、資本と外貨に関する規制など、国家経済を破綻させた経済政策の明らかな歪みに着目した。

別に驚くべきことではないが、多くの研究者が、利益集団の力や活動に注目し、政治経済学的観点からの説明を試みた。特定の利益集団が経済的・社会的・政治的利益を得ることで強大となり、自分たちに有利なように、歪んだ政策を政府に実施させたという議論もあった。(3) このような議論の論理的帰結として、歪みを取り除くために、インセンティブの与えられる仕組みを改め、民営化、財産権の強化、セクター内外における競争性の強化などが提言されることになった。

このように、経済学者は、しばしば政治経済学的分析を行い、発展途上国の政治家が将来展望を欠くこと、課税による資源の再分配効果、新たな政治的均衡をもたらすための投資、あるいは、単に、実施能力の低さなどについて取り上げ、様々な説明を試みてきた。(4) ガーナをはじめとする多くの途上国では、投資が少ないことに加えて、間違った投資がなされることが問題となったようだ。「白い象」の建設は、選挙に勝つことをねらった資源再分配のためである、という最近の分析もある。(5) たとえばロビンソン＝トーヴィクは、白い象は、非効率な資源の再分配の典型でありながら、政治家が支持者に対してまっとうな公約ができないときには政治的に魅力的な選択肢となると考え、これを政治経済的なモデルとして提示している（Robinson and Torvik 2005）。彼らの研究によれば、プロジェクトが非効率的であるということ自体が、そのプロジェクトを政治的に魅力的なものにする。なぜか。それは、力のある政治家でなければそのような資源の再分配は不可能であり、それをやってみせることで政治的な力を示すことができるからである。すべての政治家が必ずしもそんなまねをできるわけでもない、ということによって、それを成すことができる政治家が戦略的に優位を占めることになるわけである。(6)

一見すると、このような政治経済学的仮説は説得力があるように思える。発展途上国では、強力な利益集団は、しばしば先進的な資本集約型工業と結びついており、政府による保護を最も受けやすい立場にある。しかし歴史をみると、歪みをもたらす保護主義的政策は、多くの途上国で採用されたものの、その当時の最も強力な利益集団であった地主たちは、政府の手厚い保護にもかかわらず不思議なことにことごとく敗れ去っている。強力な都市の工業資本家たちも同様に、保護主義政策によって優遇されながらも、経済システムを機能させるために必要なその他の多くの歪み、たとえば、先進工業における広範な国有化などによって、敗れ去っている。さらに、エンクルマやスカルノのように、まさにこれまで述べてきた開発戦略を推進してきた当事者が、その後の経済停滞や破綻ゆえに人々の支持を失い、退場を余儀なくされているのである。

力のない政府が徴税に関する問題に対処するためにあれこれと工夫しなければならないという点に着目して、低所得国の歪みを説明しようとする開発研究者もいる。いわゆる「公共財政」をめぐる議論は次のとおりである。発展途上国には膨大な地下経済が存在し、地下経済に課税することは困難なので、政府は他の簡便な方法に頼らざるを得ない。そして、国自体が開発を推進するセクターに課税することは比較的容易なので、これらのセクターに課税することになる、というわけである！(7) しかし、このような議論は、少し考えてみると正しくないことがわかる。まず、この議論では、先進的な近代的セクターへの課税は同セクターへの補助金よりも少ない、ということがしばしば起こる。途上国において税収が一般にどのように使われるかという点も説明されていない。さらに「公共財政」に関する議論は、生産要素市場におけるその他の規制や歪みを無視し、また、大規模の近代的企業を国が所有し運営することによって生じる様々な問題にも立ち入っていない。

ガーナやその他の国における経済の失敗の原因を注意深くみると、現実には、産業の選択を誤り、かつ、その国の状況では本来的には生き延びることができないような官民の企業を保護して生きながらえさせたことにあることがわかるが、これは、経済開発に関する論説において頻繁に論じられてきたところである。崇高な開発目標を踏まえて行われたこのような戦略の選択は、内発的なものであったといえる。ほとんどの経済学者は、このような開発の失敗の真の原因について、掘り下げようとしてこなかった。それゆえに、彼らの政策提言や、持続的な成長を加速するに十分なほどにインセンティブの仕組みを変えようとする彼らの希望が、貧しい国が貧困の罠から抜け出すための政策担当者への支援としては、不適切か不十分であったとしても驚くに値しない。

ガーナをはじめとする発展途上国を長い間悩ませてきた多くの歪みが、なぜ生じ、なぜ執拗に続いたのか。その本当の理由が解明されなければならない。これを探求するためには、まずは、開発戦略の策定に関わった人たちが、国の長期的パフォーマンスにとって唯一最大の決定要因となるところの企業の存続可能性（firm viability）にほとんど注意を払うことなく、問題の本質に迫ることができなかった、ということを認めなければならない。存続可能性（viability）とは、辞書によると、最も基本的なレベルでは、「生まれた後に生きていくための能力」であり、あるいは、「通常の成長と発展を遂げるための能力」である。ビジネスと経済学の世界では、それは、自由で開放された競争的な市場における企業の期待収益率によって定義される。経営管理の行き届いた企業は、自由で開放された競争的市場において、外部からの補助金や保護を受けることなく、社会的に受容されるような通常の利益をあげることが期待されるが、その際、その企業は存続可能である（viable）とされる。

第二次大戦後の歴史とそれをめぐる知的な議論に立ち返ってみよう。世界中が戦争の惨禍にまみれた後に国際舞台に現れた途上国の多くの指導者たちは、近代化と国家建設の手段として、最先端の工業を発展させなければならないと確信した。彼らは、総じて野心的な計画を策定・実施し、それぞれの国の発展段階に応じた「管制高地」[訳註1]を確立しようとした。

これらと時を同じくして、知的な議論も変化した。このような政策に強力な理論的根拠を与えることになったのが、この時期に確立された開発経済学である。近代的な重工業を発展させようとする政治的な野心と並行して、とくにラテンアメリカ諸国では、学界で「市場の失敗」について強迫観念に近いようなこだわりが広まった。

当時、影響力の大きかった多くの経済学者や政策担当者、とりわけ、アルバート・ハーシュマン、ラウル・プレビッシュ、ロベルト・カンポスやセルソ・フルタドなどは、途上国においては工業化と成長は自然発生的には生じない、と考えた。経済の構造が硬直化しており、そこにおいて多大な調整コストがかかる状況では、途上国においては工業化と成長は自然発生的には生じない、と考えた(8)。

発展途上国は、一般論でいうと、労働力と天然資源が比較的潤沢にあるのに対して、資本が乏しい。この状況では、これらの貧しい国々に、先進的な資本集約的工業は馴染まず、比較優位性を生かすかたちにもならなかった。途上国で設立された企業は、資金が潤沢な先進国企業に太刀打ちできなかった。これらの企業は、開かれた競争的な市場では存続することができず、政府の補助金と保護なしには生き残ることができなかった。歴史を振り返ると、同様の失敗は、一九世紀後半、英国の近代工業に追いつこうとしたロシアやハンガリーにもみられる(Gerschenkron 1962)。当時、各国のＧＤＰ統計は十分整備されていたとは言いがたいが、マディソンによれば、それらの一人あたりのＧＤＰは、購買力平価で比較して、一九〇〇年の英国の二五〜三〇％であった(Maddison 2006)。一次産業などに依拠するこれらの国々が、近代的な工業開発を行って英国との大きなギャップを埋めるためには、政府の補助金と保護が必要となったが、それらはいずれも独占や価格の歪みをもたらすことになった。

スターリン統治下のソ連は、世界で最も豊かな天然資源を有する国であり、それらがもたらす収益を用いて、本来であれば国際競争に太刀打ちできない工業を継続的に支援し、先進的な重工業を発展させ、半世紀超の間に、軍事的超大国となった。しかし、このようなアプローチは、アジア、アフリカ、そしてラテンアメリカのほとんどの国々では奏功せず、政治指導者は同じような罠に陥ってしまった。これらの国々の一人あたり所得は、高所得国と比べるとほんのわずかなものであり、そこで洗練された近代的資本集約的工業を発展させようとした試みは、持続可能なものとはならなかった。

ソ連が一九六〇年代まで成長を遂げたように、東欧も一九七〇年代半ばまでは急成長を遂げた。一九四五年から七四年までのラテンアメリカの年平均成長率は五・五%（南アメリカ大陸最南端の国々を除けば六・〇%）であったが、一九九〇年以降は三・二%にとどまった。ブラジルとメキシコは、一九八〇年まで四〇年間にわたって急成長したが、市場改革後、大きく減速した。アフリカの成長は、南アフリカを除けば一九七〇年代半ばまでは順調で、一九五〇年から七四年までの間、年率五・二%であった。これらの数字に基づいて、この時代の開発の試みは失敗ではなかったと結論づける分析もあるが、それは正しくない。構造主義的政策に基づく初期の高成長は、投資が牽引した結果である。政策担当者がターゲットにした工業や企業は、比較優位性に乏しく、政府の補助金や保護を必要としたが、これらは持続可能なものにはならなかった。国内資源が尽き、国外からの借入れができなくなったときに成長が鈍化したとしてもなんら不思議はない。そして、成長の鈍化に続いて、経済危機が不可避なものとして待ち構えていたわけである。

したがって真実とは不愉快なものである。貧しく悲惨な経済パフォーマンスを招いた政策の失敗に関する多くの事例を研究した経済学者は、ほぼ例外なく、なにか説得的な説明がないかと悪戦苦闘することになった。彼らの政治経済学の理論はよく練られたものであったが、基本的な前提が、世界の政治指導者の意思決定や行動を規定し動機づける現実の枠組みと合っていなかった。国の独立と自由のために自らの命を賭した革命指導者の第一世代であるエンクルマ、スハルト、ニエレレやナセルは、なかなか信じがたいところではあるが、その後、自らの政治的延命と歴史的名声のために、大規模で非効率な工業プロジェクトを実施し、国の経済を破滅的な結果に導いたのである。

さらに言えば、政治経済学の理論とは異なり、現実には、独立あるいは革命後の長期にわたって産業エリートが支配層であったことはなかったのである。これらの国々は一般に農業と天然資源を基盤としていた。与党は、たいていの場合、農民や農村の地主層の支持を得て政権に就き、その後、工業開発を推進するために、農村の支持層から富を搾り取った。大企業のエリートは存在しないか、存在してもごくわずかで、政治的な勢力にはなりえなかった。したがって、「白い象」をつくりあげ維持しようとしたことは、たとえそれらが失敗に終わったとしても、公共政策上の明確な意図を持った決断であったという議論は、説得的ではない。

途上国の指導者による多くの野心的な工業ベンチャーが存続できず破綻した原因は、明らかにそれらの経営陣の質や資源再分配のやり方に問題があったからである。その中で最も重視しなければならないのは、それらのプロジェクトの存続可能性に関する問題である。最高の経営陣、最も効率的な制度設計、そして成果に応じた最適なインセンティブの仕組みを伴ったとしても、彼らは、先進国と競争して、開かれた市場で望まれる収益を得ることは不可能であった。

なぜか。それは、保護と補助金なしに生き残れないようなセクターや産業が設立され維持されようとしたからである。言い換えると、世界中のライバルとの比較において、本来的に不適応者であったからである。ガーナの独立後に立ち上げられた近代的で資本集約的な工業は、それを戦略的に重視して何かを成し遂げたとしても、開放的で、保護もなく、競争的な環境では、失敗する運命にあった。それらの工業は、特定の要素賦存の構造を反映するグローバルなレベルの経済的要件に適合していなかったのである。

元来途上国は、相対的に豊かな労働力や天然資源と相対的に稀少な資本を有するという要素賦存の構造を持っている。労働力や天然資源の価格は比較的低く、資本の価格は高い。したがって途上国は、大規模な資本投入を必要とする一方で、わずかな労働力の投入ですむ重工業を発展させるには、本来的に不利な立場にある。生産費用はどうしても先進国よりも高くつく。これは比較生産費説の考え方であり、これによれば、各国は、当該国が持つ最も豊富な生産要素を用いて生産される財やサービスを選ぶことによって、他国よりも低コストでそれらを生産することができる、ということになる。(9) エンクルマ大統領はじめ途上国の多くの指導者たちは、自国経済の比較優位を無視し、稀少な資本を投入して重工業プロジェクトを推進した。古来中国の諺では、これを、「苗木を引っ張っても育たない」という。

企業の存続可能性という重要な課題が、なぜ開発経済学者によって見過ごされてきたのであろうか。それはおそらく、彼らが新古典派経済学の教育を受け、あるいは、これに影響されてきたせいだろう。さらに、彼らが、合理的な仮定を設けるとともに、現に存在する企業はそもそも存続可能なものであるので存在しているという思い込みもそこにあったのではないかと思う。先進国で生まれた新古典派経済学の理論は、主に先進国で起きていることを説明しようとしてきた。先進国では、いくつかのよく知られたセクターを除けば、企業が補助金を得ずに活動することは当たり前であり、そのような経済において存在している企業は、自然に、存続可能な存在であるとみなされることは至極もっともなことである。例外といえば、雇用や政治経済学上の理由で農業が、あるいは、国家安全保障の理由で防衛産業が、もしくは、公共財を確保するために最新でリスクの高いテクノロジー産業があげられるくらいであろう。ほかのセクターでは、ベンチャー企業といっても、民間投資家によって入念に審査され、存続可能であると判断された場合にかぎり資金を得ることができる。彼らは、通常の経営を行い、社会的にみて妥当とされる利潤を得るのである。民間投資家が、誤って、その国が比較優位を持たないセクターの企業で、したがって存続が困難なところに投資した場合には、彼らは資金を失い、速やかに市場から放逐される。それが市場における競争の本質である。

ふたたび、新古典派経済学が、すべての企業を暗黙の裡に存続可能なものであるとみなしてしまう、という点に戻ろう。あまり意識せずにこのように思い込みがちであった初期の開発経済学者が、開かれた競争的な市場において途上国が近代的で資本集約的な工業を自力では発展させることができないと考えたとき、彼らは、その原因を、企業の存続可能性ではなく、経済構造の硬直化によって生じた市場の失敗に求めた（Arndt 1985）。同じように、一九八〇年代の経済学者たちが、パフォーマンスの芳しくない移行経済諸国や発展途上国において経済の歪みが蔓延していることを看取したとき、彼らは、そのような歪みが国の重点セクターの企業を保護するための次善の策であるとは考えず、また、それらの企業の存続可能性を吟味することなく、ただちに、かつ、思い切ったかたちでそのような歪みを除去することを提案したのである（Lin 2009b）。

政治経済学の夢と無知

独立後のガーナにおける初期の開発物語は、世界中に広く認められる現象となった。旧植民地において近代工業が力強く稼働したことや、一九三〇年代の「大恐慌」の時期にソ連の工業化が成功したことは、人々に強い印象を与えた。一九五〇年代と六〇年代を通じて、世界中の途上国の政治指導者たちは、同じような大きな夢を追うことになった。政治社会学や経済史において定式化されているとおり、植民地支配の終焉や革命の始まりなど、その国の歴史の重要な節目で権力の座についた貧しい国々の指導者たちは、当時、経済的・軍事的成功の輝かしい事例としてのスターリン統治下におけるソ連風の工業化を通じた近代化、という崇高な大志を抱く傾向があった。このような大志は、人類の進歩に対する信念であり、いかに貧しい国であっても、人々の豊かさへの願いを象徴するような存在としての大規模なプロジェクトやプログラムを立ち上げるべく国家が資源を動員すべきであるという考え方に基づいていた。

アフリカ、南アジア、そしてラテンアメリカの政治指導者が先進的な重工業を推進したことは、すなわち、彼らが自国の経済構造と発展段階の関係を理解していなかった、ということを示している。もし彼らが、野心的すぎる目標とそれを達成するために国が費やさなければならないコストや歴史的資産や政治生命や、あるいは自らの命などとの間のトレードオフの関係をわかっていたなら、おそらく、彼らが現実に追求したものとは異なる開発戦略を模索していたであろう。(10) 政治家というものは、本来は、ものごとを客観的に判断し、優先づけをはっきりさせることのできる存在である。彼らが必要以上に自虐的になることは決してない！　彼らの国の要素賦存の構造によって規定される比較優位とは相容れないような、大規模で資本集約的なプロジェクトやプログラムを追求することは、単に国としてのアイデンティティや政治経済学的な観点から問題があるだけでなく、経済学的な観点からみても、明らかな過ちであった。

人類史上を通じて、ほとんどの指導者は、その地位に留まることに意欲を燃やしてきた。そして、彼らの地位が脅かされないかぎりは、歴史に名声を残すことを目指してきた。(11) そのためには自国に経済的な繁栄をもたらすことが決定的に重要であった。アダム・スミスが『国富論』を二〇〇年以上前に出版して以来今日に至るまで、経済学者たちは、国が経済的に繁栄するに至る道筋をみつけるにいたっていない。しかも、政治指導者においては、経済的な成功をもたらす仕組みについて理解している者はほとんどいない。彼らは、先進的で資本集約的な工業が西洋の先進諸国にもたらしたパワーを目の当たりにした。新たに独立した途上国の政治指導者のほとんどは、西洋の先進国における工業と同じようなものが自国の近代化にとっても必要であると信じ、それらを立ち上げようとした。そして、そのような工業を自国で発展させるために必要な政策枠組みや介入の手段や制度をつくりあげた。そこで掲げられた目標や行動は、実際のところ、第二次大戦後に主流派となった構造主義的開発論によって正当化されたのである。

このように、これら指導者による経済的ナショナリズムは、そもそも最初から、それぞれの国に内在する経済構造を理解したうえで成り立っているものではなかった。彼らには、先進国と途上国の間における構造的な差異はそれぞれにおける要素賦存構造の差異に帰因しているという認識はなかった。したがって、彼らは、主に、低所得国における硬直した構造がもたらした市場の失敗によって、工業国と貧しい国の間の経済構造の違いを説明しようとした、当時の様々な開発理論による政治的処方箋にやみくもに従った。先進国と同じレベルの発展を遂げるために、発展途上国は、政府による大規模な介入を通じて、市場の失敗を克服し、自国経済の生産構造を変えていくことを彼らは提案した。途上国の国家ヴィジョンは、後発性の利益を享受しつつ先進国を追い抜こうとする開発戦略ではなく、一歩一歩堅実に進めていくべきものであるということをわかっていた指導者はほとんどいなかった(12)。

エンクルマのガーナは、崇高な意図を持ちながら大失敗をした開発戦略の一例であった。カメルーン、ケニア、ナイジェリア、セネガル、タンザニア、ザンビアや、その他の地域の多くの低所得国において、先進工業を発展させることは、先進国に追いつき、衡平な社会を築き、旧宗主国への依存度を減らす、などといった長期的な目標を達成するために不可欠であると考えられた。学者たちだけではなく、自給自足や輸入代替による工業化と不可分に結びついた政治的イデオロギーを信奉する人たちも、このようなアプローチを推奨した。自らが信じる「ナショナリズムのマクロ経済学」が正しいことを示すために、当時多くの経済学者たちが、低開発とは一義的には投資が欠如している状態であると考えるべきであると説いた(Monga 2006, p.243)。しかし、現実には、対アフリカ投資は相当なレベルにあった。問題はむしろ、投資の伸びが持続的な成長につながっていかないことにあった。その結果、投資の行き先が誤っていることに焦点が当てられるようになった(13)。

ほかの発展途上国の指導者たちも概ね同じようなことを目指した。私の母国である中国は世界最大であり、一八世紀まで一〇〇〇年の繁栄を誇った国である。アヘン戦争(一八三九—四三年)で英国に敗れ、その後、その他の西洋列強に負け続け、英国、ロシアと日本によって半植民地化され、関税収入は外国に奪われてしまった。

工業の後進性、とりわけ、軍事力と経済力の源泉である大規模な重工業を欠くことは、国の政治的脆弱性と経済的後進性の根本原因である、とエリートたちは考えた。そして、そのような考えに基づいて、毛沢東はじめ中国の革命家たちが、革命後、大規模な先進的重工業の発展を優先し、国づくりをはじめたことは、自然なことであった。残念なことに、間違った戦略を選択し、大躍進を目指して誤った政策を実施したことで、一九五九—六一年の大飢饉を招き、三〇〇〇万を超える人々の命が奪われた（Lin 1990）。

インドの初代首相となったジャワハルラル・ネルー（在任期間一九四七—六四年）も、独立後ただちに同様の工業化プログラムを実施し、国の近代化を試みた。計画の核心は、鉄鋼、化学、肥料、電気、輸送機器などを生産するための機械を製造する能力を持った大規模な機械工業コンプレックスを整備して「重工業財」の生産を急速に拡大することであった（Balakrishnan 2007）。重工業セクターを急成長させるための政府の戦略は、これらのコンプレックスに対して過度に手厚く投資をするということであった。この成長モデルは、インドの経済学者でありネルーのアドバイザーであったP・C・マハラノビスによるものであるが、ソ連の計画経済の影響を受けているといわれている。このモデルでは、成長の見通しを投資の水準によって規定し、しかも、成長率が極大化されるように投資支出が決定されていた(14)。

インドネシア独立闘争の指導者であり、初代大統領であるスカルノ（在任期間一九四五—六七年）もまた、野心的な近代化を試みた。資本集約的な工業の基盤を整備するために、政府は、貿易や金融を含む経済のほぼすべてを統制下においた。工業を支援する公的支出は、税金でまかなうことができず、政府は、中央銀行の債券発行や大幅な財政赤字を容認したが、これによって、ただちに、高いインフレと経済の停滞に苦しむことになった。結果的に、スカルノ政権時代のほぼ全時期を通じて、一人あたり実質国民所得は伸びることなく、むしろ、低下することになった(15)。

彼の後任であるスハルトによる「新秩序」のもとで、政府はふたたび航空産業などの先進技術への野心的な投資を行った。これらの分野で、インドネシアは国際的な競争力はなく、またこれらの投資は、当時急速に拡大していた労働人口にごくわずかな雇用機会しか与えなかった。保護主義的な貿易政策は、食品加工などの軽工業から、石油精製、鉄鋼、セメントなどの重工業への産業構造の変化を促したが、これらの重工業の多くは、大統領自身が所有しているか、あるいは、大統領と緊密な関係を持つ外国投資家が所有するものであった。一九八〇年代半ばの石油市場の崩壊によって、インドネシア政府はこれらの経済政策の変更を余儀なくされたが、実は、それ以前から経済は破綻していたのである。

ガマル・アブデル・ナセルの率いたエジプト経済もまた、同じような厳しい試練を経験することになった。ナセルは、個人的には社会主義に傾倒していたが、米国の成功にも刺激を受け、望ましい開発戦略を熱心に模索した。彼は、第一次五カ年計画（一九六〇／六一―六四／六五年）において、「アラブの社会主義」を標榜し、銀行やガス、水道、電気などの公益事業体を国有化し、製鉄、肥料、製紙、鉱業などの重工業を優遇する工業化プログラムを実施した。

この計画に対しては、民間セクターに事前に諮られなかったこと、目標の設定の現実妥当性が詰められていないこと、様々な事象の予測の間に一貫性がないことなどといった批判があった。また、投資を判断する基準や事前評価方法も曖昧で、マクロ経済政策やその実施に際してのガイドラインが明確に示されていないという批判もあった（Mabro 1974; Mabro and Radwan 1976）。しかし、問題の本質は、民間セクターとの調整がなされなかったなどといったことではなく、企業活動の存続可能性が確保されていなかったことにある。エジプト経済が有する比較優位性を踏まえず、開放的で競争的な国際市場では収益をあげることができないという状況認識において、民間企業が自発的に投資をするわけがない。政府の支援を得て投資が実行された際に、民間企業は、政府

からより多くの補助金と保護を引き出すことに血道を上げることになったわけである。(16)

経済的な投入と成果のみに着目したナセルの工業化政策は、みじめな結果に終わった。彼の大統領としての一四年にわたる在任期間中（一九五六─七〇年）、一人あたりGDPは三八％増加したものの、工業への誤った政府介入によってエジプト経済の成長は阻害された。(17)この介入のために、競争力がなく効率の悪い公企業が出現し、貯蓄率の低下と投資率の低下を招いた（Abu-Bader and Abu-Qarn 2005）。

セネガルの最初の五カ年計画（一九六一─六四年）は、独立後わずか数カ月で採択された。そこでは、民間資本の重要性を認めながらも、政府が「工業化プログラムの設計において主役となり能動的な役割を果たす」ことが明記されている。この計画は、さらに、「国家は、新しい工業を促進するために、より直接的に行動し、民間セクターが関心を示さないような工業にも参画し財政的に支援する」と宣言している（Rocheteau 1982, p.240）。このような政策方針に基づいて、セネガル政府は、一九六〇年代初頭、肥料工場や高価なトラック組立工場などの洗練された資本集約的国有企業を創設した。冷静に状況をみたならば、このような重工業に対して民間の企業家たちが投資に消極的であったことは驚くにあたらない。彼らは、開放的で競争的な市場においてはこれらは存続できないし、国家から継続的に補助され保護されないかぎり、収益を上げることができないということを理解していた。実際のところ、これらの産業は、国有銀行から時折支援をうけたものの、競争力を獲得することは決してなかった（Rocheteau 1982）。

これまで多くの途上国が、開発戦略を真摯に策定し真摯に実施を試みたにもかかわらず、失敗に終わってきた。これらすべての例を網羅している経済史の百科事典はどこにも存在しない。アルバート・アインシュタインのいうとおり、「これまで一度も失敗したことのない者は、これまで何も新しいことに挑戦したことのない者である」。この言葉は、「失敗することによって人は発見の戸口に立つ」というアイルランドの小説家ジェームズ・

ジョイスと共鳴している。

多くの経済学者や途上国の指導者たちが過去の経験から正しく教訓を得ようとしないようだが、これは由々しき事態である。ほとんどすべての発展途上国が、それぞれの開発過程のある時点で積極的な役割を演じようとして失敗したという悲しい事実から、政府による積極的な介入政策は過ちであった、と多くの経済学者たちが結論づけている。第二次大戦後の工業化政策が悲惨な結果に終わったことは、工業開発のための積極的な政府の介入がそもそも失敗する運命にあったことを裏づける証拠として扱われた。しかしながら、工業化の推進とその多様化のために政府が積極的な役割を果たさずして、先進国に追いつくことに成功した例がひとつもないことにも目が向けられなければならない。

資本主義の歴史を注意深くみると、ほかの国が時代遅れの重商主義的戦略を志向してつまずいてきた一方で、伝統的に自由放任政策をとって成功してきたと信じられている英国や米国でさえ、実際には、関税政策や補助金、その他様々なかたちの政府による介入を積極的に行ってきた（Chang 2002）。今日においても、他の多くの富裕な国々もまた、近代的な経済成長のために様々な分野で政府介入を行っている。一九世紀のドイツと日本は、繊維、製鉄と造船に関して国有企業を立ち上げ、急速な工業化を達成した。同じく大戦後、オーストリア、フィンランド、フランス、韓国、ノルウェーやシンガポールも、経済の近代化のために国有企業を活用した（Chang 2007, 2008c）。しかし、持続的な成長、雇用創出、構造転換をなしとげた政府による介入に関するこれらの成功事例について系統だった分析はこれまでほとんどなされていない。ダイナミックな経済開発のからくりを理解するには、散発的な失敗談や成功談を超えた探求が求められる。

「転んだ場所ではなく、その前に滑った場所をみよ」

「本当に知るに値することは教えられるものではない」というのはオスカー・ワイルドの典型的なブラック・ユーモアのひとつである。経済史をみると、頭脳明晰な政治指導者たちが、他者の好例や失敗例から多くを学んできたことは事実であり、このユーモアは多少極端にすぎるだろう。しかし、それでも、ワイルドの言いたかったことの核心部分はおそらく正しい。他者から学ぶだけではなく、自らの失敗の経験からも学ぶということはけっして容易なことではないが、成功するためには、そこから知識を得ることがしばしば必要となる。途上国の政策担当者がそのようにできなかったことによって、発展途上国は甚大な被害をこうむったのである。

二〇〇八年八月、私はアクラを訪れ、ガーナ大学で、経済開発を再考するというテーマで講演した。そこで私は、ガーナに関する過去の試みが有する問題点は、野心を持ったという意図そのものに関するものではなく、それらが非現実的であり、当時の低い発展レベルに適合しないものであったという点である、と指摘した。初期の工業化の試みに参画した大臣経験者でもある年配の紳士が、私の発言に対してコメントした。五〇年以上にわたって蓄積された証拠にもかかわらず、彼は、ガーナが資本集約的な工業を発達させ、他の産業を発展させるために必要な資機材を生産することが必要であったと主張した。彼は、エンクルマ時代の失敗した施策を擁護しただけではなく、自国の指導者たちはみな誠心誠意行動し、国とアフリカ大陸のために正しい決断をしたが、「正しい」開発戦略を実施するに際して、彼らの力ではどうにもできないような問題に遭遇しただけである、と心底信じているようであった。

経済学者と政策担当者は、正しい意図に基づいた経済開発戦略がなぜ所期の目的を達成することができなかったのかを理解しなければならない。「私には、実り多き失敗をいつでも与えてください。失敗には、私たちの考えを正すための種子がはちきれんばかりに含まれています。失敗から学ぼうとしないあなた方は、皆さんが正しいと信じる真実、ただし、そこから何も生まれないかもしれない真実を信じ続けてください」。これは、イタリアの著名な経済学者であり、エンジニアであり、社会学者でも哲学者でもあったウィルフレッド・パレートが当時の政策担当者や研究者に対してしばしば用いた言葉である。過去の経済学の過ちを理解することは、どうすれば社会が繁栄するかというテーマについて、よりいっそうの自信をもって追求するに際して、欠かすことのできない作業である。そうすることは、「転んだ場所ではなく、その前に滑った場所をみよ」という私がアフリカ訪問のときに学んだ諺を実践することでもある。経済学の失敗の意味を理解するには、世界中のすべての国々が、過去の政府の介入が貧しい成果しかもたらしていないということを知っているにもかかわらず、また、明確な意図の有無にもかかわらず、今でもなお、世界の各地で、介入主義的な産業政策が追求されているという現状を踏まえることが重要である。これは、実際に、経済政策に関する最も重要な謎であるといえるだろう。国による介入は、ブラジル、中国、フランスやシンガポールはいうに及ばず、チリ、ドイツ、英国や米国においてもなされている。このことは、産業政策というものは、広義には、特定の産業における活動を支援し、投資を促すための、あらゆる政府の決定、規則、法制を幅広く含むものであると理解すれば、別に驚くべきことにはならない。結局のところ、経済開発や持続的な成長とは、産業や技術が継続的に発展することの帰結にすぎず、そのためには官民の協働は欠かすことのできないものなのである。

エンクルマ、スカルノ、ナセルをはじめとする指導者たちが失敗した真の原因は、彼らが転んだところではなく、その前に滑ったところを見ようとしなかったことであり、つまるところ、開発目標の選択を誤ったところにある。彼らの崇高な意図やナショナリズムに満ちた情熱は疑いようもなかったが、それらは、持続不可能な工業を発展させるために国が陥った悪循環によって、経済が破綻することを避けるためには役立たなかった。彼らは、野心的でありすぎたために失敗した。過度に野心的な目標を追求したために、経済に歪みが生じ、特定の社会的なグループを政治的に囲い込んで優遇してしまった。このような経済の失敗のダイナミックなからくりを理解することは、先に進むために重要なことである。

多くの発展途上国や旧社会主義国における最大の間違いは、各国における要素賦存構造に規定される比較優位を無視したことである。これらの国々における要素賦存の状況は、豊富な労働力と稀少な資本によって特徴づけられているが、彼らはこれらを考慮せずに、近代的、先進的で資本集約的な重工業を作り上げようとした(18)。途上国にとってみると、莫大な資本と高い生産コストが求められるこれらの工業は、政府による優遇政策にもかかわらず、開放的で競争的な市場で生き残ることはできなかった。これらの工業は、それらが巧みに経営された場合においても、歪みのない競争的な市場では、十分な収益をあげることはできなかったのである。

先進的で資本集約的なセクターへの投資と生産活動の継続に必要な資金を企業が確保するために、途上国政府は、これら重点産業の企業に補助金と保護を与えた。徴税能力が乏しい発展途上国では、これらの補助金は長続きしない。投資費用を減少させ、自力では存続がむずかしい企業を存続させるために、政府は、行政手段を通じた支援を行った。具体的には企業を優遇して市場の独占を許し、金利を抑制し、自国通貨を過大評価させ、原材料の価格を規制する、といった政策である（Lin 2009b）。このような歪みを人為的につくりだすことによって、一部の貧しい国々の開発の初期段階では、先進的で資本集約的な工業を少なくとも一時的には立ち上げることができた事例はある。しかしそれらの事例でも、インセンティブが抑圧され、資源配分が不適切に行われ、経済効率が低下するなどの結果を招いた（Lin and Li 2009）。

ガーナの経済成長と繁栄のための主な原動力として工業化を進めるべきであり、最終財を自国で加工することによって商品の生産と輸出において付加価値を高めることが重要であるとエンクルマが信じたこと、それ自体は正しいことであった。しかし、自国が一九五〇年代後半の時点で、すべての先進工業に関して、先進国と競争できるような力があると信じたことは間違いであった。彼は、ガーナ南部、ギニア湾岸にあるテマに工業団地を建設し、さらに、存続可能性を考慮することなく、ガーナ国内のすべての県や地域において工業化を進めることを約束した。彼の構想は、アルミニウム、鉄、石油精製、セメントから化学工業に至るまで広範にわたるものであった。しかし、労働力が豊富な一方で資本が稀少であるガーナ経済には、これらの資本集約的工業を補助金や保護なしに発展させるための準備が整っていなかった。彼の崇高な動機にもかかわらず、これらのベンチャーは、破綻するか、あるいは、相当の財政負担を強いられる重荷となってしまった。

一九五〇年代に実施された、鉄鋼、化学製品などの重工業を主力とするエジプトの工業化プログラムもまた同様な悪循環をたどった。当時、エジプトの一人あたり国民所得は、世界最大の鉄鋼生産を誇った米国の五％にすぎなかった。鉄鋼は、機械、自動車、船舶、鉄道などの工業に不可欠であり、特別な重要性を持つものと考えられた。しかし、規模の経済が成り立ち、巨額の資本が必要とされるこの産業を、エジプトの民間企業はまかなうことができなかった。

政府の努力によって、一社で国内市場の六〇％をカバーする規模の会社が設立されたが、当初から稼働率の低さに悩まされた（Selim 2006）。この企業を外国企業との競争から守るために、高率の関税が課され、その分のコスト高は国内の消費者に転嫁された。このようにして政府は自国の鉄鋼産業を維持することはできたが、公共財政にも多額の負担を強いることになった。加えて、エジプトの野心的な開発計画は、その計画開始の時点から大規模な投資と資機材の輸入を必要としたが、その結果、公的資金も外貨準備も払底してしまった。同じような罠に陥ってしまった他の多くの途上国と同様に、エジプト当局は、国家計画、信用割当、市場参入と投資に関する免許制度などの行政的な措置を通じて，限られた資本と外貨準備を優先セクターに振り向けた[19]。

ひとたび，このような歪みが導入されてしまうと，政治的にこれを取り除くことは困難になってしまう。その理由は三つある。第一に，比較優位性を無視した開発戦略は，とりわけ社会主義国以外の国々では，一般に裕福で政界と結託した産業エリートを生み出すからである。第二に，対象となった工業が国の近代化プログラムの屋台骨とみなされるからである。補助金や保護をやめることは，国の屋台骨が崩れることを意味し，それは社会にとって受け入れがたい結果であるとみなされる。第三に，これらの産業の破綻は，大量の失業者を生み，社会的，政治的に不安定な状況を生み出すからである。東欧や旧ソ連諸国において，民営化された後も大規模な旧態依然たる工業に対する補助を政府が継続せざるを得なかったのも，まさにこのためである（Lin and Tan 1999; Lin 2009b）。

自力では存続不可能な産業を輸入産品との競争から隔離することによって，発展途上国は自国経済に様々な負担を強いることになってしまった。輸入価格や輸入代替品の価格が国際価格より高くなってしまったことに加え，価格構造がもたらすインセンティブに歪みを与え，経済効率の観点から望ましくない財の組み合わせを消費することになった。市場が分割され，あまりに多くの小規模財を生産する経済となったことは，経済効率の悪化に拍車をかけた。外国企業との競争の機会は減少し，政治的なコネを持つ者が所有する国内企業が市場を独占するようになった。レント〔企業が国に働きかけて自分の都合の良い仕組みを作り，そこから得られる超過利潤〕や汚職の機会が増え，投入や取引に関する費用の増大を招いた[20]。

誤った経済開発戦略によって生じた当初の歪みは，その後の「白い象」とこれに付随する諸政策によって助長された。さらに，比較優位性を顧慮しない開発戦略によって，その存在自体が低中所得国の成長を妨げる官僚制が強化されることになった（World Bank 1995）。

赤ん坊を風呂の水と一緒に捨てないこと

広範な政府介入によって先進経済に追いつこうとする数十年にわたる数多くの試みが失敗した後、一九七〇年代までには、ほとんどの経済学者が、政府の失敗がもたらすコストが甚大であることについて認識するようになっていた。しかし、それらの失敗に関する具体的な理由を注意深く見直すことをする代わりに、彼らは、経済に対する政府の介入というものは、ほぼ例外なく有害であると拙速にも結論づけてしまった。開発をめぐる議論が、振り子の端から端まで極端に振れてしまったのである。この不幸な思い込みによって、国家が経済構造を変えるべく経済政策を通じて能動的な役割を果たすことがことごとく否定されてしまうことになった。「特定の産業振興・育成」(picking winners) は嘲笑とともに否定された。一九八〇年代におけるラテンアメリカの債務危機以降、新自由主義的ワシントン・コンセンサスが開発に関する思考を席巻し、世銀などブレトンウッズ諸機関は、政策改革のための構造調整パッケージとして、途上国政府に対して、市場の歪みを除去し、社会福祉などの社会開発的プログラムを抜本的に見直し、産業政策をやめることを推奨した。

ワシントン・コンセンサスに基づいてまるでお経の如く唱えられる議論は、一見、良識的であり、マクロ経済の安定にとって必要な大原則を踏まえたものではあったが、それらは同時に、過去数十年にわたる経済開発政策に対する失望感を反映するものでもあった。さらに、この議論は、途上国が直面する重要な政策課題を無視していた。途上国政府が過去に採択した開発戦略の遺産である多くの企業の存続可能性をどのようにして確保するかという問題や、現在あるいは潜在的な比較優位性を生かしつつ、どのようにすれば工業化が推進できるかという問題には考慮が払われていなかった。このような問題があったにもかかわらず、ワシントン・コンセンサスは、一九八〇年代における開発戦略にとって新しい青写真となり、主な国際開発諸機関はこぞってこれを推奨することになった。

この結果、多くの途上国は、開発と経済成長を促すために競争力のある民間セクターをつくりあげるという名目で、古い優先セクターが崩壊していくことを放置し、高い失業やその他の悲惨な結末を防ぐために、積極的な役割を果たすことをやめてしまった。広範な改革は、財政制度改革、「競争的な」為替レート、貿易と金融の自由化、民営化や規制緩和にまで及び、経済開発における政府の役割を最小限のものにしようとするものであった。この新しい処方箋は必ずしも望ましい結果をもたらさなかった。エルサルバドルは、一九九〇年代初頭以降、思い切った改革を進めたが、その努力に見合った結果を出すことはできなかった。マクロ経済の安定、開かれた貿易・投資制度、主要産業の民営化と規制緩和は達成され、公的機関の質は向上し、様々な統計指標で捉えられる民主的ガバナンスは確立された。しかし、一人あたりGDPの回復は緩慢で、ようやく一九七〇年代後半のレベルに戻ったにすぎなかった。ベネズエラの元蔵相で米州開発銀行の元チーフ・エコノミストでもあり、いまはハーバード大学で開発経済学を教えているリカルド・ハウスマン教授は、エルサルバドルのある高官の話をよく引用する。エルサルバドルは、チリとまったく同じように、国際機関からいわれるままにすべてを実行したのに、なぜ同じように成長することができなかったのか！

ペルーにも同じことが当てはまる。近年でこそ、この国は高い経済成長を達成しているものの、この実績は、一九七〇年代に始まった相次ぐ挫折をやっとの思いで乗り越えたうえでのものである。輸出部門の構造改善ははじまったばかりで、その成果は驚くほど少ない。鉱業やエネルギー産業など、現在の輸出力回復を牽引している産業が一人あたり実質国民所得に占める割合は、数十年前と同じ程度の水準にようやく戻ったところである。ハウスマンとクリンガーによれば、「ペルーにおいて経済構造の転換ができなかったのは、同国経済のプロダクト・スペース〔訳註2〕が十分に発達していなかったことと関係がある。プロダクト・スペースが未発達であったために、新しい生産活動の試みのための調整がことごとく失敗してきた。これに加え、現在のペルーの輸出パッケージは、資本集約的な傾向が強く、わずかな雇用しか生み出していない。とくに、多くの労働者を抱える都市部には裨益していない。そのため、現在の成長は、社会的厚生の向上に対しては限定的にしか寄与していない」(Hausmann and Klinger 2008, p.2) ということになる。

多くのアフリカ諸国では全体の状況はさらに悪い。そこには、自由な市場の原則を守り改革に努めた成功例として長らく考えられてきた国も含まれる。一九八〇年代初頭に経済安定化と構造調整政策が実施されたコートジボアールでは、構造主義的政策の残滓を取り除くべく懸命の努力がなされたにもかかわらず、改善は遅々として進んでいない。マディソンによれば、一九八一年から二〇〇八年の間、同国の一人あたりGDPは二〇三四ドルから一〇九五ドルに低下した（Maddison 2006）。コートジボアールによる長年の改革努力に関して、一部の研究者は、驚くべきことに、それらの改革努力が、誤っていたわけではなく不十分であり「部分的な調整」しかもたらさなかったのではないか、とさしたる根拠もなく推測している。彼らによれば、交易条件の悪化をもたらした経済ショックの影響が甚大であったこと、CFAフランとフランス・フラン、後にはユーロと連動した固定相場制が維持されるなど、経済制度が硬直し歪みが除去されなかったこと、国の競争力を殺ぐような措置がとられたこと、政府当局によるコミットメントが十分でなかったことなどが、構造調整が成果をあげなかった原因であると説明されている（Demery 1994）。しかし、このような説明は説得的ではない。このような論法を用いれば、どこでどんな失敗をしようと、そのもとになった政策は正当化されてしまう。政府による介入を全否定し、完全な自由市場をもたらすための政策を唱導し、振り子を一方の端から他方の端に極端に振らせてしまうことによって、いわゆる改革者たちは、不要な湯水とともに大切な赤ん坊を投げ捨ててしまったのである。

一九八三年、ワシントン・コンセンサスに呼応して以来、「構造調整のフロントランナー」としてことあるごとに称賛され、コートジボアールと並んで初期の改革の旗手といわれたガーナさえも、同国と同じような要素賦存の構造（土地、労働力、資本の賦存状況）や潜在的な発展可能性を有していたアジアやラテンアメリカの実績の良い国と比べると見劣りしてしまう。一九九〇年代初頭、世銀のチャド・リーチョルは「ガーナの構造調整プログラムは成功であった。政策改革は広範囲に及び、幾多の反対や制度的な制約にもかかわらず敢行された。構造調整の成果は広範囲にわたり、目に見えるかたちで、多くの人々によって共有された」と情熱的に結論づけている（Leechor 1994, p.153）。確かに、構造調整が開始されてから二三年間で、ガーナの一人あたりGDPは七七％近く伸びた（一九八三年九三三ドル→二〇〇八年一六五〇ドル）。しかし、独立の年である一九五七年と比べると三三％の伸びでしかない（Maddison 2006）。ガーナの経済的社会的進歩は、痛ましいほど緩慢であり、二〇〇九年現在で貧困線以下の人口はいまだに二九％を占めている。しかも、ガーナは、思い切った自由市場への移行を目指した本来の意味での構造調整を成し遂げてはいない。

東欧や旧ソ連の旧共産主義諸国も、深刻なインフレと経済の衰退に陥っている。一九九一年から二〇〇〇年までのロシアの年平均インフレ率は一六三％、ウクライナでは二四四％に達している。中欧、南東欧、そしてバルト諸国の経済の落ち込みは、累積で二二・六％、CIS諸国で五〇・五％である。二〇〇〇年のロシアのGDPは、一九九〇年の六四％にすぎない。旧ソ連と東欧諸国の中で最もパフォーマンスがよいポーランドのGDPでさえ、この期間に四四％伸びたにすぎない。

一方、所得の不平等度を測る手段であるジニ係数に関しては、中欧、南東欧およびバルト諸国で〇・二三（一九八七—九〇年）から〇・三三（一九九六—九八年）に、CIS諸国で〇・二八から〇・四六に上昇した（〇は完全な平等を、一は完全な不平等を意味する）（World Bank 2002）。民営化がはじまっても必要な構造調整は行われなかった（Blanchard et al. 1993）。民営化された大規模の旧国営企業に対する補助金は、多くの場合、減ることはなく増えることとさえあった（World Bank 2002）。そのため、共産主義経済からの移行期においてマクロ経済パフォーマンスはさらに悪化することになった。東欧諸国の経済では、GDPが初期のわずかな落ち込みを経てその後速やかに堅牢な成長の軌跡をたどるという、いわゆる「J」カーブは発現せず、一人あたり所得が一九九〇年の移行開始以前のレベルに回復したのはようやく二〇〇〇年になってのことであった。旧ソ連諸国では、移行開始以前の水準に戻るのにおよそ二〇年を要した。

多くの途上国が、コートジボアール、エルサルバドル、ペルーやロシアと似通った状況を経験した。旧構造主義に対する失望感ゆえに、途上国の指導者たちは、その反動として思い切った経済改革に乗り出した。しかし、失敗の本当の理由について正しく認識しないままに、新たな開発戦略に飛びついた彼らは、ワシントン・コンセンサス的な諸改革が有していた、これまでとは別の非効率性がもたらす限界に直面することになった（Stiglitz 1998, 2002）。彼らは、開発パラダイムに関して、一方の極端から別の極端に振れ、湯水とともに大切な赤ん坊を投げ捨て、自国を経済の貧血状態と社会的な不安定状態の真っ只中に陥れてしまった。

ドイツの哲学者であり、ニヒリストである、アーサー・ショーペンハウアーは、「世論というものは振り子と同じで、これと同じ法則に従って動いている。重力の中心を通過して一方に振れると、その後、これと同じ分だけ他方に振れなければならない。中心で静止するまでにはしばらく時間がかかる」といっている（Schopenhauer 1890, p.80）。その時が今ようやく訪れたのかもしれない。急いで対応を迫られるような、様々なグローバルな経済的、社会的諸問題が山積する今日において、世界中の政策担当者は、自国の失敗の経験のみならず、成功した国々からも学ぼうと考えるようになってきたようだ。一八世紀の西欧の事例から、チリ、中国、韓国、モーリシャス、スロベニアやベトナムなどの最近の事例に至るまで、経済成長の事例を万遍なく分析することによって、これらの国々では、潜在的な比較優位性に恵まれ競争力のある産業が、どのようなかたちで育成の対象となり発展してきたか、ということについて多くを学ぶことができる。

註

（1）旧来の構造主義的政策から派生した「ビッグ・プッシュ」理論は、途上国の工業化の実現を目指すものであった。その支持者たちは、国内市場の狭隘性を主な制約要因と考え、政府による強力な介入によって、工業化のプロセスを加速させることを説いた。うまく調整された複数の公共投資を特定のセクターにおいて同時に行うことによって、需要を喚起し他のセクターにおける市場の規模を拡大していくことを提案した（Rosenstein-Rodan 1943）。

（2）エンクルマ自身この点は認識していた。一九五九年三月四日、計画を国会に提出するに際し、次のように語っている。「しかしながら、この偉大な計画を私たちが実施するためには、海外からの投資を得ることがきわめて重要である」（Government of Ghana 1959, p.2）。交易条件が悪化し続けたことで事態はさらに困難なものとなった。一九五七年、ガーナが独立したときには、一トンのカカオ豆で一一〇バレルの原油が買えたが、一九六六年には四〇バレルしか買えなくなった（Yeboah 1999）。

（3）たとえば、Grossman and Helpman（1994）; Sokoloff and Engerman（2000）; Acemoglu（2007）を参照。

（4）これらの説明については、それぞれ、North（1981）、Alesina and Rodrik（1994）、Persson and Tabellini（1994）、Besley and Coate（1998）、Acemoglu and Robinson（2002）を参照。

（5）「白い象」とは、ネガティブな社会的影響を与える投資プロジェクトを意味する経済用語である。

（6）社会的に効率的なプロジェクトは、このような特徴を持たない。なぜなら、社会的に効率的なものであれば、すべての政治家がコミットすることができ、それ相応の結果を政治的にもたらす。一方で、白い象によってもたらされる政治的な便益が、効率的なプロジェクトによる便益よりも多い場合は、政治家は、白い象のほうを好んで選択することになる。

（7）たとえば、Gordon and Li（2005）を参照。

（8）彼らは、国際分業のあり方を見直し、途上国が製造者であり輸出者になることが必要であると説いた。しかし、なかには、次第に内向きの政策に傾いていく者もいた。たとえば、プレビッシュは、一九五〇年代後半、最初は、輸入代替による工業化の行き過ぎを批判していたが、その後、輸入代替による工業化と輸出振興・多様化と地域経済への統合の組み合わせを主張するようになった。彼は、「不平等な国際秩序」を拒否し、貿易と金融を含む国際経済システムにおける非対称性の存在を信じていた。

しかし、このような見方は、プレビッシュや「旧構造主義者」たちだけのものではなく、そのような不平等を是正するために設立された世銀を含む国際機関においても共有されていた。

(9) 比較生産費説は、一九一八年、デヴィッド・リカードにより提唱された（Ricardo 1921）。本章の後半および第6章においてさらに議論を深めることとする。

(10) スターリン型の近代化モデルの成功が多くの途上国の指導者を鼓舞したとすることは誤解を招く可能性がある。当初から四〇年間、ソ連は明らかに成功し、その期間を含めて一九八〇年後半までの六〇年間は、システムを維持することができた。これは、二〇世紀前半において、世界で一番恵まれた一人あたりの天然資源の賦存と、二億九〇〇〇万人という大規模な人口がもたらした成功である。自力では存続できない企業を長期にわたって補助することができたのは、そのために十分な資源を国家が用いることができたからである。同様の戦略を採用した多くの途上国が、すぐに失敗したのは、当時のソ連と比べてはるかに少ない資源や人口しか有していなかったからである（Lin 2009b）。

(11) カンボジアのポルポト派の一員であったサロット・サールでさえ、その伝記によれば、歴史に名声を残すことに関心があったといわれている。クメール・ルージュの悲劇に関する報告において、フィリップ・ショートは、彼らの目に余る行為のいくつかは、支払い能力の欠如に帰因するものではなかったか〔訳註―たとえば借金を返せなかった、税金を納めなかったがゆえに強制労働をさせたなど〕、と述べている（Short 2004）。ロバート・サービスは、スターリンに関する伝記において、スターリンは、旧ソ連の偉大な指導者としての功績を歴史に留めることについて執拗なほどに強い思い入れがあったと記している（Service 2005）。同書では、スターリンは、自らを、独裁者としてのみならずマルクス主義の教義の信奉者であり、ロシア文学やグルジア文学の愛読者でもあり、また、国際場裡においてロシアが力強い役割を果たしうるように尽力した国際派としても描かれるべきである、と一貫して主張しつづけた〔訳註―スターリンはグルジア生まれであり、スターリンというのはロシア語で「鋼鉄の人」という意味の筆名。本姓はグルジア語でジュガシヴィリという〕。

(12) 第4章で成功した国々の秘訣を論じる。

(13) 一九六〇年から九四年までの間、アフリカにおける投資は、GDP（国際価格換算）の九・六%にとどまった一方、他地域の途上国では、一五・六%であった（Hoeffler 1999）。アフリカの投資率は、ふつう経済成長による離陸を開始するために必要であると信じられていた一一%よりも低かった（Rostow 1960）。しかしながら、アフリカにおける投資の低さが低い経済パフォーマンスの原因であるとするどのような議論も、投資の組成を考慮せず、とくに、政府による介入の手段としての公共投資が果たしてアフリカの発展に貢献したのかどうか、という点については語っていない。Devarajan, Easterly, and Pack (2002) は、世界中の経済投資の生産性を分析し、そして、タンザニアの製造業に関するケーススタディを通じて、累積的な成果をもたらすプロセスについて考察している。彼らは、投資の低さがアフリカの開発を妨げてきた主な要因ではないことを発見した。民間投資が内生変数であると認識したうえで、彼らは、対象期間の始期における民間投資の水準を初期値として操作変数法（method of instrumental variable）による分析を行った。その結果、公共投資はアフリカの成長には寄与せず、両者には相関がないことがわかった。民間投資に関してもボツワナを除くかぎり同様の結果であった。このわけは、ボツワナはアフリカで唯一高い投資と高い成長を経験した国である、ということにあった。

（14）マハラノビスのモデルは、供給サイドのみのモデルである。資本蓄積に際して想定されるべき需要制約は考慮されておらず、成長を台無しにする需要の伸び悩みの可能性にもほとんど触れられていない。投入と産出の純粋に物理的な関係にのみ着目したモデルは、ソ連のような古典的な「指令経済」で、投資が計画者によって決定され、人民委員〔訳註—一九一七—四六年までのソ連における制度で、他国では大臣に相当〕によって執行されるような経済においてのみ機能しえた。このようなモデルは、収益増やそれへの期待感で投資を決定する民間セクターが遍在していたインドにおいて当てはまるものではなかった（Balakrishnan 2007, p.13）。

（15）グラスバーナーの推計によれば、一人あたり実質国民所得は、一九五八年から六六年において三・六％低下している（Glassburner 2007）。

（16）理論面に関する考察としては、Lin and Tan（1999）、Lin and Li（2008）を参照。

（17）マディソンによれば、エジプトの一人あたりGDPは、一九五六年の九〇五ドルから七〇年の一二五四ドルに増加した（Maddison 2006, 一九九〇年ギアリー＝カーミス国際ドル）。

（18）資本財産業に重点をおく戦略は、当時の立派な経済理論によって支持されていた。たとえば、著名なインドの統計学者であるP・C・マハラノビスによって一九五三年に発表され、インドの第二次五カ年計画の主柱となった経済開発モデル（Bhagwati and Chakravarty 1969）、アマルティア・センのケンブリッジ大学における博士論文での議論やこれを踏まえた単行本（Sen 1960）、あるいは、これからしばらく後の議論としては、マーフィー＝シュレイファー＝ヴィシュニィによる提案（Murphy, Shleifer,and Vishny 1989）など。

（19）Lin（2009b）、Lin and Li（2009）を参照。とくにラテンアメリカを含む途上国における政府介入と経済の歪みの関係については、上述と異なる仮説もある。Olson（1982）、Grossman and Helpman（1996, 2001）、Engerman and Sokoloff（1997）、そしてAcemoglu, Johnson, and Robinson（2001, 2002, 2005）のモデルにおいては、政府介入と制度的な歪みは、強力な既得権益を持つエリート集団が政府を乗っ取ることによって生じる、と考えられている。輸出割当、課税と補助金、参入規制などの一部の介入と歪みについては、このモデルで論理的に説明することができる。しかしながら、途上国でパワーエリートたちの利益に反するかたちでなぜ公的企業があれほどまでに普及したのか、あるいは、ほとんどのパワーエリートが地主層であって企業家ではなかった一九四〇年代と五〇年代において、なぜ工業セクターを保護し経済を歪める施策が採用されたのか、などといった重要な疑問については、これらのモデルでは説明がつかない。にもかかわらず、いったん政府が経済を歪める施策を導入すると、たとえ当初その意図が崇高なものであったとしても、既得権益にしがみつく集団を生んでしまう。この既得権益に関する議論は、歪みを除去することが困難であることを説明する際にも使えるであろう。

（20） Krueger（1974）。これらの論点に関する一般的説明に関しては、Krugman（1993）を参照。

〔訳註1〕「管制高地」（Commanding heights）とは、経済全体を支配する根幹を示す意味で、一九二二年に共産主義インターナショナル第四回大会でレーニンが最初に用いたと言われている。その後、大恐慌からレーガノミクスに至る経済政策を鳥瞰した米PBS制作のドキュメンタリーやこれに基づくベストセラー本のタイトルにもなったが、そこでは国の経済発展の司令塔のような概念として使われている。彼らは、急速な工業化と近代化を推進するために、最先端の資本集約的工業の成長を加速化させようと試みた。

〔訳註2〕 product space. ハウスマンやセサール・A・イダルゴが提唱した概念。製品とは知識が集約されたものであると考え、ある国の経済における様々な製品間の親近性を解析しその関係性を可視化したもの。

Chapter 4 Lessons from Successful Catch-up Countries

第4章　追上げ国の成功から得られる教訓

一九八九年の映画「インディ・ジョーンズと最後の聖戦」において、「聖杯を追い求めることは考古学ではない」とインディ・ジョーンズの父が語っている。「これは悪魔との戦いだ。そしてこの戦いでは二位の者に銀メダルが贈られることはない」とも語っている。二時間あまりに及ぶ迫力あるサスペンス、ぞっとするような混沌、予期しない出会い、魅力的ではあるがありそうもない追撃シーンの後、インディ・ジョーンズと父は、イエス・キリストが最後の晩餐において使ったとされる聖杯を、ついにヨルダンのペトラ遺跡のエル・カズネ寺院で発見する。この映画を偉大な冒険映画に仕上げているクライマックス・シーンにおいて、岩山の狭い通路を引き裂くように進むインディ・ジョーンズの目前に、非常に大きな柱を伴った高い岩山と絶壁に彫られた巨大な扉が出現する。

映画監督のスティーヴン・スピルバーグは、聖なる目標の達成が間近であるときの達成感と興奮が最高潮となるような勇壮な探索の中で、希望、恐怖、挫折、無謀さが混じり合った複雑な雰囲気を伝えている。この最後の瞬間においても過ちは致命的なものになり得るのである。寺院で見つかった多数の聖杯の中から正しい聖杯を選択するには慎重な考慮が必要になる。偽りの聖杯を選択すれば即死を意味するからである。インディ・ジョーンズは多数の選択肢に直面しながら、誤った選択肢がもたらす高いリスクについて警告を受ける。「おまえは選ばねばならない。……しかし賢明に選べ。真の聖杯はお前に生命をもたらすが、偽の聖杯はお前の命を奪う」という警告である。

過去数世紀の間、成長と繁栄を追求してきたエコノミストは、インディ・ジョーンズのように財宝探しのライバルやナチスの悪役との撃ち合いを生き延びる必要はなかった。しかしエコノミストは、興奮、挫折および幻滅を時折り経験することで、インディ・ジョーンズと似たような感覚を味わってきたのである。いまや、経済成長のための秘訣を賢明に選択することが、自分たちの生と死だけではなく、公的な政策により直接影響をこうむる数十億の名もない庶民の生と死に関わるという状況にエコノミストは直面している。

開発研究者は、彼らにとっての聖杯の構成要素となるものを収集してきた。それでも「構成要素のリスト自体は経済成長の秘訣にはならない」のである（Commission on Growth and Development 2008, p.33）。あらゆる知的な作業が行われてきたにもかかわらず、過去の数世代の研究者が直面してきたものと同じ主要な課題がそこには残されている。最近マイケル・スペンスが再確認したとおり、「もし成長が継続する構造的な変化によりもたらされるとすれば、なぜ、ある国々は継続的で持続的な変化を促進することに成功し、他の国々ではそれが成功しないのであろうか」（Spence 2011, p.72）。どのような力が集中へ向けた推進力となり、どのような要素が実質的な発展を抑制するのであろうか。低所得国が中所得国となりその後に高所得国になることを可能にするある種の構造変化の条件は何であろうか。何が成長にとって最も重要な決定要因であろうか。初期条件、制度、政策だろうか。成長のダイナミズムにおいては政府と市場の適切な役割は何であろうか。

思うに、エコノミストは過去の教訓を自らの分析に反映させることに熟練してきたためだろうか、近年、成長と繁栄の探究においては進展が見られる。ついにある種の聖杯に手が届くかもしれないという希望が地平線のかなたに浮上しているのかもしれない。重要な実践に基づく最近の一連の研究が、新たな洞察と楽観主義の基盤を提供している。その中でも、第二次大戦後の成功した経済に焦点を当てた、成長と開発に関する委員会による『二〇〇八年報告書』〔以下『成長委員会報告書』〕（Commission on Growth and Development 2008）には特別の考慮を払う価値がある。

この章では、二〇〇八年の『成長委員会報告書』の主要な所見や結論を紹介し、それらを一貫したものとするための枠組みの必要性に焦点を当てる。より幅広く過去四世紀における成功した経済の経験を見ることで、より進んだ国々を追い上げるプロセスに取り組んでいる途上国にとっての有益な教訓を抽出することができる。そして、この分析からひとつの重要な成功のカギが見えてくる。それは、その国の持つ比較優位に整合性がとれるようにその国の経済発展戦略を策定することである。そのためには、国家が、良く機能する市場システムのもとで、民間セクターを発展させるための諸条件を醸成するという重要な役割を演じる必要がある。そしてこの教訓は、持続する経済成長のプロセスを理解するための新たな枠組みをも正当化する。

むずかしい課題への挑戦（円の面積を求める）——『成長委員会報告書』の貢献

数学の歴史において最も古い問題のひとつであり幾何学の発展に影響を与えたものに、円の面積を求めるというものがある。古代ギリシャ人はこの問題の解決のためにしばしば曲線や非線形のツールを使うなど様々な手法を編み出した。ついに古代ギリシャ人は、この問題は定規やコンパスを使うことで解決できるのではなく、ある種のかなり一般的で近似した幾何学的な作図により解決できるという結論に達した（Bold 1982）。

古代ギリシャ人と同じように、エコノミストが苦心しながら作り上げた経済成長のための処方箋も、最後は類似の戦略を採用した。切迫する諸問題に対する明確な解答を提供することのむずかしさに直面し、成長の分析から実行可能な政策提言を引き出すことが不可能であることに直面した研究者たちは、成長をもたらす明白な決定要因を探究することを回避したほうが有益であり、それよりも発展途上国にとっての経済政策の指針となり得る定式化された事実を追求するようになった。

そのようなアプローチは数十年前に遡ることができる。最も有名なものは、ニコラス・カルドアが英国と米国のマクロ経済データから導き出した、二〇世紀における成長の六つの特徴（stylized facts）である。六つとは、労働生産性の持続的な上昇、資本・労働比率の持続的な上昇、安定した実質金利と資本収益率、安定した資本・産出高比率、国民所得が資本と労働の間で配分が変わらないこと、そして急速に拡大する経済成長率には二％から五％くらいの幅広いヴァリエーションがあることである（Kaldor 1961）。このアプローチには批判があった。最も有名なものはロバート・ソローからの批判であり、彼は、「これらは疑いもなく定式化されたものである、これらが事実であるかを問いただすことは可能であるが」と指摘していた（Solow 1969, p.2）。しかし、このアプローチは、これらの事実の表面下にある原因やメカニズムを探究しようと試みる何世代にも及ぶ理論的な研究に刺激を与えてきた。

さらに最近になって経済学者のチャールズ・ジョーンズとポール・ローマーは、各国のより大きなサンプルからの実証的結果を活用することによって、相異なる定式化された事実を特定している。すなわち、グローバリゼーションと都市化による市場の拡大、時間の経過に伴って実質的にゼロから相対的に急速なペースに変化するという成長の加速化、技術の最先端の場所からの距離に従って拡大していく一人あたりＧＤＰの伸び率の差異、所得と全要素生産性の大きな差異、労働者一人あたり人的資本の増大、そして相対的賃金の長期的安定性である（Jones and Romer 2009）。

ちょうど私の世界銀行チーフエコノミストとしての任期が始まった頃の二〇〇八年に、成長と開発に関する委員会が公表した画期的な研究である『成長委員会報告書——持続的な成長と包摂的な開発のための戦略』(Commission on Growth and Development 2008) は、前述の研究と類似のアプローチを取りつつも、それを新たなレベルに引き上げるものであった。この報告書は、それ以前の二〇年間にわたる世界銀行における実証的研究による発見に基づき、それまでの経済成長と貧困削減の理論を再評価し途上国への政策提言を再考するものであった。(1) 二〇〇六年四月に立ち上げられた成長と開発に関する委員会は、主に途上国からの政府関係者、実業家、政策担当者からなる二二名のすぐれた専門家により構成されたものであり、ノーベル経済学賞受賞者のマイケル・スペンスとダニー・ライプツィガー世界銀行副総裁が委員長を務めた。委員会は二年間にわたって「急速で持続する成長と貧困削減の基礎となる政策および戦略に関する最善の理解を蓄積すること」を目指した (Commission on Growth and Development n.d.)。

この委員会は、政策へのインプリケーションをもたらすという観点から、純粋理論的な研究の罠を回避しつつ理論的かつ実践的な知見を蓄積するために設立された。委員会の作業では次の諸点が重視された。

- これまでの多くの開発戦略ではその視点が欠けていたが、貧困は経済成長から孤立した中では削減できないという考え方の重要性。
- 急速で持続する成長の基礎となる経済的、社会的な力が一般的に考えられているほどには十分に理解されていないことを裏づける証拠が増えていること。すなわち、途上国に対するこれまでの勧告・助言には知識により裏づけられる以上の過大な信頼が寄せられてきたこと。
- 過去二〇年に及ぶ非常に重要な成長の経験（成功例と失敗例の双方）の蓄積が学びのための独特な材料を

提供しているという認識。

● 中国、インド、および東アジアにおいて急速に成長している他の経済を除き、途上国は、工業化された国々の所得に追いつき、世界における富と機会のより良い均衡を達成するために、成長率を顕著に加速する必要があるとの意識が増大していること。

この委員会のユニークなところは、非常に多様な人材から構成されていたという点だけではなく、成長分析を再検討したそのアプローチにある。それは、成長と開発に関する累積された実践と幅広い範囲における思慮深い政策分析を吸収・消化しようと試みるアプローチである。さらにこの委員会は、次の世代の指導者を含む途上国の政治指導者および政策担当者、国際社会を代表する識者、投資家、政策担当者および目標を共有する先進国および国際機関の指導者との間で、理解を共有することを目指した。(2)

報告書は「持続する高い成長は自動的には発生しない」という見解から始まる。そのような成長をもたらすには政治指導者の忍耐と根気およびプラグマティズムを伴った長期のコミットメントが必要になる（Commission on Growth and Development 2008, p.2）。これは持続する成長というものは、無作為に、時としてもっぱら幸運がもたらすものだという神話を葬り去るのに実に有益である。古代ローマの哲学者セネカがかつて語ったとおり、「幸運とは万端な準備が機会に恵まれたときに起こる」のである。

『成長委員会報告書』は、第二次大戦後、二五年間以上にわたって七％以上の成長を遂げることができた一三の高成長経済から明確に見出すことができるいくつかの特徴を明らかにしている。(3) この経済成長のペースでいくと一〇年毎に経済規模はほぼ倍増する。(4) また、この報告書は、最も重要な問い、すなわち「他の途上国はいかにして一三の成功した経済を見習うことができるのか」を発している。それぞれの国が固有の個性を持ち歴史的な経験を成長戦略に反映させる必要があるとの点を指摘しつつも、報告書は、政策担当者が適用できるような一般的な処方箋は提示しようとはしない。しかし報告書は、政策担当者が成長戦略を作成するうえで助けになる枠組みを提供している。すべての答えを網羅することはしないが、どの質問に解答を出していかなければならないかを示唆しているのである。

この報告書の結論は楽観的である。急速で持続する成長は世界の一部の地域に限定される奇跡ではない。すべての途上国がそれを達成できるというものである。報告書では、広範な政策的な処方箋としての成長の構成要素の一覧（その有効性は一定の文脈および条件に依存するのだが）よりもいっそう重要なものとして、五つの定式化された事実、というよりは、すべての成功した国々の間における際立った類似点がリストアップされている。

これらの国々の間の第一の類似点は、世界経済を正しく理解しそれを十分に活用したことにあった。詩人のリルケが有名な「若き詩人への手紙」の中で書いているように、「あらゆることに対し対応できて、最も不可解なものも含めあらゆる経験をも排除しない者のみが、他者との間で生き生きとした関係を構築し、自分自身の心の奥底の響きを聴くことができる」のである（Rilke 1984, p.90）。このような賢者の知恵は国々にとっても有益である。成功した経済はすべて、その急速な成長の期間にグローバリゼーションの利益を最大限享受している。成功した経済は、第二次大戦後に開放され相互に密接に絡み合うようになった世界から、新たなアイディア、技術、ノウハウを取り入れ、ほとんど無限の市場を提供するグローバルな需要にも対応するなど、いくつかの方法でその利益を享受している。要約すれば、成功する経済は、「自らを除いた他の世界が知っていることを輸入し他の世界が求めるものを輸出した」のである（Commission on Growth and Development 2008, p.22）。成功できない経済はおそらくその逆をいったであろうことは驚くに値しない。

成功した経済に共通する第二の定式化された事実は、安定したマクロ経済環境を維持し続けた点である。これら一三カ国はその最も成功した時期において民間セクターの投資を損なうような財政・金融政策の不安定化を回避している。国によって成長には時として緩やかなインフレが伴ったり（一九七〇年代の韓国、九〇年代半ばの中国）、財政の赤字、あるいは高い政府債務対GDP比率が伴うこともあったが、つねにコントロールできる状況下にあった。

高成長国の第三の特徴は、高い貯蓄率と投資率であり、将来における高収入を期待し現在の消費を差し控える傾向である。ここで貯蓄の原因に関して少し脱線することを許していただきたい。この点に関する定式化された事実には哲学的・文化的基盤があると主張する者がいるかもしれない。マックス・ウェーバーが、プロテスタントの倫理（たとえば節約、禁欲、勤勉、あるいは合理的思考）に関係のある一連の価値および態度が経済的、物質的発展の基盤を提供していると主張して以降、多くの研究者が文化を基礎とした開発に関する理論を展開してきた。(5)

私はこのような考え方に賛成しない。今日、アジアにおける経済的成功の特徴を説明する際に文化的な決定論が使われることは皮肉なことである。というのは、わずか数十年前には類似した文化的な決定論がアジアにおける近代化の主な障害として引き合いに出されていたからである（Myrdal 1968; Chang 2008b）。人類の歴史上、労働に対する態度、財産あるいは節約については至るところで議論されてきた。西洋喜劇の巨匠であり一七世紀フランスの詩人ジャン・ド・ラ・フォンテーヌは最も著名な風刺作品「アリとキリギリス」の中で、当時のフランスの同胞の浪費癖や無駄使いの性向を非難している。(6) さらにいえば、とくに文化人類学者のA・L・クローバーとクライド・クラックホーンが一八七一年から一九五一年の間に社会科学および人文科学に見出された一六四件の相異なるその定義を調査して以降、文化の概念は正確に定義し実践上または経験上で判定することが困難である（Kroeber and Kluckhohn 1952）。ほぼ三〇年後にはイアン・ジェイミーソンが一六〇を超えるそれぞれが相異なる文化の定義をリストアップした（Jamieson 1980）。文化というものは、どのように定義しようとも静的な概念であることはけっしてない。貯蓄と成長のパターンに対する文化の影響はつねにダイナミックな展開となる傾向がある。

マレーシアやシンガポールのような最も成功した国々が義務的な貯蓄スキームを採用したことから、若干の研究者は、これらの国々が高い貯蓄率と投資率を維持した主要な理由として計画的な貯蓄政策を採用した点が重要であると強調した（Montiel and Servén 2008）。『成長委員会報告書』は、これらの成功した国々に共通する主要な要因として、大きな経済的余剰がつくられ、貯蓄への強いインセンティブを提供するのに十分なほどに高い投資利潤率が醸成された点をあげている。一九六〇年代以前は韓国の貯蓄率は低く、GDPの一〇％付近で停滞していた。一九七〇年代以降、韓国の貯蓄率は三〇％以上のレベルに上昇した。一九七〇年代の東南アジアおよびラテンアメリカ諸国の貯蓄率は同じように低かった。二〇年後、アジアの平均貯蓄率は約二〇％ポイント高くなった。

成功する経済に共通した第四の類似点は、これらの国々が資源配分に関しては市場システムを堅持したことである。報告書は、二〇世紀中、市場システムに代わるものに関して多くの実験が行われたが、いずれの場合でも、途上国が持続的な成長を達成することを助けることに失敗している。成功した国々の間では所有権制度の強固さにおいて違いがあるが、いずれの国も、適切な価格のシグナル、透明な意思決定、さらに良いインセンティブを提供する、良く機能する市場メカニズムを重視し、これを採用している。これら諸国の政府は、ある分野から他の分野、ある産業から他の産業へと資本と労働を再配置するうえで、市場の力には抵抗しなかった。その結果、ジョセフ・シュンペーターが、「旧いものを破壊し新しいものを創造する経済構造を内部から絶え間なく変革する産業変異のプロセス」と定義した「創造的破壊」のプロセスが構造的な変革をもたらし、市場の力と政府

の措置が、人々を都市部に引き寄せ、新たな仕事をつくりだし、いくつかの仕事をなくしてきた。(7)

成功した経済に共通する第五の特徴は、信頼性があり実行力のある政府の存在である。たとえば、香港（中国香港特別行政区）の政府は自由放任主義政策を採用したが、植民地時代およびその後の時代にかけては、かなりの数のセクター毎の政策が採用されていた。他の経済の場合、国家は様々な措置（税控除、低利の貸付、直接融資）を通じて民間セクターに関与することで、そのような措置がなければビジネスへの参入を検討しなかったと思われる民間企業をビジネスに参入するよう促した。

貧困の克服が可能となる持続する成長は概して数十年を要するプロセスであり、安定して機能する投資環境の下で起きる。また、政治指導力と共に、効果的でプラグマテックで時に行動的な政府の存在を必要とする。この点と同様の視点が、タンザニア前大統領でこの委員会のメンバーであるベンジャミン・ムカパによる「長い目で見た場合、政治的な砂塵という基礎の上に経済というマンションを建設することは割に合わない」というコメントに反映されている（Mkapa 2008, p.5）。良い例がシンガポールである。シンガポールでは、成長の追求が国家の政治の組織原理である旨、政治指導者が過去四〇年間にわたってしばしば述べてきた。政治的かつ持続する経済的パフォーマンスの構成要素としての指導力とガバナンスの重要性を説くうえで、「一匹の羊に導かれる百匹のライオンの軍隊より、一匹のライオンに導かれる百匹の羊の軍隊のほうが、私にはより恐ろしく感じられる」とかつて述べた、一八世紀の政治的天才シャルル・モーリス・ド・タレーラン〔訳註1〕を上回るものはないだろう。

また、『成長委員会報告書』は、成長を追求する際に政策担当者が回避すべき一連の「悪しきアイディア」を特定している。すべてが完全に網羅されているわけではないこのリストには、燃料費に助成すること、失業対策のために公的機関に依存すること、財政赤字を削減するためにインフラ投資への支出をカットすること、国内企業に無制限の保護を与えること、インフレを止めるために価格統制を課すこと、長期間輸出を禁止すること、都市化の流れを食い止めたり教育の成果をインフラの整備状況で評価すること、環境問題を「手が届かない贅沢」とみなして無視すること、銀行システムに規制を導入すること、為替レートを過度に引き上げること、が含まれている。報告書は、ある種の状況と環境により、前述の政策が限定的ないし一時的な正当性を有することがあるとの但し書を用心深く付記しているが、「圧倒的な証拠により、前述した政策は大いなるコストを伴い、それらが本来目指す目標――それらはしばしば賞賛すべきものだが――は他の手法によって効果的に達成される」と指摘している（Commission on Growth and Development 2008, p.68）。

『成長委員会報告書』は経済成長分析において大いなる前進をもたらした。報告書は、国家の富を創り出す進化するプロセスを持続させるために、適切なインフラ、インセンティブ・システムおよび諸制度を立ち上げることを強く主張している。しかし、五つの定式化された事実は、成長プロセスの前提条件ないし成長プロセスの結果ではあり得るものの、それらは、先進国を追い上げるダイナミズムに取り組む前に、種々の経済政策の原因と結果を熟慮しなければならない途上国の政策担当者にとっての実践的な指針としてはまだ不十分かもしれない。原因と効果を解き放ち政策のプライオリティを設定するためには、これらの定式化された事実がそれらの間の因果関連のある相互関係を反映したものかもしれないといった単なる連想を超えていくことが求められる（Zellner 1979）。それゆえ、報告書は成長の研究者にとっての新たな挑戦を提示している。彼らは自らの発見が意味を持つような概念的な枠組みを見出していかねばならないのである。

いくつかの国々は聖杯を見出していたのかもしれない

「成長と開発に関する委員会」は、最近の高成長経済に共通する類似点を特定しつつ繁栄を探究する知的な発展に向かう道を切り開いた。委員長のマイケル・スペンスと報告書の共著者のデヴィッド・ブラディは、報告書の結論を要約し、「成長の構成要素」を特定することは科学的には可能かもしれないが、それは途上国がそれに従って経済を繁栄の軌道に乗せ得る具体的政策にはならないと述べている。彼らは、委員会の作業は、

経済発展の成功と失敗に対して政治指導者が重要な役割を担う傾向にあることを確認したと指摘している。これらの高成長国は、相互に異なる経済モデルと政治制度を備え、相違する資源や歴史を有するのだが、これら諸国の政府はおおむね似たような道を歩んだ。新たな指導者は、しばしば危機に導かれながらも前途有望な経済モデルを選択し、経済モデルが根づくのに十分な期間、国家を安定させた。また、指導者は政治家が市民の長期の幸福と福利に集中できるような信頼できる責任ある制度の創設に着手した。成長が変化をもたらし新たな緊張を生み出す際には、指導者は安定性を保ちつつ経済モデルを微修正し、新たな需要に対応できるように制度を調整することで、国家の方向性を適切に導いた（Brady and Spence 2010, pp.35–36; Brady and Spence 2009）。

しかしながら報告書は、「われわれの研究は、経済成長のための単一の秘訣を提示するのではなく、開発に向かう異なる道筋があることを明らかにしている」と結論づけている（Brady and Spence 2010, pp.35–36; Brady and Spence 2009）。

円の面積を求めて苦闘し、ついにそれは不可能であると結論づけた古代ギリシャ人のように、ブラディとスペンスは、何世紀にもわたって開発経済学者が追求してきた成長をもたらす一般的な定式という聖杯は基本的には発見困難な目標であることを暗黙のうちに示唆している。「成長の構成要素」のリストを作成することは知識を

蓄積するうえで重要なステップではあったが、それは必ずしも途上国の政策担当者にとって十分な処方箋にはならない。政策担当者は、特定の戦略および措置について、それぞれすべてを同時に達成するため、それゆえ相互補完性を見失うリスクを負うことも含めて、戦略および政策措置を考え出さなければならない。そのためには、種々の要素に焦点をあて、それらがどのような意味を持つかを理解し、それらを一貫した行動の枠組みの中に組み入れることが必要になる。

「成長と開発に関する委員会」が焦点をあてた五つの定式化された事実を振り返り、その中で前提条件ともたらされた結果を峻別しながら、成功の根本原因を理解しようと努めてみよう。私は、これらの定式化された事実は、その国固有の構造で決定された比較優位に沿ってその経済発展の道（産業の高度化および多様化）を選択した際に見られる前提条件とその帰結にすぎない、と考える。別言すれば、成功をもたらす経済発展の聖杯は、それほど隠されたものでもない重要なアイディアである比較優位の理論によって具現化されているのである。私は、『成長委員会報告書』の主要な結論を矛盾なく説明するうえで、比較優位の理論がいかに重要かを説明する前に、それが意味することを簡潔に説明したい。

ノーベル賞受賞者のポール・サミュエルソンは、かつて友人である数学者スタニスラフ・ウラムから「すべての社会科学の中で真実でありながら自明ではない理論をひとつあげよ」と訊《き》かれた（WTO n.d.）。何年か考えた後、サミュエルソンはその回答は比較優位であると答えた。サミュエルソン特有のユーモアで、彼は次のように説明した。「それは、数学者の前で論争する必要がないほど、明白な真の理論である。それは、その理論を自力ではけっして理解することができないか、あるいは、説明を受けた後にはじめて信じるようになる何千人もの重要で知的な人々の存在が示すとおり、自明ではない理論である」と（WTO n.d.）。サミュエルソンは、エコノミストを非エコノミストから区別する点は比較優位の原理を信じるか否かである、と指摘した。

比較優位の考え方は経済学において実に洞察に富むアイディアのひとつである。それは、自由貿易はどの国にとって有利に働くかというアダム・スミスの観察に始まる。「もしある海外の国がある商品をわれわれが生産するよりも安く供給できるとすれば、われわれはその商品を海外から購入し、その商品を生産しているわれわれの産業の一部をなんらかの利益が得られるように活用できれば良い」という考えである（Smith 1776, IV.2.12）。しかしこれは生産における絶対優位の考え方である。より洗練された比較優位の考え方は一九世紀初めに遡る。ロバート・トレンズが最初にこの考えを説いたが、多くの功績は一八一七年に出版された著名な『経済学および課税の原理』の中でその考えを定式化したデヴィッド・リカードに帰すものと考えられる。(8)

比較優位の主要原理はすっきりしている。各国が最も良く生産できるものに集中し、それを生産し、輸出し、その代わりに、他の国々からそれらの国々が最も良く生産できるものを輸入することにより、すべての国々が豊かになる、というものである。しかしこの強力なアイディアは直観には訴えないことから、しばしば段階的な説明が必要である。アダム・スミスの絶対優位の枠組みによれば、二国がそれぞれ異なる二つの商品を生産し、労働を唯一の生産要素として活用するが、その労働生産性（労働者一人あたりの生産量）に差異がある場合、これら二国の間の貿易は、とくに生産性の低い国に利益をもたらさないことなどから、全体的に利益をもたらさないという結論になる。これに対してリカードは、単純な数字例を用いて、各国それぞれが比較優位を持つ生産ラインに特化することにより実際の総生産高を増大させ、相互の国々にとり利益を生み出すことができることを示した。

経済学者は、このような直観に訴えない理論を普通の人々に説明する際に時として苦労する。(9) 教室におけるわかりやすい譬え話としてしばしば使われるのは、自分の原稿を助手より早くタイプ打ちできる経済学の教授と、教授のようには講義をうまく行えない助手の二人がいた場合でも、経済学の教授は講義に専念し、助手はタイプに専念すべきなのであろうか、という問いかけである。答えは、それぞれが相対的に良くできる分野に特化したほうが、より生産的であり相互に利益が上がるというものである。同じように、時計製造のように資本集約的工業と衣服など労働集約的工業に共に秀でたスイスのような国は、時計製造に特化し、衣服についてはバングラデシュのように、時計よりも衣服製造に比較優位のある国と取引すべきなのである。

なぜある国ではある商品を他の国々よりも安価に生産できるのだろうか。とくに、技術的なノウハウに関し、それを使いたいと思う者にとって自由にアクセスできるこの情報の時代に、である。ほとんどの国が同じ技術を採用できる時代に、どうして各国の生産バスケットの間で違いが生じるのであろうか。答えは各国間で生産要素賦存に違いがあるということである。各国の所得水準にかかわらず、すべての国には、労働、資本、天然資源という生産要素が賦存しており、各国はそれらを使って国内市場または海外市場で競争するために、財とサービスを生産している(10)。

一般に低所得国には労働または天然資源が多く賦存しており、高所得国では資本がより多く賦存している。様々な財の生産は、異なるレベルの個別の生産要素を必要としている。衣服はより労働集約的であるし、穀物はより土地ないし資源集約的であり、自動車はより資本集約的である。土地または資源に恵まれた国は、とくに資本に恵まれた国と比べた場合、土地または資源集約的な財を、資本集約的な財よりも安く生産し提供できる。それゆえに、相対的に労働または資源に恵まれた国がより労働集約的または資源集約的な財を生産し、資本集約的な財については相対的に資本に恵まれた国との間で取引することが理に適っている。この二国間の貿易は二カ国の実質所得を増やすという結果になるのが普通である。

労働および資本が国境を越えて移動できるという事実、世界貿易のスタイルがつねに急速な変貌を遂げているという事実、および、いかなる経済から見ても数十年前との比較において中長期的に依存できる安定した産品および産業が少なくなってきているという事実にもかかわらず、これは真実である。[11] 実際のところ、世界貿易のスタイルの変貌と特注生産（カスタマイゼーション）の導入は、生産要素賦存の相対的な余剰によって決定される相異なる発展水準にある諸国間の国際分業に変更を加えてはいない。たとえば、テレビは白黒テレビからカラーテレビ、そして薄型テレビへと進化した。テレビの主要生産国は、テレビがハイテク製品であった一九六〇年代以前には米国であり、その後一九六〇年代から九〇年代までは日本、一九八〇年代から二〇〇〇年代までは韓国、そして今日では中国である。遅れて市場に参入してくるものは労働集約的な薄型テレビの組立作業に従事することになる。ちょうど一九六〇年代の日本、七〇年代の韓国、八〇年代の中国が白黒テレビ、カラーテレビ市場で競争に乗り出したときと同じように。

比較優位と競争優位の関係を明らかにしておくことは有益である。マイケル・ポーターはその影響力のある著作の中で競争優位という言葉を有名にした（Porter 1990）。ポーターは、国家は比較優位を追求するよりもその国の競争優位を高めることを追求すべきであると説いている。より具体的にいえば、国家はその国の産業が次の四つの条件を満たすことができればグローバル経済の中で競争優位を高めることができるというのである。第一に、その国の産業がその国において余剰のある比較的安価な生産要素を集中的に活用していること、第二に、その産業には大きな国内市場があること、第三に、その産業がクラスターを形成すること、第四に、国内市場が競争的であること、である。

第一の条件は、ある国の産業はその国の生産要素賦存により決定される比較優位と適合していなければならないということを実際には意味する。第三と第四の条件は、その国の産業がその国の比較優位と整合性のある場合にのみ成立する。さもなければ、前章で議論したとおり、それらの産業における投資は政府からの補助金や政府による保護に依存せざるを得ない。その場合、限定された数の企業のみが市場に参入できるということから、その産品の国内市場は競争的ではありえず、また、その産業はクラスターを形成しえない。したがってポーターの四つの条件は二つの独立した条件に減らすことができる。比較優位と国内市場のサイズである。この二つの中では比較優位が最も重要である。なぜならば、もしある国のある産業がその国にとって比較優位にあれば、その産品はグローバルな市場を持ち得ることになる。それゆえ世界の富裕国の多くが非常に小さい国なのである（Lin and Ren 2007）。

このような推論は、なにゆえ、『報告書』が指摘している成功した国々に関する定式化された事実1（「グローバルな経済を完全に理解してその利益を享受し、自国を除いた世界が知っていることを輸入し、世界が求めるものを輸出すること」）が、グローバル化された世界において比較優位に則り産業を発展させることを目指したこれらの国々の方針から導き出されたのかを理解するのに役立つ（Commission on Growth and Development 2008, pp.21–22）。実際に、もしある国がグローバル経済の中でその国の比較優位に則り産業を発展させるならば、その国は世界が求めるものを高い競争力でかつ利益を生む形で輸出できるであろう。またその国は、比較優位を持たない財およびサービスを生産することなくそれを輸入するであろう。このようなプロセスの中で、後ほど定式化された事実3を議論する際に説明するが、グローバル経済の中における生産要素賦存の構造と比較優位は急速に変化する。ある国がその国の比較優位の変化に則り産業の近代化に取り組めば、その国はより進んだ国々からアイディア、技術そしてノウハウを輸入することで、後から参入する者の強みを生かし、コストとリスクを減らすことができる。その国の経済は、とくに比較優位のない高度な産業を発展させることを試みるような国々と比べて、より開かれたものになるであろう。

ニキータ・フルシチョフ元ソ連共産党第一書記は、かつて、「経済学はわれわれの希望に対して十分な敬意を払わない学問である」と不平を述べたことがある。実際のところ、「陰鬱な学問」（経済学はしばしばそう呼ばれる）が、政策担当者が正しい決定を下した場合だが、満足すべき成果を出していることを知ったとしたら、フルシチョフは驚いたことであろう。これはとくにマクロ経済の安定（定式化された事実2）の場合に最も明白であり、これもまた、ある国がその国の開発戦略においてその国の比較優位に従っていることの帰結でもある。もしある国がその国の比較優位と整合性のある形で産業を発展させれば、その国の経済は国内市場でも世界市場でも高い競争力を持つようになる。総じてその国の企業は力をつけていくようになる。その企業の収益性は政府からの補助金や保護ではなく企業のマネジメントに依存するようになる。政府も次の三つの理由から強力な財務体質を持つようになる。

ある国がその国の比較優位と整合性のある産業を発展させたとすれば、競争力のない産業、通貨のミスマッチまたは財政上のショックによって引き起こされる国内の危機に影響される余地はずっと少なくなるだろう。またこの国は、産業の対外的な競争力ゆえに強力な国際収支を持つことになる。それは、もし最近起きたようなグローバルな危機がその国の経済を襲う場合、景気対策などその国の政府が採用しようとする政策を強くバックアップすることになる。

かつて英国の作家サマセット・モームは「金は第六感のようなものだ。これがないと、他の五感も十分に機能しない」と書いた。これはどの経済にもあてはまる。金融資源をつくりだすことは開発を成功させるための前提条件である。そして高い貯蓄率と投資率を記録すること（定式化された事実3）は、経済開発において比較優位を追求することの論理的な帰結でもある。そのような戦略は、その国の経済が競争力を持ち、経済的余剰（利益）の最大化をもたらすことを可能にするものである。競争力のある産業はまた、高い投資収益をもたらすものであり、それは貯蓄と投資へのインセンティブとなる。ある国が産業の比較優位を踏まえた開発戦略を追求した場合、貯蓄できる余剰は大きく、貯蓄および投資に向かうインセンティブも大きくなるので、その国は高い貯蓄率と投資率を持つことになる。グローバル経済におけるその国の比較優位もまた、相対的に労働集約的または資源集約的産業から相対的に資本集約的産業へと、段階的に変化する。それが先進諸国との間の構造的な乖離を急速に狭めていくのである。

ところでわれわれは、比較優位という概念は主として経済学者にとって意味を持つ概念であることを認識しなければならない。企業家は投入と産出の価格により決定される利益に強い関心を持つ。ほとんどの企業は利益を追求するために設立される。相対価格が生産要素賦存の構造の中においてそれぞれの要素の有する相対的な稀少性を反映してさえいれば、企業家たちは、技術を採用し産業に参入する際の意思決定において、生産要素賦存の相対的な余剰により決定されるその国の経済の比較優位に基づく行動をとれることになる。これは良く機能する市場を伴う経済においてのみ可能である（Lin and Chang 2009）。それゆえ市場システムに資源配分を委ねることと（定式化された事実4）が、経済がその発展の過程において比較優位を追求するうえでの前提条件になるのである。

質問があるかもしれない。もし、国家の発展が成功していくための制度的な基盤であるとすれば、なにゆえに信頼性があり実行力のある政府が必要になるのであろうか（定式化された事実5）。なにゆえ法と秩序を維持するだけの最小限の国家は経済発展にとって不十分なのであろうか。答えは、現代の経済発展は継続する構造変化のプロセスであり、そのプロセスには固有の市場の失敗がつきまとうという事実にある。構造変化は自然に起きるものではなく、市場の失敗を民間セクターが克服することを政府が能動的に支援しないかぎりは、その構造変化は非常に高くつくし、変化自体も緩慢になる。

生産要素が蓄積され国の比較優位がより資本集約的な産業に引き上げられるにつれて、その国の企業が活用する技術はより洗練され、資金需要は増大し、生産の規模や市場の規模も拡大する。市場の取引には相互に直接作用し合う主体が関与するようになり、また対等な当事者間での取引が増大していく。産業と技術水準を柔軟かつ円滑に引き上げるプロセスはそれゆえに、教育、財政および法制度のようなソフトなインフラと共に、電力、通信および道路等交通システムなどハードなインフラの同時並行的な改善を必要としている。企業は、この新たに引き上げられた産業と技術水準の中で取引費用を引き下げることができるようになり、生産可能性フロンティア（資源を使って生産可能な産出の最大数量の組み合わせ）に到達する（Harrison and Rodríguez-Clare 2010）。個々の企業がこれら変化のすべてを効果的、効率的に吸収し、またこれらの新たな挑戦に対して多くの企業の間で自然発生的に調整が行われるということが困難であることは明らかであろう。インフラ分野において変化をもたらそうとすれば、集団的な行動か、少なくともインフラ・サービスの供給者と企業との間において調整が必要になる。それゆえ、そのようなインフラ分野の変化をもたらすか、あるいは関係当事者間の調整を行うために、政府の役割が必要になる。

さらに経済の生産要素賦存構造の変化に対応して産業のレベルを引き上げようとすれば、先駆的な企業に追加的な費用を負わせることになる。ある国の潜在的な比較優位は、その国の生産要素賦存構造の変化によって決まるので、これら先駆的な企業がそれを正確に知るのは容易ではない。コリン・パウエル元米国統合参謀本部議長は、かつて、「成功に秘訣はない。それは準備、厳しい仕事、そして失敗からの学びの結果である」と語った。そのとおりである。先駆的な企業が成功と失敗の双方から得られる知識から貴重な情報の外部性が形成される。もし最初に動いた者が失敗すれば、その者は失敗のすべてのコストを負い、他者に対して同じような失敗を回避するようシグナルを送る。もし最初に動いた者が成功すれば、それは新たな産業の営みがその国の新たな比較優位に合致しているとのシグナルになるので、他者も追い上げるようになり、競争が発生するので、やがて最初に動いた者の独占レントは失われることになる。最初に動く者が失敗する場合のコストと成功する場合に得られる利益との間には非対称の関係が見られる。それゆえ政府はソフトとハード双方のインフラ改善に能動的な役割を演じるだけでなく、先進国でもみられることだが、先駆的な企業がつくりだす情報の外部性について補償していく必要がある。(12)

最後に、グローバル経済の中において競争力を有するためには、すべての産業における企業は、良い業務支援体制、設備の維持管理能力、技能労働者の供給等々を兼ね備える必要がある。これらすべてのサービスを確保するコストは、仮に同じ業種の多数の企業を同じ場所に配置することでクラスターを形成できればおおいに削減可能である。これはとくに、生産品の価格が高くなく取引費用を下げることが競争力を高めるうえで重要である開発の初期段階にある国々にあてはまる。もし産業のレベルの引上げと多様化が自由な状態で行われるとすれば、企業はあまりにも数多くの産業分野に分散してしまうかもしれない。その結果、いくつかの十分に大きなクラスターの産業のみが浮上し、「適者生存」を通じた進化は、非常に長く犠牲の大きいプロセスになってしまう。それゆえ、政府がその国の比較優位に適合するいくつかの産業へ企業が参入するよう促すことが望ましい。それがクラスター形成に要する時間とコストを削減することになる。

したがって、前述したような情報や調整に伴うコストおよび外部性を補償するような機能を担うため、国家として信頼性があり実行力がある政府を持つことが重要になる。国家はそのような役割を演じることによって市場の失敗を克服し、産業のレベルの引上げと構造転換を促進できるようになる。政府は、比較優位をフォローする戦略を採択し、その国の潜在的な比較優位に合致する産業を特定し、(13)これら産業における効率的な生産をもたらすためにソフトおよびハードのインフラを改善し、選定された産業に企業が参入しクラスターを形成することを促進しなければならない。(14)

『成長委員会報告書』で議論された一三の成功した国々はまさしくこれらのことを行ったのである。(15)成功した追上げ国の戦略を注意深く見ると、これらの国々の政策的な関与のあり方は、それらの国々の置かれた状況および新しい産業を興す上で固有の制約に依存していた。政策的な関与の内容は異なっても産業の発展のパターンは類似していた。これらの国々はすべて鉱業、農業、衣服、繊維、玩具および電子などの資源集約的ないし労働集約的産業から、段階的に資本集約的な産業に移行していった。[16] 新たな工業化の道を進んだ東アジアの経済は、たとえば、日本の生産要素賦存に類似した生産要素賦存構造を活用し、雁行パターンで国を発展させた。[17]

韓国の事例はそのような戦略をうまく説明している。韓国政府は産業のレベルを引き上げるために能動的な役割を担った。韓国は潜在的な（そして進化する）比較優位と整合性のある産業を登場させるようにその戦略を適応させていった。韓国では成長の初期段階においては、自動車分野の製造業は主に輸入した部品の組立（労働集約的であり、その時点における比較優位と適合していた）に集中していた。同様に電子分野でも韓国企業が初期段階で集中していたのはテレビ、洗濯機および冷蔵庫等の家電製品であった。その後、韓国企業は情報産業の中では最も技術的に複雑ではない製品であるメモリーチップスの製造に移行した。韓国の技術水準の向上ならびに物的資本・人的資本の蓄積は急速であった。これは韓国の主要な産業セクターの動向が、韓国の比較優位と変化していく比較優位のダイナミズムに合致していたからである。[18]

その結果、かつては一人あたりＧＤＰがエジプト、セネガル、ベネズエラより低かった貧しい農業国の韓国は、過去五〇年間の間に顕著な経済成長を達成し、自動車および半導体産業を発展させた。成功の秘訣は、韓国の戦略がその時点における韓国の比較優位とつねに適合していたことにある。最初は繊維、軽工業、その後は段階的に重工業、化学工業そして高度な電子工業へと移行するというように、である。韓国は一九七〇年代になって初めて、産業の産出物をより資本集約的・技術集約的産業の構成に導くような金属工業や化学工業の発展に舵を切った（Noland and Pack 2003）。これとは対照的に、労働集約的で資本が欠乏している発展途上国が、競争力を持ちえない資本集約的な重工業に即座にターゲットを絞り、工業化のプロセスを試みることで失敗してきた事例がある[19]。

信頼性があり実行力のある政府をつくりあげること、すなわち機能する国家をつくりあげること（定式化された事実5）は、それゆえに、その国が開発プロセスにおける比較優位をフォローする戦略を採択するうえでの前提条件となる。『成長委員会報告書』が成功した経済として取り上げた諸国のうち、多くの国が欧米スタイルの民主主義指導者を持たなかったという事実は、経済発展の成功をもたらす指導者のあり方は政府の形態とはほとんど関係がないことを示しているように思える[20]。最も重要だと思えるのは、政治指導者が「変化する経済的・政治的利害の間の細い道を歩みながら、政治的な領域における一定程度の安定性、一貫性および持続性を維持する」能力を持つことである。社会が成長し変化するに従い、指導者は成長のダイナミックスを損なわないように、政治、経済および制度的構造とその相互作用をつねに適応させていかなければならない[21]。良く機能する政府は、競争力のある市場を維持し、経済学上の理想的ファクターが欠けていることから生じる需給の不均衡という失敗を克服しなければならない。もし政府の目標がその国の比較優位と一致するように開発プロセスを促進することにあるのであれば、政府による政策的な関与はより容易にかつ効果的に行われるであろうし、その結果、政府の信頼は強化される。それゆえ、信頼性があり実行力のある政府の存在は、その国が自国の比較優位と適合した政策を追求してきた結果であるともみなされる。したがって『成長委員会報告書』が指摘している最初の三つの定式化された事実は、経済開発において比較優位を追求してきた結果であるといえるし、最後の二つの定式化された事実はそのための前提条件であるといえる。

最近のアクションSF映画「インセプション」は、人間の意識の中に入って行ける技術が存在する世界を描いている。主役を演じるのは俳優レオナルド・デカプリオだが、彼は人が睡眠状態にあるとき、すなわち意識が最も脆弱な状態にあるときに人の潜在意識の奥に潜む重要な秘密を盗み取ることに熟練した泥棒として、考え込んで次のように語る。「最も回復力のある寄生虫は何だろうか。バクテリアだろうか、ウィルスだろうか、回虫だろうか」。そのあと、彼は自分の答えとして、「それは思想（アイディア）である。回復力があって非常に感染しやすい。ひとたび思想が脳に根づいてしまえばそれを消し去ることはほとんど不可能である。人は思想を隠したり無視したりできるけれども、それはそこにとどまり続ける」と述べる。ハリウッド映画が良い知恵の源泉であるとは必ずしもいえないかもしれないが、この「インセプション」は良い知恵だ。ジョン・ケネディ大統領は思想の持つ驚くべき力を表現し、「人は死に、国には興亡があるかもしれないが、思想は死なない」と語った。それゆえに経済分野の政策策定における悪しき思想（アイディア）を回避することが不可欠なのである。

比較優位の原理から導かれる政策提言は、『成長委員会報告書』が特定している「悪しきアイディア」を途上国政府が回避することを助けるであろう。ほとんどの国が燃料補助金を将来性のない企業に提供する場合、二つの理由がある。政治的に強力な支持母体を満足させるため（政治的・経済的利害）または貧困層を助けるためである（平等の観点）。その場合、広範な政策措置によって消費者価格は市場価格より低く、生産者価格は市場価格より高く保つことになる。消費者および生産者双方のコストを低くするという目的のために、である（生産者ないし消費者への直接の現金移転、税控除、税還付、価格統制、貿易制限などの間接的支援メカニズムなどを通じてである）。

これらの大幅にコストがかかり持続可能でない政府の補助金は、産業構造からかなり逸脱した開発戦略にその原因がある。もしある国が開発戦略の中でその国の比較優位を追求していけば、将来性のない国営企業や民間企業はほとんどなくなり、企業助成の必要がなくなる。その国の労働集約的な産業は多くの雇用を創り出し、急速に貧困を削減する。貧困層に対し価格を歪めてまで助成する必要性はほとんどない。そして将来性のある企業は失業に対する最適な保険を提供する。それゆえ失業対策のために公的な雇用を確保する必要性がなくなる。さらに政府は、将来性のない企業を支援し助成する無制限の保護策を行う必要がなくなる。

良好な経済パフォーマンスは、おそらく政府の財政基盤を強固なものにし、大幅な財政赤字により引き起こされる気まぐれな予算政策（歳出カット、政府支出の遅延、給与遅延、給与凍結）を正当化するようなことにはならないであろう。同じように、その国の比較優位と適合する開発戦略を実践する政府は、良く練られていない輸入代替政策の枠組みにおいて生まれた将来性のない企業を助成するための過大評価された為替レートに頼る必要もなくなる。

『成長委員会報告書』が指摘している一三の成功した経済の良好なパフォーマンスを概念化させるうえで、比較優位の理論が役立つという点を前提として、一三カ国に先行して成長し成功してきた先進諸国がやはり同じような戦略を追求したのかどうかという点が重要な論点になる。産業のレベルの引上げや産業の多様化に関する歴史的経験および現代の経験は、開発プロセスにおける国家と市場の役割を理解するうえでの助けになるのである。

近代経済成長――先進国の秘密

もし比較優位を追求する戦略が構造変化や持続する成長を実現するうえでの聖杯であるとすれば、次の論理的な質問は、それをどのように実現するのか、である。今日の先進諸国が成長の初期段階において歴史的に経験したことを考察すると、経済発展における国家の役割を示すことで成功の秘訣への鍵を提供してくれる。今日の最も先進的な諸国が、強力な産業基盤を形成し長期にわたる成長のモメンタムを持続させる目的で、離陸《テイクオフ》と追上《キャッチアップ》げのプロセスに点火し、これを促進するため、政府による介入策にかなりの程度依存したという歴史的な証拠は数多くある。フリードリヒ・リストは、西側世界を初期の経済転換に導いた貿易および産業政策に関する著名な研究（List 1841）において、特定の産業の発展を支援するために政府が活用した種々の政策的な道具を記録した。政策的に支援されたこれら産業の多くは成功し、国家の工業発展の基盤となった。(22)

同様に、ハジュン・チャンは、今日の先進諸国が産業革命を経験した時期（一八一五年のナポレオン戦争直後から一九一四年の第一次大戦前までの期間）のこれらの国々の経済発展を研究した（Chang 2002）。彼は、これらの国々がそれぞれの追上げ戦略（catch up strategies）を実施することを可能にした国家の介入政策の様々のパターンを立証した。西側諸国が産業化を成功させた背景には、産業政策、貿易政策、技術政策に負うところがある。政府の介入は、輸入税の頻繁な導入や発展段階の産業保護のための輸入禁止から、独占的な援助と政府設立の工場からの安価な物資の供給、様々な補助金、官民連携および政府からの直接投資に及んでいる。これら政府による介入は、とくに英国ではオランダを追い上げる時期に、そして米国では英国を追い上げる時期に顕著に見られた（Trebilcock 1981）。

その頃は『成長委員会報告書』が取り上げた一三カ国の事例よりも国家の介入はより強力なものであったが、国際社会の環境はまったく異なるものであった。グローバリゼーションは初期の段階にあった。第二次大戦後の時代ほどには新しいアイディアや技術は自由には交換できなかった。そして当時の諸国間の分業は、情報通信費と輸送費の劇的な低下の恩恵を受けた今日のグローバルな生産ネットワークのような生産活動に基づくものではなく、商品取引に基づいて行われていた。さらに、遅れて来た国々は先進諸国を追い上げるのだが、当時の先進諸国は自国の技術と産業を強く保護していた。そのような条件下でも、成功した追上げ国は、全般的には自由市場を維持しながら、一人あたり所得水準が自国に近く、比較優位の構造が自国に近い先進諸国の市場にターゲッ

トを絞って追い上げていった。(23)

先進諸国は、「産業政策」という名のもとで公式に発表されることはないものの、技術革新、産業のレベル引上げや多様化を促進するための様々な政策を採用し続けている。特許制度を別にすれば、このような政策の典型的なものとしては、基礎研究、（無償の）委託契約、国防契約の割当および大規模な公共調達への支援が含まれる。これらの政策措置のうち、特許のみがすべての産業に対して中立的であり、他の措置はすべて特定の産業を念頭においたものである。予算上の制約があるため、基礎研究への支援についても、政府としては、あらゆる基礎研究プロジェクトの中から成功の可能性と技術的発展や産業のレベル引上げへの貢献度をベースに特定のプロジェクトを選定する。地方政府もまた、民間企業を特定の地域に誘致し新たな投資を促すためにインセンティブを提供する。これらの政策的措置の実施は、必然的に特定の産業や製品を選定することを意味し、それが結局は成功者を選ぶことにつながっていく。

良い例が米国である。政府は、ビジネス界や大学および研究機関等に対し、持続する成長をもたらすうえで重要となる新たなアイディアを見出すように強いインセンティブをつねに提供し、さらにそれらの新たに見出されたアイディアを皆に提供できるようにしてきた。また、多くの産業における技術・技能の基礎を構築するため、運輸分野のような主要な経済セクターにおいてはインフラを整備し、教育と訓練のための財政的な支援を行ってきた。そして、研究開発（R&D）と研究助成、特許、著作権の取得を常時奨励している。一九九〇年に立ち上げられた「先進技術プログラム」（Advanced Technology Program）は、将来有望なハイリスク技術のR&Dの促進におおいに役立っている。米国政府の補助金はまた、国防産業およびエネルギー産業を支援している。

第二次大戦後、現実に産業政策が議論されてきたヨーロッパでも状況は同じである。(24)実際上、宇宙計画アリアン（Ariane）、航空機産業エアバスはじめヨーロッパの顕著な経済的成功の多くは、欧州連合（EU）が主導する政治的な支援を伴ったＥＵ諸国の政府間協力の結果としてもたらされている。一九九〇年代の初めから、欧州委員会はこの課題に関して一連の政策ペーパーを刊行している。その中で一九九四年の「ＥＵのための産業競争力政策」と題する報告書は、より確固とした政府関与のための段階を設定している（European Commission 1994）。他の公式の戦略ペーパーは、産業空洞化のリスク、規制の重荷、ＥＵ拡大が欧州企業及びその立地に及ぼすインパクトについて記述している。二〇〇五年における「リスボン戦略」のレヴューにおいて、ＥＵ加盟諸国は「盤石な産業基盤を築き上げる」という目標を設定し、あらゆる形態のＲ＆Ｄおよびイノベーション、そして情報通信技術に対する重要性が増大していることを改めて確認した[25]。

フランスは、新しい技術や産業を発展させるために官民が協調する政府主導の経済プログラムをつねに支持してきた。政府はしばしば、民間セクターに対して直接的な補助金、税額控除または官営の開発銀行を通じた財政支援と資本を提供している[26]。英国では、自らを「市場を形づくるもの」（market shaper）と定義する政府が、最近、新たな産業政策を公表した。その政策は企業および起業家的な活動を支援することを目的としたものであり、具体的には、企業を立ち上げ拡大するための資金へのアクセス、知識の創造とその適用の促進、仕事を見出し将来のビジネスや産業を創り出す技能と能力の向上、最新の低炭素経済を支えるのに必要なインフラの投資、イノベーションと生産性の増大をもたらす開かれた競争力のある市場の確保、英国が特別な専門性と比較優位を有しかつ政府の措置がインパクトを持ち得る産業の強みを拠り所にすること、を含んでいる（Her Majesty's Government 2009）。

他の興味深い国はフィンランドである。フィンランドは、遅れては来たけれども成功した政府主導の産業化国家であり、その成功は、強い政府の介入策と民間のインセンティブを組み合わせることによって実現した（Jäntti and Vartiainen 2009）。政府の関与は強固な製造基盤を保証する産業資本を急速に築き上げることを目指すものであった。この国の成長のパターンのひとつの特徴は資本蓄積率の高さであるが、それはしばしば設備投資のための金利優遇および選択的な融資を通じた政府貸付の割当を前提とするものである。他の特徴は、とくにパルプ、製紙、金属加工分野の製造業というターゲットとされた分野に対する高い投資率である。卑金属、化学肥料およびエネルギー分野では国営企業が設立された。一九八〇年代においても国営企業が国の産業付加価値の一八%を占めていたのである（Kosonen 1992）。

ローマーは、構造転換、アイディアの普及および知識の蓄積を通じて、いかにして持続する成長を達成するかについての研究の結果を簡潔にまとめつつ、「より良い形態の政府関与のあり方を見出すこと、すなわちより良い経済的な効果をもたらし、より少ない政治的・制度的リスクによる政府関与を見出すことが挑戦なのである」と指摘している（Romer 1993, p.66）。ローマーはまた、「しかしエコノミストは、この種の分析が提起する複雑な政治的・制度的諸課題を回避し、その代わりに、望まれている政策的な結論ではなくそれを支える単純な経済モデルに取り組もうとする誘惑に駆られる」と指摘している（Romer 1993, p.66）。

繁栄の聖杯を探究するエコノミストおよび政策担当者にとっての真の挑戦は、民間セクターがその国の経済的な比較優位と整合性のある新たな産業を選定することを助けることにある。そしてそれは、生産要素賦存構造の変化をもたらし繁栄をもたらす新たな産業への企業の新規参入を促すことになる。次章ではこの挑戦を取り上げる。

註

（1）これまでの研究の主なものは、『東アジアの奇跡』（World Bank 1993）、『一九九〇年代の経済成長』（World Bank 2005）、『世

界開発報告　二〇〇七年』（World Bank 2007）などである。

（2）Commission on Growth and Development（2008, p. x）。この委員会のやり方はユニークだった。まず経済成長と経済発展に重要だと思われるテーマを選び出す。そしてその分野の世界中の学者、実務家にそれぞれの分野の論文を依頼する。それらの論文をワークショップで議論しあい、実務家と学者が意見を戦わせる。ワーキンググループのメンバーは、最終報告の草稿についてもコメントする。

（3）ボツワナ、ブラジル、中国、香港、インドネシア、日本、韓国、マレーシア、マルタ、オマーン、シンガポール、台湾、タイの一三カ国。

（4）二〇世紀後半より以前は、長期にわたるこのような高成長は観察されなかった。「奇跡の高成長」という人もいるだろう。しかし「奇跡」はおかしい。持続的高成長は説明できるし、他の国でも実現できるのだ、と報告書はいう。

（5）ウェーバーの考え方については、Weber（1958）を参照。

（6）アリは冬に備えて夏中働いて家を作り食べ物を蓄える。キリギリスは遊んでいて一所懸命働くのは格好悪いと考える。冬が来て報いを受ける。キリギリスは食べ物もなく住むところもなくどうしようもなくなってしまうのだ。

（7）シュンペーターの考え方については、Schumpeter（1942, p. 82）を参照。

（8）Torrens（1815）、Irwin（1996）を参照。比較優位の原理は一八四八年に出版されたジョン・スチュアート・ミルの『経済学原理』（Mill 1848）によって、経済学の重要な考え方と認識されるようになった。

（9）クルーグマンは、比較優位の原理が理解しにくいのは、三つの暗黙の仮定にあると考えている。第一は労働というひとつの生産要素の理論だということ。どの産業にも労働は自由に移動し、賃金はその国の労働市場で決定されること。第二は、標準的教科書の説明では完全雇用を前提とし、現在では中央銀行はＮＡＩＲＵ（インフレ非加速的失業率）近傍で安定化政策を採用する。第三は普通の教科書のリカード・モデルでは貿易が均衡する一期のモデルで説明されることだ（Krugman 1996）。

（10）ある時点の生産要素賦存がその国のその時点で使える総予算を決定する。総予算と相対価格が経済分析の基本的分析ツールである。家計と嗜好と企業の持つ技術が生産要素と生産物の相対価格を決定する。しかし要素賦存とその構造は時間の経過とともに変化する。このことこそ経済発展分析の出発点だ。第5章で論ずるヘクシャー＝オリーン貿易理論にもっと注目すべきだ。

（11）高所得国は労働力不足を補うために移民を受け入れるが、資本・労働比率は途上国の資本・労働比率にまでは低下しない。高所得国の資本は途上国に移動するが、途上国の資本・労働比率は高所得ほどには高くならない。もし労働や資本の移動によって資本・労働比率が同じになれば、所得も均等化するだろう。

（12）一般的にいえば、先進国の産業は世界の最先端に位置しているので、次の最先端は何かという不確実性に直面している。したがって政府のパイオニア企業支援も、大学における研究支援という形を取り、それは民間企業の研究開発、特許、税制優遇措置、防衛あるいは政府調達に外部効果がある。税制優遇措置や政府調達は、特定の産業あるいは個別の製品に対するものである。予算制約もあるので、基礎研究に対する支援も、将来性のある産業や製品に特化しなくてはならない。事後的な報酬ともいえる特許を除けば、政策支援は将来の成長産業を選ぶことだ。途上国、とくに低所得国での将来の成長産業を選ぶこと（pick winners）は失敗することが多い。第3章で論じたように、比較優位に合致しない産業を支援すると失敗する。

（13）ある国の要素賦存構造によって潜在的比較優位があっても、インフラやクラスターが不十分だと企業の取引費用が高くなり、国内市場でも国際市場でも競争力を持てない。

（14）ここでは開発戦略を、Rodrik（2005）がいうように、途上国の生活水準を先進国のそれに追いつくために政府がとる政策と制度改革と考えている。

（15）一三カ国のうちボツワナは例外的な国だ。ボツワナはダイヤモンドを産出し、ガバナンスも良い。しかし国は構造変化を積極的に支援していない。製造業のGDPシェアはわずか四・二%だし、失業率も高く、社会指標も悪い。残りの一二カ国と比べると、ブラジルは工業発展に積極的だった。ブラジルは天然資源も豊富で、人口も一億九四〇〇万人と多い。ブラジルは特定の産業に多くの補助金を与えたり保護する余裕がある。ブラジルと同じようにロシアも天然資源が豊富で人口も多いが、ブラジルほどうまくいっていない。それというのも、ロシアと違ってブラジルは、比較優位から乖離した野心的すぎる工業化政策をとっていない。ブラジルの航空産業をみても中距離の飛行機を生産しているのに対し、ロシアは宇宙産業で米国に対抗しようとしている。

（16）同じような発展段階にある国でも異なる産業に特化することがあるが、資本集約度は似通ったものだ。中国はエレクトロニクス、玩具、繊維製品といった労働集約的産業に特化しており、インドは、コールセンター、プログラミング、ビジネス支援サービスといった情報産業のうちの労働集約的部門に特化している。

（17）Akamatsu（1962）、Ito（1980）、Kim（1988）を参照。Hausmann and Klinger（2006）も、最近輸出構造の高度化について研究し、商品の高度化はジャンプするのではなくすぐ近くの高度化商品に移行するのが簡単であることを明らかにした。どの産業であれ、その産業に即した知識、物的設備、中間財、労働者の熟練、インフラ、所有権、規制、その他の公共財を必要とする。すでに確立された産業は、これらについて潜在的な失敗を排除してきたのである。少しだけ高度化するほうが、既存の投入を少し改変するだけでいいから、新産業を発展させるのは簡単である。

（18）比較優位構造の変化に対応した韓国の産業高度化については、Lin and Chang（2009）を参照。

（19）特定の国のケースについては第3章を参照。

（20）Acemoglu and Robinson（2005）によれば、民主体制は経済成長の要因というよりは結果のようだ。

（21）Brady and Spence（2010, pp.38–39）。実証研究によれば、経済成長に対する政治指導者の役割は、民主体制よりは専制政治体制下のほうがプラスであれマイナスであれ強い。Jones and Olken（2005）も参照。

(22) リストは経済的成功の様々なケースを記述している。イタリアのベニスからハンブルグやリューベックといったハンザ都市、国家ではフランス、ドイツ、オランダ、ポルトガル、スペイン、英国、米国まで。

(23) この点については第7章で論じる。

(24) 欧州石炭鉄鋼共同体（ＥＣＳＣ）は一九五一年に、欧州原子力共同体（ＥＡＥＣ）は一九五七年に設立された。

(25) 二〇〇五年一〇月、欧州委員会は七つの政策を打ち出した。(1)知的所有権に関する法体系を統合する、(2)競争力と環境保護を調和させる、(3)産業競争力を高めるような貿易政策を採用する、(4)建設業や食品産業に関する法律を簡素化する、(5)新技術や繊維部門の熟練労働不足に対処する、(6)ＥＵの他の政策（とくに構造基金）と整合的な構造変化を予測し支援する、(7)統合された研究とイノベーションを採用する（Commission of the European Communities 2005）。

(26) フランスにおけるイノベーションと成長を促進するためにいくつかの提案がなされている。最近刊行された二人の首相経験者（社会主義政権と保守政権）による「ジュペ＝ロカール報告書」は、三五〇億ユーロ（五二〇億ドル）の資金を調達して大学と研究に対する資金とし、グリーン経済とハイテクの振興によって経済成長を促進することを提言している（Juppé and Rocard 2009）。高速インターネット、グリーン都市、革新的な小企業、フランスの命運を握る航空産業と原子力産業などを振興しようというのだ。三五〇億ユーロの資金のうち一三〇億ユーロは危機の際に銀行救済に使われたものの返済資金を充て、二〇〇億ユーロは金融市場から調達する、というものである。

〔訳註1〕 Charles Maurice de Talleyrand（-Perigord）, 1754–1838. パリ生まれ。聖職者になるための教育を受け、一七八八年にはオータンの司教に任命された。一七九〇年には三部会に選出され議長を務めた。その後、一七九七年から一八〇七年まで総裁政府の外務大臣。しかしナポレオンの野心についてゆけず、反ナポレオン派のリーダーとなり、ルイ一八世のもとで外務大臣となり、フランス代表としてウィーン会議に出席、優れた外交手腕を発揮した。

Chapter 5 A Framework for Rethinking Development: A New Structural Economics

第5章　経済発展再考のための枠組み——新構造主義経済学

一九七〇年代半ば、私が台湾で陸軍士官学校の若い学生として訓練を受けていたとき、最初の、そして最も興味のあった訓練のひとつは、拳銃を完全に分解し、様々な部品をしっかりと観察し、それぞれの部品の機能、重要性、組み合わさり方を理解し、そして最後にそれらを組み立て直してすぐに一発撃つというものであった。その課題は、とくに、それまで拳銃を触ったことのなかった人にとっては困難であると同時に刺激的であった。それは、想像力をかき立て、学習能力および教える技術を私に与えてくれた。この訓練の主な目的は、若者が、明らかな謎《パズル》を解明し、恐怖心を克服するのに十分な自信をつけられるようにすることであった。

経済学者《エコノミスト》や政策担当者は、経済発展の問題に立ち向かう困難な仕事を二五〇年前後にもわたって行ってきた後、陸軍の新兵と同じような立場に立った。彼らは基本的に、本書の第3章および第4章で議論したように、パズルのほぼすべてのピースを自由に使うことができる。しかし彼らは、いまでも、失敗の恐怖を克服し、持続的成長の仕組みの謎を解き、一貫性と信頼性のある仕組みを組み合わせるように努力しなくてはいけない。

エルハナン・ヘルプマンは、「経済成長のミステリー」(the mystery of economic growth) という言葉をつくったが、経済成長というパズルのピースを正しく見極めている。ヘルプマンは、物的資本および人的資本の蓄積の重要性、物的資本および人的資本の蓄積率に対する技術的要因の影響、知識創造プロセスとその生産性への影響、異なった国の成長率の国際的相互依存性、そして、資本蓄積、イノベーション、変化を促進する際の経済的制度と政治的制度の役割、というような多くのテーマから構成される成長の経済学について説明をしている(Helpman 2004)。

私たちが直面している課題は、そのような要素にどのように対応するのか、そのような要素を説得力のある新しい理論や実践的な枠組みの中でどのように体系づけ、貧しい国の政策担当者が成長の謎を解き、構造転換の原動力を持続させることができるようにするのか、というところにある。その課題のむずかしさも、そしてそこから得られるあらゆる人々への見返りも過小評価することはできない。歴史学者のロバート・スキデルスキーが教えてくれたように、「何が経済を成長させるのかという問いは、理論的には面白く、現実的には重要である。経済成長の秘密、すなわち何が一人あたり所得を時間とともに増加させるのかについて明らかにすることができれば、経済を意のままに成長させることができ、その結果、貧困を撲滅し、すべての人々が豊かに暮らせる世界をつくることが可能になるであろう」(Skidelsky 2003)。

開発の失敗や成功と経済分析から得られる教訓は、経済発展に向けての新たなアプローチを精緻化するために使うことが可能である。そのアプローチは、産業や技術の高度化を継続的に目指しているすべての国に適用することができ、そこから、低所得国、中所得国、そして高所得国の政策担当者は、現実的な政策決定を導き出すことが可能である。

この章では、持続的成長というパズルのピースをつなぎ合わせていく。本章は、開発経済学の現状を再検討し、成長分析の新たな枠組みを提供する。ここで提案する枠組みは、経済発展のプロセスにおける構造変化の研究に新古典派的アプローチを適用したもの、すなわち新構造主義経済学(new structural economics)とよばれるものであるが、旧い学派である構造主義経済学（structural economics）の考え方を一部参考にしている。[1] この枠組みは、経済発展のプロセスを分析する際に構造的な特徴を考慮する必要があること、そして国家は市場経済の促進者として、途上国が後進的な構造から先進的な構造へ転換を遂げる際に寄与するということを強調している。しかし、「旧」構造主義経済学によって提案された、静態的で限定的な考え方とは対照的に、この新たな枠組みは、ある一国は何を持っているのか、すなわち、その国の要素賦存量（労働、資本、天然資源）についての分析から始めること、そして、その国が現在持っているものに基づいて、どのような分野でうまくやっていけるのか、すなわち、その国の比較優位に沿って、競争力のある産業や成長に適した領域の市場機会を明らかにすることを提案している。

開発へのこの新しいアプローチは、先進国と途上国の間の構造の違いは、それらの国々の要素賦存構造の違いによるところが大きく、また旧構造主義的アプローチが想定したような権力《パワー》や他の硬直的な支配権の分配から生じるというよりも市場の力によって決定されると考えている。したがって、このアプローチは、構造が経済発展において重要であることを認識し、市場が資源配分の基本的な制度であることを理解し、国家が経済発展の戦略的な促進者であることを受け入れることがいかなる国でも経済的成功の秘訣である、ということを議論する。このアプローチはまた、本章の前の二つの章（第3章および第4章）で紹介した成功と失敗の経験に関する分析と矛盾のない説明を提供する。歴史を通じて、自らの比較優位に従って産業や技術を選択した途上国は、国内外の市場で競争力を持つようになり、できるかぎり多くの経済的余剰を生み出し、できるかぎり多くの資本を蓄積し、できるかぎり速く人的資本、技術、産業を高度化している。これとは対照的に、自らの比較優位に従わなかった途上国は、経済的な停滞や様々な危機に直面している。

ブルンジはなぜスイスでないのか

開発経済学を学ぶ学生は、高所得国と低所得国のそれぞれで普及している産業や技術が異なるというむずかしい問題を単純に分析することによって、経済発展に関する探究を始めることが多い。多くの場合、その対照性は実に複雑である。経済の発展段階は異なるが人口規模がほぼ等しい二つの内陸国、ブルンジとスイスを考えてみてほしい。一人あたり国民総所得（GNI）が四〇〇ドル前後のブルンジは、農業が国内総生産（GDP）の三分の一以上を占め、また人口の九〇％以上を雇用している資源の乏しい国である。(2) ブルンジでは、一九六二年に独立を達成して以来、現在も依然としてコーヒーと紅茶が主要輸出産品の座を占めており、それら二品目で外貨収入の九〇％を獲得しているが、輸出金額そのものはGDPのごくわずかな部分でしかない。数十年の間、限定的にしか構造転換を遂げなかった他の多くの貧しい国と同じように、ブルンジの輸出収入は、すなわち同国の輸入支払い能力は、主に、天候とコーヒーおよび紅茶の国際価格に依存している。ブルンジの産業基盤は、毛布、靴、石鹸等の軽消費財、輸入部品の組立、公共事業、小規模な食品加工業といった部門に限定された状況にある。その結果、二〇〇九年時点で、主要電話回線は三万一五〇〇回線しか敷設されておらず、〔世銀の〕「ビジネス環境の現状指標」（Doing Business Indicators）では世界一七七位にランクされているといった極端に低い水準のビジネス環境指標に示されているとおり、ブルンジの企業はほとんど技術を使用していない（CIA n.d.; World Bank 2010a）。

ブルンジは、開発経済学者が一九五〇年代に観察した途上国の一般的な傾向を非常によく体現している。すなわち、貧しい国は、豊かな国とは違ったある程度共通した経済的特徴（使用する産業や技術のタイプ）を持っている。貧しい国は、農業部門に非常に高い割合の未熟練労働力を抱え、潜在的な不完全雇用あるいは偽装失業の状態にあり、農業部門以外の雇用機会を欠いている。貧しい国はまた、一人あたり資本が少なく、技術をほとんど使用していない。結果として、貧困国は生産性が低く、付加価値の低い食料や原材料を輸出している(Leibenstein 1957)。

対照的に、スイスは、非常に熟練度の高い労働力を擁し、一人あたりＧＤＰはブルンジの二〇〇倍以上だ。この一人あたりＧＤＰは世界最高水準である。労働力の規模はブルンジと同程度の大きさであるが、スイスの農業部門は同国のＧＤＰの二％以下にすぎず、サービス部門がその七〇％以上を占めている。スイスの経済は、金融サービス、そしてハイテクや知識集約型の生産に特化した製造業に主導されている。スイスで最も成功した産業としては、機械、化学、時計、繊維、精密機器、観光、銀行、保険があげられる。驚くことではないけれども、スイスは、高度な技術を使用しているという点で世界の中でも最高の国のひとつである。その高度な技術は、銀行、保険、テレコミュニケーション、電力、化学、時計、運輸、観光などの同国における主要産業の主力製品やサービスに体化されている場合がほとんどである。スイスのそのような産業のすべてにおいて、学際的な研究開発（Ｒ＆Ｄ）は優れ、かなりの程度情報技術（ＩＴ）をベースにしている。

これらの基本的な観察から興味深いことが見えてくる。一人あたり所得の違いは、産業と技術の違いに関連しており、それは、労働の限界生産性（他の生産要素を一定にしたまま、労働投入量を追加的に一単位増加させたときに生じる生産量の増加分）を決定づけている。発展段階の異なる国々は、経済構造や要素賦存も異なる傾向にある。一人あたりＧＤＰが約二〇〇ドルでしかないブルンジが、同国よりもむしろ人口規模の小さい、しかし四万ドルを超える一人あたりＧＤＰを誇る内陸国のスイスと同じような土地、資本、労働力、幹線道路、社会的制度、経済構造を持つことは期待できない。

ある国の要素賦存は、その国の相対的要素価格と最適な産業構造を決定づけ、次にそれらが企業規模の分布と企業にとってのリスクの特性を決定づける傾向にある。(3) 発展の初期段階にある国の要素賦存は、通常、資本が相対的に稀少であり、労働あるいは天然資源が相対的に豊富であるという特徴を有している。これらの国は、労働集約的あるいは資源集約的な生産活動（主に、最低限の生活を維持するための自給自足的な農業、牧畜業、漁業、採掘業）を行い、また、通常、ありきたりで使い古された技術に依存して、すでに定着している成熟した製品を生産する場合が多い。鉱業とプランテーションを除き、そのような国の生産は、規模の経済が限られており、家族ベースの小さな単位で営まれている。そのような国の企業は、通常、規模が小さく、市場取引は、インフォーマルで、知り合い同士の間の地元市場にほぼ限定されている。そのような生産や市場取引を促進するインフラと制度は、限られていて、未発展である。

ブルンジは、現在の発展段階では、ハイテクで知識集約的な生産に特化した金融サービス業や製造業に先導されるスイス型の高度なサービス部門をしっかりと形成することはむずかしい。どのような国の産業でも、現代世界において競争的であるためには、その産業が自国の持つ比較優位に一致している必要がある。そして、その比較優位は、当該国の要素賦存によって決定づけられる。したがって、労働集約的産業あるいは資源集約的産業から資本集約的産業への構造変化を促す原動力は、低い資本・労働比率から高い資本・労働比率への要素賦存の構造の変化である（Lin 2003, 2009b）。非熟練労働力と資源は豊富であるものの、人的資本と物的資本は稀少なブルンジや他の途上国では、労働集約的産業および資源集約的産業だけが自由競争市場において比較優位を持ち、国内企業に利益をもたらすであろう（Heckscher and Ohlin 1991; Lin 2003）。

高次の発展段階にあるスイスのような先進国は、完全に異なった要素賦存の構造を見せている。そのような国は、何代にもわたって資本を蓄積し、高水準の所得に達しているので、相対的に豊富に賦存している生産要素は、通常、資本であって、労働や資源ではない。このような先進国の経済は、生産面で規模の経済を持つ資本集約的産業に比較優位を持つことがほとんどである。スイス経済が、大量の非熟練労働力を必要とする伝統的な農業よりもハイテク産業に多くを依存しているのは当然のことである。世界の中で技術と産業の最先端に立つ富裕国は、技術革新《イノベーション》および産業高度化のために、創造的破壊、すなわち新しい技術や製品の発明をよりどころにしている（Schumpeter 1975; Aghion and Howitt 1992）。この高度化に寄与する個別の企業は、非競合性を持つ公共財としての知識（多数の利用者に使用と所有を認め、したがって、その国の他の企業にも利益を与えることができる知識）を生み出すような、リスクのある研究開発（R&D）活動に携わる必要がある（Harrison and Rodríguez-Clare 2010; Jones and Romer 2009）。

　このような理由から、先進国の政府は、大学の基礎研究に研究助成を行ったり、新発明に特許権を与えたり、新製品を供給する生産者を補助するために優遇税制、防衛調達、その他の形式の政府調達の機会を提供したりすることによって、個別企業のR&D活動を支援している。先進国で必要な、そしてチューリッヒのような活気のある都市で目立つ、ソフト面およびハード面のインフラは、低所得国のインフラとは非常に異なる傾向にある。先進国における資金調達は、大銀行や洗練された株式市場によって行われ、それらは、大量の資金を動員したり、リスクを分散させたりすることが可能である。様々な種類のハード・インフラ（幹線道路、通信ネットワーク、港湾設備、電力供給等）およびソフト・インフラ（制度、規制、社会関係資本《ソーシャル・キャピタル》、価値体系、その他の社会的・経済的取決め等）は、国内市場、そして国際市場のニーズに応える必要がある。企業間のビジネスは、距離が長くなり、数量と金額が大きくなり、もはやインフォーマルな取引ではなくなり、厳密に作成され、実行される契約に基づいて行われるようになる。

　ブルンジのような途上国の要素賦存を、相対的に労働力が豊富な状態から、スイスのように相対的に資本が豊富な状態へ変えていくことは可能である。ただしそれは、それぞれの途上国の生産サイクルで生み出した経済的余剰を資本として蓄積していくことを通じてのみ可能である。したがって、持続的成長を開始しようとしている国にとっては、自らの産業基盤をスイスのような高所得国の水準に向けて漸進的に高度化していく必要がある。

このようなことは、どのようにすれば、一貫性を持って、確実に、そして持続的に実現できるのであろうか。これは開発経済学最大の課題かもしれない。役に立つ開発理論は、産業と技術の選択および戦略的選択のパターン、そしてかつては、現在のブルンジの企業と同じような規模でしかなかったスイスの企業を世界のリーダーへと導き、それら企業に、人類史上最も成功した国のひとつであるスイスの発展を支え続けさせた要素賦存の高度化の動態的なプロセスを説明しなくてはいけない。それを実現するために、本章では、「新構造主義経済学」と名づけた考え方の枠組みを提案する。ここでは、発展段階の異なる国における産業と技術の違いについて説明し、貧しい国と豊かな国の間の格差を縮めるための道筋を明らかにする。

経済発展を理解する——概念的枠組み

労働者を雇用し、投入財を調達し、国外へ生産物を販売する必要のある個別の企業の中で、洋の東西を問わず、生産のあり方について観察することから始めよう。インフラは、国内企業の収益性にきわめて重要であり、個別の企業の取引費用や投資の限界利益率に影響を与える。ハード・インフラは、投入財の調達や産出物の販売の取引費用を決め、市場の範囲と大きさも決める。それはさらに、アダム・スミスがいう生産の分業の程度をも決める。ソフト・インフラもまた、ほぼ同様の効果を持っている。たとえば、金融関連の規制は、企業の外部資金を導入・獲得する能力に影響を与える。法的枠組みは、契約の作成と実行のコストを決定する。また、ソーシャル・ネットワークは、情報、資金、市場へのアクセスの容易さを決定する。

インフラの整備状況が、企業の取引費用、そして、所与の生産要素の賦存とともに、一国の生産可能性フロンティアへの近さを決定する。企業は、一般的に、生産費用を自ら管理することはできるが、取引費用を思いどおりに管理することはむずかしい。取引費用は、ソフト・インフラおよびハード・インフラの質に大きく依存し、それらのほとんどは国家が提供している。したがって、経済発展の動態的変化を分析すると、個別の企業は、多くのハード・インフラおよびほぼすべてのソフト・インフラを外部から提供され、生産に関する決定をする際、それらを内部化することはできないという事実が見えてくる。(4)

ブルンジの政策担当者は、既存の産業に、新しい、より良い技術を導入し、既存の産業を労働集約的あるいは資源集約的なものから、より資本集約的なものへと高度化していくことが常に求められている。そうしなければ、ロバート・ソローの新古典派的成長モデルが予測するように、一人あたり所得は停滞するであろう。(5) 国際的な産業の水準からみて、低次の段階から高次の段階へ、一国はどの程度の速さで移行することができるのであろうか。要素賦存は、時間とともに変化するものの、ある特定の時点では所与のものとしてみなされるべきである。確かに、ブルンジの首都ブジュンブラにある政府と民間部門は、必要に応じて海外から大量の資本と労働力を輸入することが理論的には可能ではあるけれども、グローバル化された世界でも、実際、ことはそう簡単には運ばない。(6) 途上国は、利用可能な後発性の利益と資本集約度の異なるあらゆる種類の産業を持っている。資本集約度の低いものから高いものへと産業の高度化を目指している途上国にとっては、まず、要素賦存を高度化していく必要があり、そのためには資本を労働力よりも急速に蓄積していくことが求められている（Ju, Lin, and Wang 2009）。

ブルンジのような途上国が、経済発展のプロセスにおいて産業のハシゴをのぼり、産業の高度化を進めていく際、資本財には不分割性という性格があるため、生産規模をも拡大させていく。産業の高度化《アップグレーディング》は、途上国を世界の産業フロンティアに近づけていく。新たな機会は、同時に、新たな課題をもたらす。産業構造高度化の間に、企業の規模、市場の範囲、リスクの特性が変化し、ハードおよびソフト両面のインフラサービスに対する要求も変化する。企業は規模を拡大し、より大きな市場を必要とし、それらに対応したインフラの変化が求められる。たとえば、資本の規模とリスクが増加すれば、インフォーマルな金貸しや小規模な地方銀行は、もはや企業のニーズに応えることができなくなってしまう。一国の産業構造の高度化についていくために、金融機関はそれに応じて、小規模で地元のインフォーマルなあるいはフォーマルな組織から、大規模で全国的な銀行あるいは株式市場へと発展していく必要がある。同様に、電力供給、道路、通信システム、港湾設備、事業規制、その他のソフト・インフラおよびハード・インフラを改善する必要がある。そのためには、政府は、関連する民間投資を調整するか、あるいはそれらサービスを自ら提供するかのいずれかを行わなくてはいけない。

インフラはなぜそのように重要なのか。アフリカの低所得国に立地し、アパレル産業のような労働集約的産業に携わる企業の生産現場における労働生産性は、中国やベトナムのような急成長する国の企業のそれと比べると、若干低いだけか、あるいはほぼ同水準である。しかし、中国やベトナムの企業よりも大幅に賃金率が低いにもかかわらず、アフリカの製造業企業は、世界市場において競争力がない。その理由は、頻繁に発生する停電、部品や技術者の不足によって生じる設備のメンテナンス不良、整備されていない物流システム、ひどい道路、役に立たない港湾設備、効率の悪い官僚的形式主義《レッドテープ》に代表される不十分なハード・インフラおよびソフト・インフラによって生じる取引費用の高さにある（Dinh et al. 2012）。

産業の高度化に対する私たちの理解は、現在、深まってきている。産業の高度化は、より洗練されたハード・インフラおよびソフト・インフラの必要性を高めることに加えて、途上国の企業が直面するリスクも拡大する。

途上国の企業は、世界の技術の最先端に近づいてくると、先進国から成熟技術を単に借りてくるだけではだんだん成功しにくくなってくる。それら企業は、多くのリスクを伴う困難な課題ではあるが、自らの新しい技術や製品を開発していかなければならない(7)。ブルンジが発展の初期段階にある場合、同国の企業は、どこでも手に入る成熟した技術を使用し、成熟した市場向けに成熟した製品を生産することが可能である。そのような発展段階で、資金供給者にとっての主要なリスク要因は、企業の所有者あるいは経営者の経営能力である。しかし、発展段階がもっと高くなると、ブルンジの企業は、新しい技術を開発し、新しい市場向けに新しい製品を生産していく必要性が生じるであろう。そのような企業は、経営能力から生じるリスクに加えて、技術と市場の成熟化から生じるリスクにいずれ直面するであろう(8)。ブラジル、中国、韓国のようなキャッチアップに成功した国々の企業は、いままさにその課題に直面している。

この視点から経済発展を見ると、重要な教訓が得られる。経済発展を分析するにあたって、所与で、根本的で、可変的なパラメーターから出発することは有用である。もしパラメーターが特定の時点において所与でない場合、そのようなパラメーターは分析の出発点としての役割を果たすことができない。もしパラメーターが根本的でない場合、分析結果は意味のあるものにはならない。また、もしパラメーターが可変的でない場合、その分析は経済の変化を促進するのに役立つ知識を提供しない。それら三つの特性を併せ持ったパラメーターが要素賦存であり、それは本書で提案される新構造主義経済学の枠組みの出発点である。

古典派経済学の伝統に従って、経済学者は、一国の資源を土地（あるいは天然資源）、労働、そして資本（物的資本および人的資本）から構成されると考える傾向にある。これらは確かに生産要素賦存であり、一国の企業はそれらを生産に使用することが可能である。概念上、インフラを一国の要素賦存のもうひとつの構成要素として加えることは有用である(9)。一国の全体的な生産要素賦存は、その国のある時点の総予算を決定する一方、要素賦存の構成は、その国のその時点の相対的要素価格を決定する。総予算と相対価格は、経済分析の最も重要なパラメーターの二つである。

一国の生産要素賦存の性質と構造は、人口増加と資本蓄積を通じて変化しうる。要素賦存の変化は、同時に、その国の総予算を増加させ、相対的要素価格を変化させるが、それらは企業が生産の選択をする際に最も重要な二つのパラメーターである。これは、一国の総生産は様々な財から構成され、それぞれの財は資本集約度の異なる技術を使用して生産されるというモデルで説明できる。資本がより豊富になり、したがって、相対的により安価になれば、最適な生産はより資本集約的な財へと移行する。同時に、より労働集約的な財は徐々に退出していく。そのような変化を反映して、その国は輸出財の資本集約度も引き上げる。

このプロセスは、次から次へと続く「V字型」産業ダイナミックモデル、いわゆる産業・貿易構造の雁行形態型経済発展パターンを生み出す[10]。さらに、生産における資本への需要とリスク再配分の必要性が増加するにつれて、金融構造は内生的に変化する（Lin, Sun, and Jiang 2009）。それによって、他の経済・社会構造も変化する。成功を収めた国は、そのようなダイナミックなプロセスを経験している。一国の産業構造は要素賦存構造によって決定されるので、成功を収めた国の要素賦存構造の変化にともなう産業高度化の経験を理解したり、習得したりすることから後発国は恩恵を受ける。

経済発展の最適な速度と順序づけ

ブルンジは、スイスの発展水準にいつごろ到達することができるのであろうか。それは、おそらくブジュンブラのほとんどの政策担当者が考えている重要な質問である。その回答は、経済発展の速度は最適なペースを超えて加速されるべきではなく、しばらく時間がかかるであろう、という冷静なものである。しかし、もし政府の戦略が正しければ、『成長委員会報告書』で取りあげられた一三の成功した経済の中のいくつかによって示されているように、一～二世代の間で達成可能である。一九世紀のデンマークの哲学者セーレン・キルケゴールはかつて、「ほとんどの人間は、喜びを追求する際にせっかちすぎるため、結局は、喜びを手に入れることができない」と述べている。同様のことは、自国の実際の要素賦存構造に比べて非現実的な経済目標を立ててしまいがちな貧しい国の政策担当者についても当てはまる。

一国のある特定の時点の産業構造は、その国の所与の労働、資本、天然資源の相対的な豊富さによって決まってくるので、産業の高度化および発展の速度は、必要とされる関連インフラの改善ならびに生産要素賦存の高度化の速度に依存する。それぞれの発展段階において、金融面、法制面、その他の面のインフラが異なるように、生産構造も異なるであろう。資本蓄積や人口増加にともなってその国の要素賦存は変化し、生産構造も以前の発展段階では最適だったものから別の構造に変化しなくてはならない。最適な生産構造を維持するには、その変化は、産業の高度化と生産および市場取引を促進し経済を新しい生産可能性フロンティアへ近づけるために新しいタイプのインフラが求められる。

比較優位に沿って一国の産業を育成することは、その国を競争的にする最善の方法であるだけではなく、その国の経済を発展させ、所得を引き上げる最速の方法でもある。なぜだろうか。競争力のある産業や企業が育てば、それらは、よりいっそう大きな市場シェアを獲得し、可能なかぎり大きな利益や給料という経済余剰を創出する。このことは、ブルンジにも、スイスにも、世界のどこか他の国にも当てはまる。産業構造が生産要素の賦存構造から見て最適であるため、再投資された余剰も最大限の利益を生む。この戦略は、時間とともに、その国の物的資本および人的資本の蓄積を可能にし、それは生産要素の構造および産業構造を高度化し、また、より資本集約的で、技術集約的な製品の分野で国内企業の競争力を、時間とともにいっそう強化する。(11) 経済学的な研究は、持続的な成長と開発に関するそのような基本的事実を見過ごしがちである。

米国の映画スターで女優のハル・ベリー〔訳註1〕が、かつて冗談めかして「今日、本当に競争的な市場に身を置きたいのであれば、おカネを稼ぐ映画俳優にならなくてはいけない」といっていた。歴史を通して、実業家は、自分たちの活動に関して同様の意見を持っている。自国に比較優位がある産業に自主的に参入したり、そのような技術を選択したりする企業にとって、価格システムはその国の生産要素の相対的な稀少性を反映するものでなければならない（Lin 2009b; Lin and Chang 2009）。このようなことは、競争市場を持つ国においてのみ起こりうる。したがって、競争市場は、一国の各発展段階における資源配分の基本的なメカニズムであるに違いない。

比較優位は、経済発展の後追い的なアプローチであり、貧困が重要な課題になっている国々の多くの人たちにとっては、遅々としていて、もどかしく思えるかもしれない。しかしそれは、資本を蓄積し、要素賦存の構造を高度化するための最速の方法であり、産業構造の高度化は、先発国ですでに開発されたり利用可能になったりした技術や産業によって加速されうる。それぞれの発展段階において、途上国の企業は、要素賦存の構造に適した技術を獲得したり、そのような産業に参入したりすればよく、それら技術や産業を一から開発する必要はない。(12) この既製技術の使用や既存産業への参入の可能性が、東アジアＮＩＥｓ数カ国の年平均ＧＤＰ成長率を数十年間にわたって八％あるいは一〇％にも達する水準で持続させた。

一国が産業や技術のハシゴをのぼるとき、その他の変化も多数発生する。企業が使用する技術は、より高度なものになる。生産と市場の規模が増大するにつれて、資本金も増加する。より多くの取引が市場条件による取引として行われるようになる。柔軟で円滑な産業および技術の高度化には、そのため、教育、金融、法律といった分野の並行した制度的改善が必要である。産業および技術の高度化は、通信ネットワーク、港湾設備、運輸ネットワークといったハード・インフラも必要とし、それらを整備することによって、新たに高度化された産業の企業は、規模の経済を実現し、最低価格の生産者になるのに十分な量を生産することが可能になる（Harrison and Rodríguez-Clare 2010）。

明らかに、個別の企業が、それらすべての変化を費用効率よく内部化することはできず、それらの新たな課題に対応するために、多くの企業の間で自発的に調整を行うことは、通常不可能である。価格つり上げについて談合したり、参加企業のすべてに利益のある大型投資プロジェクトについて議論したりするために、世界のいたる所で、ビジネス・リーダーたちのグループがひそかに集まっていることは容易に想像できる。しかし、高速道路、国際空港、あるいは大型の港湾設備などの建設プロジェクトのためにどのようにして共同で資金調達するのかということについて、同様のグループが議論している場面を想像することは相当むずかしい。また、国家の法律や金融のシステムを設計するために、そのようなグループが集まっている場面を想像することは不可能である。インフラの供給は、インフラ・サービスの提供者と企業の間で集団的行動をとるか、少なくとも両者間で連携することが求められる。したがって、そのようなインフラを自ら提供するか、あるいはインフラ提供者と企業の間を調整するかのいずれか一方が、政府の仕事になる[13]。

要素賦存と産業構造の高度化にともない、インフラもまた並行して、企業の取引費用を低下させるために改善される必要がある。このことを計画し実行するプロセスは簡単ではない。政府は、インフラを供給し、調整し、改善する役割をうまく果たせないことがしばしばある。そのような状況では、インフラは経済発展のボトルネックになってしまう。実際、経済成長は、制度的なサービス、すなわち本来の公共財に対する需要に絶えず変化を生じさせてしまうため、既存の制度的仕組みを時代遅れなものにしてしまう傾向がある。制度的な変化は集団的行動を必要とするけれども、ただ乗り《フリー・ライド》の問題に直面するため、しばしばうまくいかない（Lin 1989）。

したがって政府は、経済発展のプロセスにおいて、産業高度化によって生じるニーズの変化に対応するために、ハード・インフラおよびソフト・インフラの改善をタイムリーに促進することを通じて、積極的な役割を果たす必要がある。米国の第四三代大統領ジョージ・W・ブッシュは、しばしば自分自身を強硬な保守派と自認していたが、かつて「自由市場システムを守るために、自由市場の原理を断念しなくてはいけないことがあった」と打ち明けた。これは、二〇〇八年に発生した世界金融危機〔リーマン・ショック〕への対応策として実施を余儀なくされた大幅な政府介入について言及したものである。しかし、彼のこの発言は、市場を正しく機能させるためには国家が重要な役割を持っているということを認めていた(14)。

懐疑論者は、比較優位、すなわち後追い的な戦略は、途上国が永遠に先進国の後塵を拝するという結果しかもたらしえないのではないかという疑問を投げかけるであろう。答えは、明らかに「ノー」である。もし、途上国および先進国が、それぞれの比較優位に基づいて産業および技術を決定するのであれば、途上国は技術を主に輸入しており、その輸入費用は先進国がR&Dで要した費用よりもはるかに低いため、途上国の技術変化は先進国よりも速くなるであろう。

急速な技術革新は、より高い資本収益率と資本蓄積へのより強い熱意を生む。それは、成功している途上国の貯蓄率は、一般に、先進国の貯蓄率よりも高いからである。先進国よりも途上国において急速な資本蓄積が行われることにともなって、両グループ間の要素賦存構造と産業構造のギャップは縮小していくだろう。したがって、比較優位に沿って開発を進める途上国は、できるかぎり速いペースで先進国にキャッチアップすることが可能である。それこそ、まさに東アジアで成功した国々が成し遂げたことである。

要するに、新しい構造主義経済学は、次の四つの考え方に基づいて構成されているのである。第一に、ある国の要素賦存とその構造（天然資源、労働、人的資本、物的資本の相対的な豊富さとして定義）は、その国の発展段階を反映しており、ある時点では一定であるが、時間とともに変化していく。ある国の最適な産業構造は、発展段階が移行すれば、異なるものになる。産業構造の違いは、産業の資本集約度の違いに加えて、最適な企業規模、生産規模、市場範囲、取引の複雑性、リスクの特徴といったことの違いを意味している。結果として、それぞれの産業構造は、企業活動や取引を促進するために、それぞれに対応するソフト・インフラおよびハード・インフラの整備を必要とする。

第二に、経済発展のそれぞれの段階は、低所得で生存ぎりぎりの状態にある農業中心の経済から、高所得で工業中心の経済にいたる広い範囲の中のどこか一点にある。したがって、「貧しい国」対「豊かな国」、あるいは「途上国」対「先進国」といった通常使用されている二分法は役に立たない。発展のそれぞれの段階における産業構造は内生的に決まるので、途上国の産業高度化とインフラ整備の目標は、高所得国の産業とインフラを参考にするべきであるとは必ずしもいえない。

第三に、発展のそれぞれの段階において、市場は効率的な資源配分の基本的メカニズムである。加えて、経済発展は、ある段階から次の段階へ移行するダイナミックなプロセスであり、産業の多様化、産業の高度化、それらに対応するハード・インフラおよびソフト・インフラの整備を必要とする。産業の多様化と高度化は、イノベーションのプロセスである。多様化と高度化が進行するプロセスで、先駆的な企業は、その国の他の企業にとっての公知（公共財としての知識）を生み出す。それは、ひとつの企業が新しい知識を使用しても、その知識の利用可能性が他の企業にとって減少することはなく（非競合性）、また、どのような人をもその知識を利用しようとすることから、実際上、排除することはできない（非排除性）。ほとんどの場合、インフラ整備は、個別企業の投資の一部分にはなりえない。しかし、インフラ整備は、他の企業の取引費用に対して大きな外部性を生む。したがって、有効な市場メカニズムに加えて、政府による産業の多様化と高度化、およびインフラ整備を促進する必要がある。

第四に、特化、集積《アグロメレーション》、産業クラスターは、どのような産業であれ、取引費用を引き下げ、世界市場での競争力を強化するために重要であるので（Krugman 1991）、政府は、以下の条件に当てはまる部門に民間企業を誘致できるようなインセンティブを提供するべきである。そのような部門とは、当該国の比較優位に一致し、大きな世界市場を持ち、さらに高度化し多様化する大きな可能性を秘めている、という条件を満たすものである。そのような部門に民間企業を誘導するためのインセンティブは、民間企業がクラスターを速やかに形成したり、自然発生的な発展プロセスにつきものの無駄を省いたりすることに寄与するだろう。

新しいブドウ酒を新しい革袋に入れる

『聖書』や他の神聖な聖典は、新しいブドウ酒を古い革袋に入れることの危険性を私たちに警告している。私たちが読む『欽定訳聖書』〔ジェームズ王訳聖書〕には、「新しいブドウ酒を古い革袋に入れる人はいない。そのようなことをすれば、革袋が破れてブドウ酒は流れ出るし、革袋もだめになる。だから、新しいブドウ酒は新しい革袋に入れるものである。そうすれば両方とも長持ちする」とある。[15] 開発に対する新構造主義経済学のアプローチの中で述べた考え方は、新しいブドウ酒を古い革袋に入れるものとして、あるいは古いブドウ酒を新しい革袋に入れるものとして、初めは受けとめられることもあった。この新しい枠組みについて初めて説明した後、様々な聴衆から当惑した顔で見られていたことや懐疑的な質問を受けたことも覚えている。したがって、この枠組みは何が新しいのか、他の開発理論とどのように違っているのかについて、概要を説明しておくことは役に立つだろう。

すべての学習の試みと同じように、経済発展の考え方は、当然、発見、融合、継続、見直しの連続的なプロセスとなる。知識のこれまでの蓄積は、様々な背景や専門分野の学者が何十年にもわたって行ってきた研究の結果であり、理論的および実証的研究のいくつかの流れを通じて明らかになってきている。したがって、ここで提案している新しい構造主義経済学が、開発経済学の過去の研究、とりわけ「旧い」構造主義と類似している点および相違している点を持っているのは当然である。

類似点としては、新旧の構造主義経済学はともに、先進国と途上国の間の構造的な違いに基礎を置き、低次から高次の経済発展段階への移行を促進するために、国家が果たす積極的な役割を認めている。しかし、この二つのアプローチの間には、国家介入の対象と方法において大きな違いがある。旧構造主義経済学は、比較優位とは一致しない開発政策を提唱し、直接的な行政措置や価格の歪みを通して、先進的で資本集約的な産業を開発するように途上国政府に助言する。対照的に、新構造主義経済学は、市場が資源配分のために中心的な役割を果たすことを強調し、国家に対して、外部性や調整の問題に取り組むことによって、企業の産業高度化を支援するように助言する。

新旧の構造主義経済学の間の違いは、構造的硬直性の原因に対する異なった見方から生じている。旧構造主義経済学は、途上国において先進的で資本集約的な産業の発展を困難にしている市場の失敗は、誤った価格シグナルによって外生的に引き起こされており、その価格シグナルは、独占の存在、価格シグナルに対する労働力の屈折した反応、あるいは生産要素移動の不完全性によって歪められているということを仮定している。これとはまったく対照的に、新構造主義経済学は、途上国において先進的で資本集約的な産業が発展しないのは、それら諸国の要素賦存によって内生的に決定づけられているからであると仮定している。資本の賦存量の相対的な稀少性とソフト・インフラおよびハード・インフラの水準の低さは、既存の産業から先進的で資本集約的な産業への産業再配置を、その国の企業にとってもうからないものにしてしまう。

さらに、旧構造主義経済学は、国を二種類のグループにのみ分類する、すなわち、「低所得で周辺の国」対「高所得で中心の国」という二元的で限定的な世界観を前提としている。結果的に、先進国と途上国の間の産業構造の違いを二分法としてとらえている。そのようなヴィジョンとは対照的に、新構造主義経済学は、産業構造の違いを低次から高次までの多くの異なった発展段階の表われとして考えている。

新構造主義経済学は、途上国と先進国の二分法に異議を唱える。この二分法は、旧構造主義の学者に、経済発展とは、比較優位に従う国に対して、それぞれの発展段階で最適な経済構造になるように改善したり、調整したりする機会を与える連続的なプロセスであるという事実を見落とさせてしまった。その連続的なプロセスは、国に競争力を持たせることができるように、技術、産業、制度のイノベーションにおける後発性の利益から恩恵を受けることができるように、そして、できるかぎり速い方法で要素賦存と産業構造を高度化することができるようにする。旧構造主義者は、途上国をあまりにも頻繁に、一次産品価格の趨勢的低落を構造化した外部の支配的な政治勢力および経済勢力から被害を受けた、資源に依存する犠牲者としてとらえていたけれども、新構造主義経済学は従属論を否定している。ますますグローバル化する世界の中で、新構造主義経済学は、途上国が経済を多様化し、自国の比較優位に基づき、成長の促進と先進国への収束に寄与するような産業を構築するのに利用可能な知識を吸収することによって、不利な歴史的趨勢に立ち向かうための好機を見いだせるとしている。

新構造主義経済学と旧構造主義経済学の間のもうひとつの大きな違いは、経済運営のための主要な手段の使用に関する理論的根拠である。旧構造主義経済学は、経済活動における体系的な政府介入を近代化に不可欠な要素と見ている。「途上国」から「先進工業国」への移行を目指して使用された主要な手段は、保護貿易主義（幼稚産業の保護を目的にした政府による輸入関税の賦課等）、硬直的な為替レート政策、金融抑圧、多くの部門にお

ける国営企業などである。(16)

新構造主義のアプローチは、要素賦存構造の変化によって生じる比較優位の変化に一致しているかぎり、発展プロセスの中で産業のハシゴをのぼる際、輸入代替は途上国にとって自然な現象であると認識している。しかし、このアプローチは、低所得で労働豊富な、あるいは資源豊富な国において、その国の比較優位に一致しない、高コストで先進的な資本集約的産業を育成するために、財政政策やその他の歪みを持つ政策に依存する従来型の輸入代替戦略を否定している。このアプローチはまた、途上国の産業高度化は、人的資本および物的資本の蓄積や要素賦存構造の変化を反映した、その国の比較優位の変化に一致しているべきであるという考え方を強調している。これは、新規産業分野の企業の生存可能性を確実にする。

新構造主義経済学は、産業の多様化と高度化における国家の役割は、新規産業に関する情報を提供すること、同じ産業分野の異なった企業で実施される関連投資を調整すること、先駆的企業の情報の外部性に対して補償すること、そしてインキュベーション（起業支援）、海外直接投資の誘致、産業クラスター形成の支援を通じて新規産業を育成することに限定されるべきであると結論づけた。国家はまた、ハード・インフラおよびソフト・インフラの整備を主導し、個別企業の取引費用を低減し、自国の産業開発プロセスを促進していく必要がある。

この新しい理論の枠組みは、あまりに抽象的すぎるであろうか。どのような経済理論でも、その主要な付加価値の評価は、その理論が提供する新しい政策的な洞察力や研究課題の適切性について行われるべきであり、それについては次章で議論することにしよう。

註

(1) 新古典派経済学の慣例によれば、研究テーマが農業の場合、通常、その分野は農業経済学とよばれ、金融分野の場合、その分野は金融経済学とよばれる。その慣例にならえば、私の提案する分野は、構造主義経済学と名づけられる。しかし、Prebisch (1950)、Furtado (1964, 1970) といった構造主義経済学者による初期の業績や、Taylor (1983, 1991, 2004)、Justman and Gurion (1991) といった構造主義経済学者による最近の業績がある。彼らは、私と同じテーマを研究していたが、私とはかなり異なったアプローチをとっていた。私は、彼らの研究を「旧構造主義経済学」とよび、私の研究を「新構造主義経済学」とよんでいる。このよびかたも、新古典派経済学の慣例である。コース、ノース、ウィリアムソン、およびその他の経済学者は、一九六〇年代、制度の研究に新古典派的アプローチをとった際、自分たちの研究分野を「新制度派経済学」と名づけ、一九世紀末から二〇世紀初頭にかけて米国で台頭した、マルクス経済学的アプローチをとる「制度派経済学」と区別した。

(2) 一人あたりGNIは、ここでは購買力平価ベースで表示されている (World Bank 2010c)。

(3) 国際貿易の要素価格均等化命題は、輸送費用、分業、国家間の技術の違い等の理由から、現実的ではないであろう。また、資本の移動可能性は、国家間の資本・労働比率を均等化しないであろう。したがって、開放経済でも閉鎖経済でも、相対的要素価格は、要素賦存の構造に大きな影響を受けて決定される。

(4) ちなみにアダム・スミスは、『国富論』(Smith 1776) の第5篇の中で、生産要素の賦存とインフラ (公共事業と制度) の賦存の両方について論じている。しかし、アダム・スミス以降の経済学者は、インフラの役割をしばしば無視している。たとえば、アルフレッド・マーシャルの『経済学原理』(Marshall 1890) の中には、インフラに関する議論は出てこない。

(5) 既存の産業に、新しい、より良い技術を継続的に導入することは、近代経済成長の重要な側面である。低所得国の多くの人々は、生計を立てるために農業に依存している。農業技術の改良は、農家所得を引き上げ、貧困を削減する鍵である。しかし、既存の産業から新しいより資本集約的な産業へと多様化し、高度化を進めていかなければ、一人あたり所得の持続的な増加の範囲は限定されたものとなるであろう。したがって、産業の高度化および多様化の促進に関する基本原理は、技術革新にも当てはまるが、ここでの議論は、既存の産業における技術革新に対してよりも産業の高度化・多様化に対して焦点を当てている。

(6) 国境を越えた労働力の移動は、いまだに限定的である。金融資本は、労働力と比べると、より移動が容易である。しかし、インフラの整備が不十分であるために、途上国の産業部門に向けられた海外からの大量の資本の収益率は低くなりがちである。そのような資本流入は、一般的に、途上国における資本の稀少性を解消するほど大きくはない。したがって、要素市場のグローバル化の進展にもかかわらず、要素賦存は、どのような途上国においても、ある特定の時点では所与と考えられる。

(7) 一国が中所得国の発展段階に入ると、その国の産業のいくつかは、世界で最先端の技術水準に到達し、先進国の企業が退出した後の事業領域へ参入していくことになる。成功には負担がともなう。すなわち、最先端の技術水準に達した中所得国の企業は、それら産業部門の新しい技術や製品を開発するために、自らのイノベーションに頼らなくてはいけない。

(8)　技術革新、製品イノベーション、経営能力はすべて、企業の抱えるリスクの全体的な水準に影響を与える。しかし、それらの相対的な重要性は、産業によって、また国の発展段階によって大きく異なる。情報の非対称性の是正やリスクを共有できるような金融制度が求められる（Lin, Sun, and Jiang 2009）。

(9)　生産要素とインフラの違いは、以下の点にある。生産要素はその供給と需要を家計と企業が個別に決定するのに対して、インフラは共同的な行動が求められるために、個別の家計や企業の側で決定することはできず、コミュニティーや政府によって供給される。

(10)　このパターンは、Chenery（1960）およびAkamatsu（1962）の論文で実証され、Ju, Lin, and Wang（2009）によって定式化されている。

(11)　国家は自らの発展段階に応じて比較優位を持つ産業に特化する必要があるという考え方は、まるで、国家は自由で競争的な市場を持つ必要があるという考え方のようである。その考え方は、一国の経済を効率的に機能させるための理論的な枠組みを提供する。しかし、実際には、現実の世界で完全に自由で、競争的な市場を持っている国など存在しない。それと同じように、とくに、比較優位は時間とともに変化し、産業は瞬間的に変化するものではないということを考慮すれば、比較優位に完全に沿った国など存在しないであろう。自由市場からあまりにもかけ離れている場合、経済的な効率性が低下してしまうであろうことを私たちは知っている。同様に、一国の比較優位と大きくかけ離れている場合、歪みが生じ、成長率が低下し、マクロ経済の不安定化が高まり、所得分配が悪化するであろう。比較優位からの乖離の影響に関する実証的な分析については、Lin（2009b）を参照。

(12)　この部分の技術的な議論は、Krugman（1979）を参照。

(13)　政府のこの調整の役割は、途上国の政府に対して、かつて、しばしば提案されてきた調整の役割とは異なるということに留意してもらいたい。かつてのそのような「ビッグ・プッシュ」的な議論は、潜在的能力のある企業の操業可能性が、まだ存在していない別の企業の投入財に依存している場合、そのような潜在的能力のある企業は一社も出現しないという考え方を強調していた。そのような場合、政府は、上流の企業と下流の企業の同時的な創設につながるビッグ・プッシュを通じて、自国をより高水準の経済厚生の均衡へ押し上げることが理論上可能である（Rosenstein-Rodan 1961; Murphy, Shleifer, and Vishny 1989）。しかし、変化する世界経済環境のもとで、伝統的なビッグ・プッシュの議論の説得力は低下している。ここ数十年間の交通と情報のコスト低下は、国際的生産ネットワークの形成につながっていて、そこでは、先進国と途上国の両方を含む多くの国が、それぞれの国の比較優位に従って、最終製品のごく一部分のみを生産している。

(14)　危機の直後、ブッシュ政権は、世界金融危機の火付け役となった、いわゆる「不良」住宅ローンを買い取るための大型で緊急用の基金を創設した。当時の財務長官であったヘンリー・ポールソンは、米国経済を軌道に乗せるために欠かせないものが信用の流れであり、それを妨げている「非流動性資産」が根本的な問題であると述べた。ポールソンは二〇〇八年九月一九日に、「米国の市場と金融機関の信頼を回復させ、持続的な成長と繁栄を促進するために、私たちはその根本的な問題に取り組まなければならない」と述べた（Paulson 2008）。ブッシュ大統領は、自らの政権が一兆ドルに近い規模の金融救済法案を制定することを認めたり、投資銀行であるベア・スターンズや主要銀行の株式の買取りを支援したり、住宅ローン業界の巨人であるファニー・メイとフレディ・マックを政府の管理下に置いたり、マネー・マーケット・ファンド〔MMF、短期金融資産投資信託〕への保証措置をとったり、危機に瀕する保険業界の巨人アメリカン・インターナショナル・グループ（AIG）の安定化のために数十億ドルの資本を注入したりした。ブッシュはまた、民間自動車メーカーへの政府融資、そしてそれに続く国有化を支持した。

(15)「マタイによる福音書」第九章第一七節（『欽定訳聖書』）を参照。

(16) そのような介入は、政府の産業政策で選ばれた比較優位に沿わない優先産業分野において、生存能力の低い企業を保護することを目的にしたものである（Lin and Li 2009）。

〔訳註1〕Halle Maria Berry, 1966-. オハイオ州クリーブランド生まれ。一九九九年放送のテレビ映画「アカデミー 栄光と悲劇」でエミー賞やゴールデングローブ賞を受賞。二〇〇一年「チョコレート」で、アフリカ系アメリカ人として初めてアカデミー主演女優賞を受賞した。

Chapter 6 What Would Be Done Differently under the New Structural Economics?

第6章　新構造主義経済学では何が違うのか

米国の政治学者で国務長官などを歴任したヘンリー・キッシンジャーはかつて、「いかなる外交政策も——それがいかに優れていたとしても——わずかな人たちの意見でつくられ、すべての人の心に訴えるものでなければ、成功する望みはない」と述べたことがある。この警告は経済政策、とりわけ最も有力な見方に重大な変化を求める政策にも当てはまる。その変化が持つ現実の意味と利益を理解している政策担当者の多くに理解されるまでは、この政策が支持される可能性はほとんどないし、まして実行されるチャンスなどない。

ワシントンの世界銀行チーフ・エコノミストに就任して一年たった頃、新構造主義経済学の枠組みについて中心となる考え方がまとまってきたので、同僚に概要を説明したが、ただちに支持してくれた人は誰もいなかった。この時は、様々な分野から、開発に優れた知見と経験を持ったエコノミストが参加して、熱心にブレインストーミングを行った。こうした場合の常として、山のような質問と提言が出てきたが、その中には疑念を示すものもあった。

参加者の中にはマーティン・ラヴァリオンもいた。彼は、世銀の調査部門の局長であり、また私の最も親しいアドバイザーである。ラヴァリオンは、世界的に著名なオーストラリア人のエコノミストであり、多くの問題についての先駆的研究――とりわけ貧困の測定についての研究で知られている。彼は、強い信念に基づいて、自分の考え方を明確に主張することを楽しんでいることが多いが、その日は張り詰めた会議の中で巧みに自制していた。リラックスした態度と真剣な眼差しで、無邪気そうに静かにしていた。そして行きつ戻りつする議論にじっと聞き入りながら、時折メモを取っていた。最初は激しいやりとりに戸惑っているように見えた。しかし、議論が終わりに近づくと、一言私に質問したのである。「オーケー。新構造主義経済学が経済開発にとって、より良い分析ツールだと仮定しよう。仮にある国が実際にその方法をとったときに、どのようにして政府はマクロ経済政策、部門別政策、制度政策を実施していくのか。」

出席者の誰もがこの問いに対して黙ってしまい、議論は静まった。するとラヴァリオンは、「新構造主義経済学のもとでは経済政策がどのようなものになるのか、より明確に肉づけをしてみてはどうだろうか。そうすれば、新構造主義経済学が本当に斬新なのか、また適切なのかどうかを具体的に評価することができると思う」と提案してきた。これは良いアドバイスだと思った。新構造主義経済学についてどこが「新しい」のかという明白な問いに加えて、私が主張している理論的アプローチの政策的意味合いを研究する必要があるというのは、きわめて筋が通っていた。

私はこの問題についてきわめて詳細にわたる研究を始めた。しかし、次の会合では、同じく私の同僚であるシャーローク・ファードゥストが正反対の提案を行ったのである。彼も、実務的であることの重要性には同意するものの、他方でまだ実証的なテストによって補完する必要があるフレームワークを使って明確な政策提言を行うことは時期尚早なのではないかという懸念を示した。私が新構造主義経済学に基づいて立ち上げた調査プログラムの主要な結果が出るまでは、政策について結論を出すことは控えたほうが良い、と主張したのである。私の部局の業務戦略局長であり、世銀での経験も豊富なファードゥストは、この若干複雑な状況を私に切り抜けさせるためにすばらしい直観を働かせたのである。この現実的なイラン人のエコノミストは、洗練され、かつエレガントなやり方で、抜け目ない政策アドバイザーというものはどのように振る舞うべきかを心得ているところを示したのである。

米国の詩人であり脚本家でもあるエドナ・ヴィンセント・ミレイ〔訳註1〕は、かつて「私は良いアドバイスにほとんど注意を払わなくて良かったと思っている。仮にそのアドバイスに従っていれば、重大な失敗をせずにすんだとしても……」と述べている。私はその言葉の意味する知恵を理解し、高く評価しているにもかかわらず、時として高くつくかもしれない失敗を避けたほうが良いのではないかと思うことがある。信頼するアドバイザーたちのいろいろなアドバイスを考慮して、私は次のような結論に達した。すなわち、二人の意見は共に正しく、たとえ相互に矛盾しているように見えようとも、私としては二人の提案双方に従うべきであるということである。経済開発で説得力のある新たなアプローチの提案は、過去の失敗と成功――たとえそれが説得力があるとしても――の理論的説明に限定されるべきではない。しかし、カントリー・スタディーが行われている途中で、矛盾する可能性のある新型のアイディアに基づいて細かな政策提言を行うことは、あらかじめ決められた結論に飛びついているように見えるかもしれない。

この章では、ラヴァリオンとファードゥストの指摘した点について考えてみたい。開発についての議論の究極の目標は、貧しい国が持続的かつ包括的に経済と社会の発展を追求することを促すような政策提言を行うことである。新構造主義経済学は、新古典派的アプローチで、経済開発プロセスでの経済構造やその変化のパターンの特徴と決定要因について研究しようとするものである。前章で議論された、経済開発に必要な産業の高度化《アップグレーディング》と多様化を促進するために国が果たすべき役割を再検討することに加えて、このフレームワークは、開発分析の中心に構造を持ち込むことになる。これまでの構造主義経済学や新古典派経済学とは異なる多くの新たな政策上の知見を得ることができる。

新構造主義経済学から導かれる具体的な政策は、さらなる検討が必要であるし、各国の置かれた状況と環境に大きく依存するが、それでも多くの問題についていくつかの見解を前もって示すことができる。この章では、財政問題、資源国の歳入管理、金融政策、金融セクターの発展、貿易、そして人材開発の分野で、旧来の構造主義経済学、新古典派経済学、そして新構造主義経済学の間で、主要な政策についてどのような違いと類似点があるのかを検討したい。

財政政策――飛行機も鉄道も橋も無料？

財政政策はエコノミストにとっても政治家にとってもつねに魅力的なテーマであり、新しい開発フレームワークが実際にどのような変化をもたらすのかを考えるうえで良い出発点である。主要なマクロ経済手段である財政政策は、政府が租税、債務そして歳出を変化させることにより、総需要（経済全体の総支出）に影響を与えることになる。その結果、経済活動の水準や社会グループ間の富の分配に影響を与えることになる。財政政策が目標とするのは、経済成長を安定的なものとし、景気の変動を避け、不況期には景気を刺激し、弱者に対しては最低限の所得を保障し、インフレを抑制することである。こうした立派な目的についてはほとんどの人が賛成するだろうが、どのようにしてこうした目的を達成するか、またどのような手段を使うかについては、理論経済学者の間でも意見が異なる。これは、保守とリベラルというイデオロギーの差、また租税政策の効果および消費者や投資家の行動に関する予想について各々が持っている信念による部分もあると思われる。

英国における一九二〇年代の深刻な失業や大恐慌までは、エコノミストは一般的に、適切な財政政策とは政府が歳出・歳入のバランスを維持することだと考えていた。しかし二〇世紀前半に起きた危機から、政府は税と予算を使って経済の景気循環を相殺するというケインジアンの景気安定化の発想が生まれた。ケインズ理論では、生産高と雇用が自動的に完全雇用に向かうような動きは仮定されていない。確かにマクロ的な動きは、圧倒的に個々のケースで異なっているように見える。潜在的な産出力が連続的に増加していくことに注目したアダム・スミスのような古典派経済学者と違って、ケインズは財とサービスの総需要が、とりわけ景気の後退期においては経済の推進力となることに関心があった。こうした観点から、政府の介入によってマクロの需要を創出し、深刻な失業とデフレに挑むことを彼は主張したのである。(1)

合理的期待理論（そして新古典派経済学）を支持する人たちは、この前提を認めていない。信用創造が制限されている経済では、価格機能が十分機能することにより、通常は均衡に向かうと主張している。また、ケインズ理論が有効となるためには、政府購入の一単位の増加、すなわち総需要の増加が、少なくとも実質GDPの一単位の増加（すなわち乗数効果が一以上）につながらなければならないとしている。(2)彼らは、ケインジアン・モデルが一以上の乗数を仮定していること、つまり民間ができないことも政府には可能であるとする点については、きわめて懐疑的である。すなわち、社会的コストをほとんど使わずに――つまり他のGDPの要素（消費、投資および純輸出）を低下させることなしに、政府が遊休経済資源（使われていない労働者や資本）を稼働させることはできないと考えている。

ロバート・バローは、ケインズ型の積極財政政策を「極端な需要重視政策」とか「新ブードゥー経済学」と呼んでいる。(3)そして次のようにコメントしている。

［そのモデルでは］追加された公共財は、基本的に社会にとっては無料である。政府が追加的に飛行機を

買ったり、橋をつくったりすれば、経済の総産出高が拡大するので、その他の消費や投資を削ることなく、飛行機や橋をつくることができる。この奇跡は、遊休資源――失業者や使用されていない資本――を追加される財やサービスの生産に使うことで説明できる。仮に乗数が一・〇以上であれば、このプロセスはさらにすばらしいものになる。この場合には、政府による購入額以上に、実質ＧＤＰが増加することになる。つまり、無料の飛行機や橋に加え、残った財やサービスを使って民間の消費や投資を増やすことができる。このような場合には、たとえどこにも繋がっていないような橋であっても、また公務員が無駄に穴を埋めるだけであっても、財政支出を追加することは良いアイディアということになる。当然のことながら、もしこの仕組みが本物であれば、政府はなぜ追加的な購入をわずか一兆ドルで止めなければならないのか、という疑問が出るかもしれない（Barro 2009）。

米国の保守派コラムニストであるＰ・Ｊ・オルークは、「政府に金と力を与えることは、ティーンエイジャーにウィスキーと車のキーを与えることに等しい」と断言しているが（O'Rourke 1991, p.xxiv）、新古典派経済学者の中に彼の極端な見方に賛成する者はほとんどいない。他方で彼らの多くは、平時の乗数は基本的にゼロであるとするバローの意見には同意している。というのも、これは、政府には経済成長を創造することなどできないとする彼らの疑念にも一致しているからである。そしてリカードの等価性の罠の可能性、すなわち将来の期待に基づいて家計は消費と貯蓄のバランスをとる傾向があることを指摘している。(4) つまり拡張的財政政策（景気刺激措置）として実施される歳出増と減税は、将来返済する必要があるということである。したがって、ＧＤＰが所与であり、政府の支出によって他のＧＤＰ項目が同じだけ増加しないのであれば、乗数は一以下という結論になる。合理的期待理論では、財政緊縮政策が拡大政策へと変化する場合に、稀にではあるが乗数が負になる可能性すら指摘されている（Francesco and Pagano 1991）。

どちらの理論が正しいのだろうか。財政政策の本当の乗数は、ケインジアンがいうように、通常は正なのか、または合理的期待理論支持者が主張するように、ゼロか負なのか。この問いに対する答えは簡単ではない。各国の置かれている状況や環境、そして検討されている個々の財政政策に依存するからである。かつて著名なアルゼンチンの作家であるホルヘ・ルイス・ボルヘスは、「民主主義は統計の乱用である」といったが、これはこうした問いについて真実をえり分けることのむずかしさを表したものと思われる。

この本で提案されている新構造主義経済学は、ケインズ主義と合理的期待理論とを調和させることに役立つと思っている。そして景気安定化政策は、途上国にとって適切な財政政策となる(5)。基礎的なインフラを提供することによって産業の高度化を図ることが政府の役割であり、不況は主に三つの理由からインフラ投資を行う良いタイミングである。第一に、こうした投資は短期の需要を押し上げるとともに、長期の成長を促進する。第二に、投資コストは通常に比べて低い。第三に、将来の成長率と歳入の増加が投資コストを十分埋め合わせるので、リカードの等価性の罠を避けることができるのである（Lin 2009a）。

さらに、途上国政府が新構造主義経済学に従って、その国の比較優位に基づいた産業開発を促進すれば、経済は競争力を得るとともに、財政状況と国際収支も健全になる。これは、高い成長、強い輸出競争力が期待されるとともに、失業の増加や政府の支援で生き残っているような企業がなくなるためである。このシナリオでは、国内の経済危機の可能性もまたほとんどなくなる。仮に最近のグローバル危機のような外部からのショックが襲った場合でも、政府は景気安定のために財政刺激策を実施し、インフラと社会プロジェクトに投資することができる。こうした公的投資は、経済の成長力を高め、民間部門の取引費用を引き下げ、民間投資の利益率を高め、初期の費用に十分見合う将来の税収をもたらすことができる。途上国は実際に無料で飛行機や橋を手に入れることができる、それもロバート・バローが冗談めかしていったように、不況のときにこそできるのである。そのためには、市場テストで収益性を満たし、生産性を高め、ボトルネックを解消するようなインフラに賢明に投資することである。

金融で貧しくなるのか、それとも豊かになるのか

これまでの構造主義経済学では、金融政策については、（中央銀行ではなく）政府がコントロールし、金利と部門別の信用供与を監督すべきである、ということ以外は何もいっていない。しかし、途上国で十分な投資水準を維持し、資源を戦略部門に誘導し、失業を撲滅するためには、金融政策だけでなく、今後の投資需要に影響する他の多くの要因も重要であることも良く知られている。

キューバ中央銀行のウェブサイトをちょっと見てほしい。これは、新しい金融政策の最も良い例だろう。そこでは、キューバ中央銀行が、「国内経済と対外経済関係を構成するための新たな手法を開発する能力を備えた」機関であることがわかる（Banco Central de Cuba n.d.a）。その使命には、「国家の経済目標を達成することに貢献する金融政策」を提案し、実施することが含まれている。また、キューバ中央銀行の機能の中には、「経済活動を実行できるように金融システム」を改良し、「経済一般の効率性、とくに仕事の生産性」の上昇を促すような金融政策以外の政策も含まれている。金融政策の解説は、「キューバにおいては、主として金融について、市場経済ではなく、中央計画経済体制をとっているという特性について考慮する必要がある」という文章で始まっている（Banco Central de Cuba n.d.b）。そして、金融政策手段、法定準備率、為替と金利の管理などを中心に説明が行われている。残念ながら、国の経済優位性と一致する競争力のある産業の発展を金融システムが支援す

ることが保証されずに、純粋に計画経済の目的のために金融措置を実行しても、多くの場合貧困から脱け出すことはできない。

キューバや旧来の構造主義経済学の経済思想を取り入れた国の場合に見られるとおり、新古典派のエコノミストは、金融政策が産業振興に役立つかどうか疑っている。合理的期待理論によれば、金融政策の目的は価格の安定であり、これはインフレとデフレ双方の長期化を避けることを意味している。これは欧州中央銀行（ＥＣＢ）の立場であり、物価の安定は、価格メカニズムの透明性を高めることで、高い水準の経済活動と雇用を達成することに貢献しているとされている。価格安定のもとでは、全体の物価水準の変化に惑わされることなく、相対価格（異なる財の間の価格差）を認識することができる。この結果、金利のインフレ・リスク・プレミアム（名目資産の保有に伴うリスクに見合った代償）を軽減することによって、十分な情報に基づいて投資や消費の決定を行うことができ、資源をより効率的に配分することができる。また、実質金利も低下し、投資意欲も高まる。インフレやデフレの負のインパクトをヘッジするという非生産的な行動も避けられる。税や社会保障システムを通じて経済活動に歪んだ影響を与えることになるインフレやデフレの歪みも減少する。また、予想外のインフレやデフレの結果として生じる、富や所得の一方的な再分配も防ぐことができる。

金融政策の範囲自体は、これまでの構造主義経済学における中央銀行の場合と同様である。マネタリーベースの唯一の供給者として、中央銀行だけが銀行券と準備預金を提供できる。この独占的立場から、中央銀行は、銀行が中央銀行から借り入れるときの条件を決定できる。その結果、中央銀行はまた金融市場での銀行間取引の条件を変えることもできる。独立した中央銀行が短期金利を決定することは、一般物価水準を維持し（つまりマネーサプライの増加をコントロールし）、経済活動を刺激してインフレを惹起しないようにすることに役立つ。短期的には、中央銀行が直接・間接の様々な金融手段を通じてマネー・マーケットの金利を動かすことにより、経済主体の様々なメカニズムと行動が開始されることになる。[6] そして最終的には、この変化が、産出や物価などの経済変数の動きを左右することになる。このプロセス――金融政策の波及メカニズムは、これまでの構造主義経済学が想定していた以上に複雑なのである。[7]

　最近のグローバル危機までは、新古典派経済学者《エコノミスト》と欧米の大半の中央銀行は、それまでの金融政策手法の結果にきわめて満足していた。ここ数十年――少なくとも二〇〇七年の危機まで――世界全体でマクロ経済の変動が実質的に減少していることを評して、米国連邦準備理事会（ＦＲＢ）議長のベン・バーナンキは、「大いなる安定」(Great Moderation) とか「過去二〇年の経済展望における最大の特徴」と呼んだ (Bernanke 2004)。さらに、「ほとんどの人が、金融政策がインフレを安定化させるうえで大きな役割を果たしていることを認めるだろうし、米国のみならず世界中で、生産とインフレの変動が共に減少しており、金融政策が生産の変動を抑えることに役立ってきた」といっている (Bernanke 2004)。

　「大不況」(Great Recession) は、新古典派の金融政策に新たな知的課題を投げかけた。イングランド銀行の金融政策委員であるデヴィッド・ブランチフラワーは、「金融政策を担当する者として、現代マクロ経済学の最先端の手法は、われわれが直面している問題を解決するのにまったく役に立たないと思う」といっている (Blanchflower 2009)。

　ジョージ・W・ブッシュ大統領の経済諮問委員会委員長だったハーバード大学のグレゴリー・マンキューは、数年前に「新古典派経済学や新ケインズ経済学は、実際に金融財政政策に携わり、やっかいな責任を負わされているマクロ経済の実務家には、ほとんど無視されている」という見解を述べている (Mankiw 2006, p.44)。また同じく高い評価を得ている金融エコノミストのポール・デ・グラウエも同様に警告を発している。すなわち、「現在、中央銀行で使われているマクロ経済モデルは、マジノ線のようなものであり、これまではインフレに対する戦いの一部として構築されていた。中央銀行は、いま最後の戦いに備えている。しかし、金融の大変動や不況に対する新たな戦いの準備はできているのだろうか。明らかに現在のマクロ経済モデルは、こうした戦いに勝つためにふさわしい手段を提供するものではない」(de Grauwe 2008)。

新構造主義経済学では、先進国においては不況の時や設備が過剰な場合に、金融政策が民間投資や消費を刺激する効果がないこともある、と認めている。とくに、収益が期待できる投資機会が少なく、悲観的な見方が広まり、将来に不安があり、そして製造業、建設、住宅部門に過大な余剰能力があることから流動性の罠に陥る可能性が高い状況で、名目金利がゼロになっている場合などである。(8) しかし途上国の場合には、こうした流動性の罠に陥ることは考えにくい。国内の設備が過剰であっても産業高度化の余地は大きい。金利が十分低ければ、国内企業は不況のときでも生産性向上、産業高度化のための投資に着手する。さらに、インフラにも多くのボトルネックが生じやすい。こうした状況において、金利の引下げは、インフラ投資を促進させることになる。

こうした点から、新構造主義経済学では、途上国において金利政策を景気安定のための手段として、また不況期に将来の生産性向上に資するインフラ投資と産業高度化投資を促進する手段として使う可能性を考えている。このように金融政策は、反循環的に景気を安定化させるためだけでなく、戦略的に構造変化を強化し、途上国を豊かにするためにも役立つのである。

残された富——資源国における歳入管理

歳入管理の喫緊の課題としては——とくに途上国においては、資源から得られる富をどうするのかという問題がある。これまでの構造主義経済学では、世界経済を、中心部分（豊かで支配力のある国）と周辺地域（貧しい途上国）が、その交流から周辺地域に生じる多くの経済問題によって、本質的に結び付けられているシステムと考えてきた（Blankenburg, Palma, and Tregenna 2008）。したがって資源収入の管理を、途上国が中心と周辺の間の不均衡《インバランス》に対処する戦略を考えるうえで重要であるという観点から見てきた。たとえば、ベネズエラのフーゴ・チャベス大統領は、エネルギー産業の国有化を彼が考える「革命」と開発戦略の主な柱としてきた。これはまさに一九五〇年代、六〇年代に多くのラテンアメリカ、アフリカ、アジアの国々の指導者が行ってきたことである。[9]

アフリカの多くの国では、国がマーケティング・ボード（国が主要一次産品を買い入れ輸出などを独占する機関）をつくり、農業分野にもこうした政策を採用したが、ほとんど良い結果は得られなかった。ナイジェリアのパームオイル、セネガルのピーナッツ、ウガンダの綿、カメルーンのコーヒー、そしてガーナのココアでさえ、かつてはアフリカで最も成功した産業であった。しかし政府の誤った過剰介入によって、結果的にこうした作物の生産量は減り、輸出量も減り、海外市場からの収益も減少した（Bates 1981）。

こうした資源管理の方針については、主に途上国においてあてはまることであるが、政府は懐疑的になっている。米国のロナルド・レーガン大統領は、冗談めかして、「政府の経済の見方は簡単に要約できる。つまり、動くものには課税しろ、動き続けるものは規制しろ、そして動きが止まったら補助金を出せ」と言っている。この主張を支持している新古典派経済学では、資源国は国内と対外のインバランスを避けるような政策をとるべきだとしている。この観点からすれば、資源管理の主要な目標は、資源からの収入の相当部分を貯蓄し（多くの場合、将来の世代のために、中央銀行の分離された口座や信託に通常は外貨で預けられる）、ほんの一部だけを当面の消費に充てることとなる。短中期的にはこの政策は、商品価格が変動しても公的支出を平準化し、そして長期的には政府の総貯蓄を増やし、将来世代に十分な資源から得られる富の蓄積を確実なものとする。

また最近の新古典派の論文では、資源国における外貨準備の健全な管理がショックからの回復力を高めることが強調されている。健全な外貨管理は金融政策と為替政策に対する信頼を維持することにも役立つ。また、外貨の流動性を維持することによって対外的な脆弱性も軽減され、市場に対してその国が対外債務をきちんと履行することを示すことができるし、国内通貨を対外資産で裏打ちすることにもなる。さらには、国家的な災難や緊急時のための準備にもなる（IMF 2001）。

健全な外貨管理政策と運営は、健全なマクロ経済政策を支援することはできるが、代替することはできないので、新古典派経済学では、通貨の構成内容、投資先の選択、準備資産のデュレーションなどの資産運用政策を、その国独自の政策目標や環境と一致させるとともに、資産を保護し、いつでも利用できる状態に置き、市場の信認を得るのに役立つようにすることを求めている。また外貨準備運用の取引内容と結果についての明確な責任、制度と管理の健全性、慎重なリスク管理が確保されるように、透明性の高い枠組みが必要であることも指摘されている。

しかし貯蓄するだけでは、成功と持続的成長を維持するのにこれまでのところ十分ではなかった。資源からの収入について新古典派的な管理政策をとることだけでは、資源国の産業を多様化・高度化し、成長を加速し、成長の包括性と持続性を確保するうえでは十分ではないかもしれない（Hausmann and Klinger 2006）。米国の億万長者のウォーレン・バフェットは、かつて、投資家また資本家として驚異的な成功を収めた秘密を訊《き》かれて、二つのルールを答えた。「第一のルールは、けっして損をしないこと。第二のルールは、けっして第一のルールを忘れないこと」。バフェットの言葉は、成功とは健全な投資の決断をすることだというヘンリー・フォードの戒めを裏づけている。フォードは、「老人はいつも若者に貯金をするようにいうが、これは誤っている。倹約しないで、自分自身に投資するのだ。私は四〇歳になるまで一文も貯めなかった」といっている。

新構造主義経済学では、資源収入の適当な部分を人材開発、インフラ投資、社会資本投資に充て、産業の多様化や高度化を進めるために、比較優位がある製造業を発展させるインセンティブを与えることを奨励している。ポール・コリアーが主張しているように、今後一〇年、世界で「最底辺の一〇億人」(bottom billion) が住む最貧国は、天然資源がもたらす巨大なチャンスとリスクを管理していく必要がある。「中央アジアとアフリカは、資源採掘の最後のフロンティアであり、資源価格の高騰と最新技術により、これまで彼らの国土に埋もれていた天然資源が発見されるだろう。これが環境破壊と激しい略奪に終わるのか、それとも貧困からの目覚ましい離脱につながるかは、この国々が行う選択にかかっている。この選択は複雑であるばかりでなく、結果の差も大きい。環境対応をしながら天然資源を繁栄に利用していくことは、単に〝良いガバナンス〟の問題ではなく、一連の政策決定に当たって、国の経済を良く知っていることが必要となる」(Collier 2010)。

最も効果的にこれを達成するには、インフラや教育を中心に、持続的かつ包括的な成長を拘束している制約を除去するような投資をファイナンスするためにこうした資源を使い、最終的には比較優位のある製造業の多様化に向けて国内投資家にインセンティブを与え、海外直接投資（ＦＤＩ）を引き寄せることを目標にすることである。アフガニスタンでは、新しい空中探鉱技術を使って天然資源の探索が行われ、推定一兆ドルの鉱物資源が見つかったが、政府がただちに開発政策を採用し（そしてこれに対応した制度的枠組みを構築し）、収入の一部を持続的かつ包括的な成長に振り向けることが、決定的に重要である。そうすれば、たとえばコンゴ民主共和国など他の天然資源に恵まれた国がこうむったような、資源の呪いを避けることができるだろう。

天然資源開発は巨額の歳入をもたらすことができるが、通常は資本集約的であり、雇用機会の創出は限定的である。低所得国は、資源に恵まれていても、過剰な労働力を抱えており、雇用機会の必要性はとても大きい。私は二〇〇九年にパプア・ニューギニアを訪れたが、タブビルにある金と銅のオクテジ鉱山は、輸出の八割、政府歳入の四割を産み出しているにもかかわらず、わずか二〇〇〇人しか雇用していなかった。また検討中のパプア・ニューギニア天然ガスプロジェクトは、数年後に完成するとパプア・ニューギニアの国民所得を倍に増やすことになるが、新規の雇用は八〇〇〇人にとどまる。パプア・ニューギニアの住民六五〇万人の多くは、いまだに自給自足農業で生計を立てている。当然のことながら、近代的な鉱業の町で働く一部のエリートと、自給自足する農業従事者の間の生活スタイルの差が、社会不安の原因となっている。

同じような状況は、アフリカのボツワナでも見ることができる。ボツワナは、一九六六年の独立以来順調に成長を続け、『成長委員会報告書』でも一三の成功国のひとつとして取り上げられている。ダイヤモンド産業の大成功により、過去四〇年にわたってボツワナは奇跡的な成長を遂げてきたが、経済の多様化と雇用機会の創出に失敗したため、所得格差が拡がり、人的・社会的指標は悪化したとみられる。

さらに次の点も考えなければならない。パプア・ニューギニアのような資源も労働力も豊富な国は、労働集約型の製造業にも比較優位があるのか、ということである。私の答えはイエスだ。こうした国の賃金は低く、労働集約型産業の主要なコストは賃金であるからだ。したがって、労働集約型製造業は、インフラが改善され、取引費用が低下すれば、こうした国でも競争力を持つことができる。インドネシアとタイの労働集約型産業が良い例である。労働集約型産業は自給自足で生活している地方の過剰な労働力を吸収するだけでなく、こうした産業の発展が、引き続き高付加価値産業への高度化に道を開くことになる。フィンランドのノキアが好例である。今日、この国は洗練された携帯電話ビジネスの主要なプレーヤーとみなされている。しかしその経済発展は木材の伐採に始まり、それがゴム長靴のような労働集約的な産業に多様化し、その後〔オランダに本拠を置く電機・家電メーカーの〕フィリップスとの「相手先ブランド製造」（OEM）契約による家電製品の製造が始まり、最後に携帯電話に思い切って進出した。

天然資源を開発し輸出することは、いわゆるオランダ病を引き起こすのではないかともいわれる。石油、天然ガスそして鉱物資源の輸出は、為替レートを増価させ、製造業の輸出品の競争力を弱める可能性がある。そして、ナイジェリアのように天然資源からの富が有力者によって独占されるようなことになれば、資源は呪いになり得る。しかし、スカンディナヴィア諸国の例は、天然資源からの富をどのように管理すれば良いかを示している。透明性の高い運営と人的資本・インフラへの投資によって、労働生産性が上昇し、製造・取引費用が低下し、オランダ病による副作用が相殺されることが示されている。

スカンディナヴィア諸国の経験は、労働力と資源が豊かな国にとって貴重な教訓である。世界銀行の「採取産業透明性イニシアティブ・プラス・プラス」(Extractive Industries Transparency Initiative Plus Plus: EITI＋＋)において奨励されているように、天然資源からの富を、貧困、飢餓、栄養失調、文盲、疾病の撲滅に向け、労働集約型製造業の発展促進に向けた構造改革への支援に使う国であれば、「資源の呪い」を恩恵に変えることができる。こうした国はまた、資本を蓄積し、資源を高度化し、インフラを改善し、産業構造を改革する機会もあるので、労働力は豊富であるが資源に乏しい国に比べて所得の増加も速い。

構造改革を促進する経済開発戦略が必要なことは、生産現場のコストが同じであるにもかかわらず、非効率なインフラによって貧しい国が国際市場で競争力を失っていることを示すミクロ経済分析によって明らかである。アフリカ諸国での貨物運送料と保険料は世界平均の二五〇%であり、また道路運送ではアジア諸国の二〜三倍の時間がかかっている。(10) 資金と適切な政策が欠如しているために、こうした多くの国では大事な投資や補修管理を維持することができなくなっている。

最近の研究では、途上国における投資プロジェクトの経済的収益率は、通信で平均三〇〜四〇%、発電で四〇%以上、そして道路では二〇〇%以上となっている。タイでの停電による生産の損失は、二〇〇六年のビジネスにかかる間接費用の半分以上を占めている。公的な電力供給が信頼できないので、企業は自分で所有する発電機に頼ることが多い。パキスタンでは、二〇〇二年に調査した企業の六〇％以上が発電機を持っていた。発電機を所有するコストは高く、とりわけ中小企業には負担となるが、中小企業こそ雇用者が多いのである。こうしたコストは民間が負担することになるとしても、その便益は経済全体に及んでいる。

このように、新構造主義経済学から導かれた資源管理の効果的な戦略とは、収入を国家のファンドに貯蓄し、海外の株式やプロジェクトに投資することではなく、収入のかなりの部分を、経済発展や構造改革を促進するために国内や地域のプロジェクトに資金として提供することである。こうしたプロジェクトは、新たな製造業を起こし、経済を多様化し、仕事を提供し、そして持続的な高度化の可能性を提供することとなる。

金融の発展——われわれがつい悪口を言いたくなるあの銀行家たち

米国の詩人ロバート・フロスト〔訳註2〕の言葉で良く引用されるのは、「銀行とは、天気の良いときには傘を貸し、雨が降り出すとそれを返せというところ」である。金融システムの発展がうまく機能している近代経済にとって欠くことができないという点については、エコノミストの間でも広く意見が一致している。しかし、その具体的な役割と因果関係の方向性となると、一致の度合いははるかに低くなる。資本の蓄積がわずかであるという点もまた途上国が直面する主要な制約のひとつであるが、これまでの構造主義経済学では、市場の力だけでは克服できない広範囲にわたる市場の失敗から、途上国の金融セクターでは投資のための資金調達ができないとされてきた(11)。そして貯蓄資金を使って、進んだ資本集約型産業の発展を支援するための貸付を行うように、政府が介入することを求めている。そしてまさに、日本、メキシコ、セネガルというようなまったく状況の異なる国々において実行されたのである（Rocheteau 1982）。

一九六〇年代、七〇年代の途上国全体においてこうした政策の効果を分析してみると、政府が金利決定と資金の流れに数多くの介入を行ったことで引き起こされたインフレにより、国内の銀行貸付に必要な預金が縮小したことがわかる。これは「金融抑圧」（financial repression）という結果につながりやすい。つまり、法律や規制といった公式のルールを使った金融システムに対する政府の過剰な介入が、他の非公式な規範や非市場的な制限と一緒になって、その国の金融仲介機関が十分に機能することを妨げることになる。金融抑圧を引き起こす典型的な政策としては、低い金利上限、高い流動性準備率、高い預金準備率、厳格な資本管理、金融セクターへの（恣意的な）市場参入規制、貸付上限や信用配分の制限、政府による銀行の所有や支配が含まれる。(12)

東欧、旧ソ連、アフリカの国々の中には、国営企業が過剰に予算を使い、損失を出しているところもあった。こうした企業は倒産することが許されなかった。政府がつねに巨額の補助金や銀行からの低利ローンにより資本注入することで、破産しないようにしていたのである。こうして、より効率的に運営されるか、改革されるか、清算されるべき企業が、納税者の高い負担によって存続し続けたのである。これは「ソフトな予算制約」（soft budget constraint）と呼ばれるが、政府がこうした運営をしたために、国有金融機関に赤字が累積することとなった。そして、銀行ばかりでなく民間企業にまで自己抑制のビジネス文化を広めることとなった。金融システムは支配階級である多くのエリートにとって、富を生み出す手段となったのである。なぜならば、彼らは返済する必要がないことを知っていたからだ（Monga 1997）。米国の実業家ジャン・ポール・ゲティは、冗談めかして、多額の不良債権を抱えた銀行の問題を一言で述べた。「あなたが銀行から一〇〇ドル借りていれば、それはあなたの問題である。しかし、一億ドル借りていれば、今度は銀行の問題になる」。

このように新古典派の経済学者は金融自由化を擁護して、一般的に官僚には信用の配分と価格付けに効果的に介入するだけのインセンティブと経験がなく、明確な財産権の制度、良好な契約制度、競争が健全な金融システムの成立に必要な条件であると主張している。さらに「官僚による金融ビジネス」を批判し、国の関与が大きくなることで、金融セクターの発展は遅れ、成長率と生産性は低下し、金利のスプレッドは拡大し、民間信用とノンバンクによる信用は減少し、信用供与は一部に集中し、モニタリング機能が弱まって危機のリスクが高まる傾向があるとしている。そして政府は銀行への関与をやめて、信用の配分と金利決定についての規制を自由化することを求めている（Caprio and Honohan 2001）。また、バーゼル規制を実施する独立した金融当局をおき、大規模で近代的な銀行と株式市場を発展させるべきだと考える。

新構造主義経済学では、金融抑圧が有害であることを認めたうえで、発展段階にふさわしい金融システムを、その時の産業構造、企業の平均規模、典型的なリスク――その発展段階での経済要素賦存量に内在するすべての要素によって決定すべきであると考えている。

経済発展の初期段階では、生産要素の賦存量から資源と労働に集約的な産業に比較優位があることが多い。若干の大規模な鉱業やプランテーションを除けば、生産と雇用の大部分は農業、製造業やサービス産業の小規模な農場や工場で行われている。こうした企業が必要とする資本はわずかである。こうした企業では、成熟した技術ですでに成熟した製品の大半をローカルな市場向けにつくっている。また、標準的な財務書類がないことも多く、長期にわたる財務データもない。

こうした工場や農場に融資する際、リスクは主として経営者の運営能力である。そしてこうした融資に最も適した融資機関は、非公式な金融業者や小規模の地方銀行であり、小型の融資が可能であるほか、借入人と定期的に密に接触しているので情報にも通じている。(13)

経済の成長により生産要素賦存量が変わってくれば、工業や農場での経済活動もより資本集約的なものへと高度化し、規模も大きくなる。そして投資や業務に必要な資金規模も拡大する。また高度化により、市場規模も拡大し、技術も世界の先端技術に近づくが、同時にリスクも増大する。こうした新規のニーズに応えていけるのは、より大きな資金を動かせ、かつ大きなリスクをとることができる全国的規模の銀行や資本市場である。

途上国の金融セクター政策として、その国の経済の発展段階や構造を無視して、先進国と同じような大規模銀行と株式市場の発展が提案されることが多い。しかし新構造主義経済学では、低所得国は、先進工業国の金融システムをそのまま持ち込もうとするのではなく、小規模の地方銀行を金融システムのバックボーンにすることを提言している。これは、農業、工業、サービス分野の小規模企業がふさわしいサービスを受けるためである。そして産業が高度化し、経済がより資本集約型の産業に移るに従って、金融システムでも大規模銀行や洗練された株式市場の占める割合が大きくなる（Lin, Sun, and Jiang 2009）。

貧しい国に適した外国資本の必要性

経済などの社会現象に熱力学とベクトル解析を応用しようとしたことで知られる米国の科学者ハワード・スコットは、資本主義に強い疑念を抱いていた。彼はかつて冗談めかして、「犯罪者とは、略奪本能はあるが、会社を興すだけの資本を持たない者のことだ」と発言している。これまでの構造主義経済学者の中には、とりわけ海外資本に深い不信の念を抱いているものもいる。彼らの空間経済学でいう中心–周辺関係の視点から見た世界では、外国資本は先進国とその多国籍企業が有する手段であり、途上国を支配することで害を及ぼしてきたとしている。そして、国境を越えた自由な資本移動は資源の効果的な配分に役立てることができるという見方を拒否してきた。ＦＤＩ（国境を越えた持続的な利益関係や企業を効果的に管理するための外国投資）が途上国に流入することを、外国による所有と支配の道具であるとみなしている。

当然、新古典派経済学ではまったく違った見方をしている。国際的な資本移動にはいくつかのメリットがある。まず、貯蓄の少ない国も生産的な国内の投資プロジェクトに資金を引き寄せることができる。そして投資家は、投資を分散することができる。また投資リスクを広く分散することもできる。さらには異時点間の取引――つまり今日の財と将来の財との取引も促進される（Eichengreen et al. 1999）。このように新古典派では、開かれた自由化された資本市場は、貯蓄をより効果的に配分し、投資リスク分散の可能性も高まり、成長も加速され、景気循環も平準化されるなどの点から好ましいとされている。ただし、新古典派経済学者の中にも、不完全情報や巨大で不安定な資金の流出入、そして最善の結果を得られずに公共の福祉を害することとなる問題によって、途上国における金融市場の自由化が歪められかねない点を指摘する論者もいる。

新構造主義経済学では、途上国への外国資本の流入について、ＦＤＩは他の資本流入よりも好ましいとしている。これは、通常ＦＤＩがその国の比較優位を有する産業を対象としているからである。また経済恐慌の際にも、銀行貸付、デット・ファイナンス、証券投資などに比べると、急激に流出する可能性が低い。借入れや証券投資の資金が急に流出した場合のように、急速に金融危機が引き起こされることもない。さらに、途上国には欠けていることが多いが、産業の高度化は必須である、技術、経営、市場アクセス、社会ネットワークなども通常ＦＤＩにより入ってくる。

ＦＤＩは受入国において国内投資以上に生産性の向上と所得の増加をもたらすことが、実証研究において示されている（OECD 2002）。こうしたメリットについては計測がむずかしいものもあるが、ＦＤＩがベネズエラの製造業にマーケティングや購入後のサービスの面で貢献したという研究もある。ただし、輸入品に対する依存度が高かったために、後方連関（backward linkages）に正の波及効果をもたらすことには失敗した（Aitken,

Hanson, and Harrison 1994)。技術の波及効果を取り込めるかどうかは、吸収能力つまりインフラと教育の機能にかかっている。巨額のＦＤＩが流入している高所得途上国――香港、チェコ、メキシコ、フィリピンなどでは、労働市場と技術面での波及が確かにあった（Blomström, Lipsey, and Zejan 1994)。このように、対内直接投資の自由化は、広義の開発戦略上興味深いテーマといえる。

これに対し、有価証券投資《ポートフォリオ》――株式、債券およびマネー・マーケット商品の購入で、直接投資とは違って企業持続的な利益関係や効果的な支配《コントロール》を生み出すものではない――は、国際的に急速かつ大量に移動し、投機的取引（主に株式市場と不動産市場）を目的とし、バブルと市場変動を引き起こしている。これまでにないような短期資本の流入が、ギリシャ、アイルランド、スペインなどの欧州諸国において住宅バブルに資金を提供し、ユーロ圏の財政危機を引き起こした。同時に新興諸国への巨額の投資資金の流入が、株式と住宅のバブルや通貨高を引き起こし、危機のあいだマクロ経済の運営をむずかしくしたのである。

急激にかつ大規模に流入した投資資金は、二つの理由から、生産的部門よりも投機的部門に投資されることが多い点に留意すべきである。第一に、既存産業への大規模な投資は、資本収益率を低下させる可能性がある。第二に、急速かつ広範囲な産業高度化の可能性は、インフラや人的資本の制約によって限界がある。これが証券投資を慎重に行わなければならない理由である[14]。資本が乏しい途上国から資金が豊富な先進国への資金流入についてロバート・ルーカスが投げかけた疑問にも、新構造主義経済学は光をあてることができると思われる(Lucas 1990)。途上国の産業を改善し新たな比較優位産業に高度化していかなければ、蓄積された資本の配当は減少し、資本収益率が低下することで、先進国への資金流出を正当化することになる。

貿易政策のパラドックスの解決

「グローバリゼーションに賛成か反対かを尋ねることには意味がない」と、かつて世銀で私のポストにいたこともある前IMF副専務理事のスタンレー・フィッシャーは、アフリカ首脳会議の席上で述べたことがある。彼はさらに以下のように続けている。「この問題は、ブレトンウッズ諸機関に反対する昨年のデモの標語〝反グローバリゼーション世界連合〟(Worldwide coalition against globalization) に端的に示されている。すでにグローバリゼーションの時代になっているのである。われわれはすでにグローバル経済の中で生活しているというのが現実である。国境を越える貿易、資本、知識の量は膨大であるばかりでなく、毎年増加している。他国との交流を望まない国は、所得と人材開発の面で世界全体から取り残されるリスクを冒すことになる。それこそ世界の辺境となる真の脅威に通じる道である」(Fischer 2001, p.2)。

この問題に深い洞察を示したフィッシャーは、別の機会にも次のように述べている。「成長にはグローバル経済への統合という方向性が明確な政策的枠組みが必要であり、これには十分な証拠がある。このためには三つのグループが責任を負うことになる。まず国際経済の運用に責任を持つグループ、これは主に先進国の政府である。次に知的環境をつくるグループ、ここにはここの聴衆の皆さんばかりでなく、政府、非政府組織そして個人が含まれる。最後に、経済政策に責任を有する途上国政府である」(Fischer 2003, p.3)。

これまでの構造主義者は、グローバリゼーション――とくに貿易について、様々なアプローチを行ってきた。しかし、いずれの場合においても、グローバル経済への統合は、西欧諸国と貧しい国を支配してその経済を搾取する多国籍企業とともに、世界的な権力構造を維持するためのものであるという信念は一致していた。依存の罠から抜け出すために、これまでの構造主義者は、輸入代替戦略を優先し、先進工業国と世界市場で競争できるようになるまでは、途上国経済を守るために国を閉鎖しておくことを示唆してきた。

新古典派経済学者――その多くはスタンレー・フィッシャーのかつての学生や同僚であったが――は、一九八〇年代に正反対の立場をとった。途上国のマクロ経済危機の多くが対外的な問題であったことから、債務返済や輸入品の支払いに充てる外貨の不足がその直接の原因であると考えた。そこで、輸出収入により外貨を獲得するために、貿易の自由化と輸出の促進を進めるべきだ、としたのである。これもまた、長期的には対外指向の開発政策が国内を向いた政策よりも効果的であるとする見方と一致していた。この見方は、東アジア諸国で成功したように、こうした政策が未熟練労働者の需要を喚起し、結果としてその賃金を引き上げることになる点からも支持された（Kanbur 2009）。

輸出と輸入は、その国の生産要素賦存量（これが産業の高度化に必須であり、比較優位の変化をもたらす）によって決定される比較優位によって内生的に決定されるとする新古典派の見方は、新構造主義経済学でも同じである。グローバリゼーションは、途上国がその後進性をむしろ強みとして、すでに世界の最先端技術を持っている国よりも速いスピードでイノベーションと構造転換を行う道を開くことになる。したがって、経済を開放することが経済統合のために必須の手段となる。

しかしながらまた新構造主義経済学では、多くの途上国が、輸入代替というかつての構造主義経済学の戦略がもたらした長年の歪みを抱えたまま工業化のハシゴをのぼり始めることも認識されている。それゆえ、漸進主義的なアプローチで貿易を自由化することを提言しているのである。改革を進める間、比較優位のない産業を一時的に保護しながら、他方でこれまで管理・抑制していたより競争力のある部門への企業の参入を自由化し、促進するということも考えられる。新たに自由化された部門の力強い成長により、これまで優先されてきた部門の改革を行うことができるようになる。こうした実際的な複線工程アプローチは、改革に伴う大きな損失をこうむらずに成長目標を達成するうえで役に立つこととなる（Naughton 1995; Lau, Qian, and Roland 2000; Subramanian and Roy 2003; Lin 2009a）。

人材開発の謎を解く

探偵シャーロック・ホームズを生み出したスコットランドの作家アーサー・コナン・ドイル卿はかつて、「技術を持っていることも良いし、才能があることはすばらしい。しかし、適切な知己こそ、そのいずれよりも価値がある」という言葉を残している。彼の直観をもってすれば、経済学者のラント・プリチェットが「一体全体教育はどこへ行ってしまったのか？」という有名な論考（Pritchett 2001）で示した疑問に、答えが見つかったかもしれない。確かに、国別データを見ても、労働者の高学歴化による人的資本の増加と労働者一人あたりの生産性の増加との間に何の関係も示されていないことには困惑するばかりである。プリチェットは、結果が期待はずれとなった理由は三点あると推測している。第一に、誤った制度とその運用のために、教育資本の蓄積が経済成長を低下させた可能性がある。第二に、教育水準の高い労働力に対する需要が停滞していたにもかかわらず、供給が拡大したため、教育の限界収益が急速に低下したのかもしれない。第三に、教育の質が低いために何年通学しても人的資本を生み出すことがない可能性もある。

これまでの構造主義経済学では、経済成長における人材開発の役割についてはほとんど触れられていない。対照的に新古典派経済学では、一九世紀、二〇世紀に多くの国で見られた人口一人あたり所得の長期にわたる増加は、主に科学的・技術的知識の拡大によるものであり、これによって労働その他の要素の生産性が上昇した。経済理論上は、成長は新知識と人的資本の相乗作用の結果であるとされる。顕著な経済成長を遂げたすべての国々において、教育・訓練の大幅な増加と技術的知識の大躍進が同時に起こっている。経済成長に最も重要なのは、教育、訓練、健康など人的資本にとって重要な部門への投資であると考えられる（Becker 1975; Jones and Romer 2009）。

そうであれば、なぜ、プリチェットと同様な結論になったり、コナン・ドイルの皮肉な言葉に信憑性を与えるような実証研究が出てくるのであろうか。新構造主義経済学では、人的資本も国の資源の一要素とみている。経済主体にとっては、経済成長に伴う産業高度化と技術進歩が続く間、リスクと不確実性が生じてくる。様々な企業が、新しくより資本集約的な産業へと進化し、グローバルな産業の最先端に近づくとともに、より大きなリスクに直面することになる。

人的資本は、労働者のリスクと不確実性に対応する能力を高めるが、それには時間がかかる（Schultz 1961）。若いときに教育を受ける機会を逃すと、後になってそのロスを埋め合わせようとしてもむずかしいと思われる。ダイナミックに成長する経済では、新しい産業や技術に関連した一連の技能が必要になる前に、将来を見据えて人的資本に投資を行うことが重要である。しかし人的資本の進歩を、経済における物的資本の蓄積や産業高度化と同じ尺度で測るべきではない。さもないと、人的資本は不十分な投資による供給不足から経済発展の制約要因となるか、産業高度化の遅れにより、熟練技術を要する仕事を十分に提供できず、不満をもって高学歴の若者が溢れることになる。それはエジプト、チュニジアなどの国でおきた「アラブの春」を見れば、明らかだろう。

適切に策定された人的資源の開発政策は、いかなる国においても開発戦略全体の中で必要不可欠なものである。新構造主義経済学では、新古典派経済学における教育に対する包括的な処方箋を越えて、産業高度化を促進する人的資本へ投資するとともに、その資源を経済的にフルに活用できるようにする政策を開発戦略に含めることを提言している。こうした戦略の鍵は、人材開発は量と質の両面で行われるべきだというルーカスの意見を認めることである(Lucas 2002)。また、世代に応じた技能育成を促進し、労働市場で求められる技能を官民が緊密に協力して提供するための新しい政策も必要である。(15) 第二次大戦後、二五年以上にわたって七%以上の成長をした高成長国一三カ国のひとつであるシンガポールは、国策として人的資源開発を行った好例である(Osman-Gami 2004)。シンガポールの戦略では、学校教育ばかりでなく、現場研修が人的資本全体にとって重要であることも認識されている。そして人的資源政策は、継続的に見直され、他の国家戦略上の経済目標と整合性が図られている。

要約すれば、この本で提言されている新構造主義経済学は、経済についての理解の進歩と歴史的な教訓をもとに、社会の現実を正確に分析しようとするものである。しかし同時に、世界中の政策担当者が、繁栄への道をたどるうえで、成功の可能性を最大とするために使うことができる、実践的な枠組みでもある。そして開発担当者が効果的に使えるようにするためには、政策を実施するための一種のユーザーズ・マニュアルも必要となる(第7章を参照)。

註

(1) ケインズ主義者は時として、二〇世紀初頭の社会民主労働党時代のスウェーデンやナチ政権をすら成功事例としてあげることがある。また、購買力不足が大恐慌を引き起こしたとするフランクリン・デラノ・ルーズベルト大統領を引き合いに出すこともある。とくに米国が不況の第二波に襲われた一九三七年以降、ルーズベルト大統領は、種々のケインズ政策的措置を講じた。とりわけ第二次大戦開戦時の政策は世界経済の活性化に貢献し、経済史においてはとりわけ注目に値するとされている。

(2) オバマ米国大統領の経済諮問委員会で委員を務めていたクリスティナ・ローマーの推計では、米国における支出乗数は約一年半の間に一・六程度とされている(Romer 2009)。

（3）ブードゥー経済学という言葉は、経済成長を高めるためには所得やキャピタル・ゲインに対する減税のほうが良いとするロナルド・レーガンの経済政策を、ジョージ・H・W・ブッシュ［ブッシュ・シニア］が批判する際に使われたのが最初である。ブッシュはその後レーガン大統領のもとで副大統領に就任した。

（4）（デヴィッド・リカードが提唱し、ロバート・バローが具体化した）リカードの等価性の罠の基本は、公共支出による景気刺激という政策は必ず失敗するということである。これは、政府が公共支出の財源を捻出するために行った借入れを返済するために、将来のいずれかの時点で増税が行われるだろうということを国民が想定し、増税に備えて余剰資金を貯蓄するためである。リカード理論に反論する人たち——主にケインジアンであるが——は、議論の前提となる仮定の非現実性を強調している。すなわち、完全な資本市場の存在、家計と企業がいつでも希望するときに借入れや貯蓄を行うことができること、そして自分たちが生存している間には起きそうにない将来の増税に備えて個人や企業が貯蓄しようとする意思などの仮定である（第1章参照）。

（5）いくつかの実証研究によれば、財政政策は通常、景気循環と無関係か反循環的であるが、途上国においては全体的に循環的になっている。この結果は、Gavin and Perotti（1997）で初めて示された。その後、若干の反論はあったが、最近ではIlzetzki and Vegh（2008）で確認されている。

（6）流動性管理によって金利をコントロールすることに加えて、中央銀行は金融政策のスタンスを市場に示すことも可能である。通常、これは金融機関との取引条件を変更することによって行われる。さらに、金融市場が適切に機能し、金融機関が必要とする流動性を問題なく調達できるようにすることも中央銀行の目的に含まれる。これは、金融機関に対する通常のリファイナンスや、日々の帳尻を処理したり一時的な流動性の変動を緩和するための金融機関に対する与信供与によって実行される。

（7）新古典派経済学では、貨幣量の変化が、長期的には——つまり経済全体に波及した後では、一般物価水準を変化させるという見方が広く支持されている。しかしこれは、実質産出額や失業のような実質の経済変数の恒久的な変化をもたらすものではない。この「長期的な貨幣の中立性」として知られる一般原則は、あらゆる標準的なマクロ経済の議論の基礎となるものである。実質所得や雇用水準などは、長期的には技術、人口増加、経済主体の選択などの実質要因によって決定される。

（8）過剰設備を抱えた先進国においても、流動性の罠と同じような問題が起きる。多くの企業の業績が悪化し、なかには倒産したり、解雇を行う企業も出てくる。この結果、労働市場の需給は悪化し、賃金が低下し、雇用の安定も損なわれる。雇用不安が続く間は、たとえ低金利であっても、消費は低調になると考えられる。実際、金利が低下しても、二つの理由から投資が伸びないと思われる。まず、既存の過剰設備を抱えた産業に投資をしても利益があがるとは考えられないことと、既存のグローバルな技術研究開発が新産業へと高度化されるかどうか不確実なためである。

（9）国営石油会社の民間パートナーに対する未払いについての紛争から、二〇〇一年に政府は数カ月にわたって停止していた主要な一連の石油掘削装置を国有化した。ロイターによれば、ラファエル・ラミレス石油大臣は、石油掘削装置の稼働を拒否した企業は、政府の弱体化を図る陰謀の一環であり、その装置を再稼働させるために国有化した、と語った。

(10)　コストが二五〇%高くなる（UNCTAD n.d.）。

(11)　Hirschman（1958）を参照。Gerschenkron（1962）にも同様の指摘があり、金融機関が脆弱な場合には、民間セクターだけで金融アクセスの問題に対応するには限界があるとしている。

(12)　McKinnon（1973）、Shaw（1973）を参照。金融抑圧が経済成長に与える負の影響に関する実証研究については、Roubiniand and Sala-i-Martin（1992）を参照。

(13)　上場と財務開示の固定費用が高いので、小企業にとって株式市場における資金調達はむずかしい。大銀行も、財務記録の不足や貸付の規模に比べて取引費用が高いことから、小企業に対して一般的に好意的ではない。マイクロファイナンスは、小企業であっても、ビジネスに必要な資金としては不十分である。

(14)　ＩＭＦの報告書では以下の懸念が示されている。「たとえ現在の状況から必要であったとしても、低金利政策は金融安定に対する長期的な脅威となる。先進国で景気が停滞している場合には、低調な経済活動に対する自然な政策対応として、低金利は適切である。それにもかかわらず、多くの先進国において、経済部門の中には金融の修復と回復プロセスの罠に落ちてしまっているところがある。つまり、バランスシートの修復が不十分なのに、他部門が利益追求のために借入れを増やし、結果としてふたたび脆弱化してしまうわけである。さらに低金利は信用創造を、シャドー・バンキング・システムのような不透明な流れに移してしまっている。こうした状況は、クレジット・サイクルの変化がより急激かつ大幅になる可能性を高め、新たなショックが起きたときに、資産の劣化をより大きくするリスクを高めることになる」（IMF 2011, pp.ix–x）。

(15)　Carneiro and Heckman（2003）は、経済社会的な成功に関する社会集団間の学校教育と他の要素とのギャップを説明するうえで、若年期に習得された認知能力および非認知能力双方の重要性を指摘している。また、若年期に習得された場合には効果が大きいが、後になって改善や補完を目的として習得された場合には、低い効果しか得られないことが、実証的に示されている。

〔訳註1〕　Edna St. Vincent Millay, 1892–1950.　メーン州ロックランド生まれ。第一作『再生』（一九一二年）で名声を得る。ソネット（十四行詩）にすぐれ、『竪琴織りその他』（一九二三年）により女性で初めてピューリッツアー賞を受賞。

〔訳註2〕　Robert Lee Frost, 1874–1963.　カリフォルニア州サンフランシスコ生まれ、ハーバード大学中退。『ニューハンプシャー』（一九二三年）『詩集』（一九四二年）などで四度ピューリッツアー賞を受賞。

第7章　新構造主義経済学の実践——二つの工程と六つの手順

Chapter 7 Putting the New Structural Economics into Practice: Two Tracks and Six Steps

世界中どこにいてもPCのマウスのクリックひとつで、タイの宝石地区、トルコの皮革地区、ジンバブエの茶だけの単一商品地区、インドの輸出向け単一工場群、ドミニカ共和国の単一企業地区を訪れることができる(ILO n.d.)。また、投資誘致機関が作成するすばらしいパンフレットをファイルで入手することもできるし、そこには国が外国投資家に提供する多様な奨励策が満載されている。ネットワーク上の仮想画像やファイルに不信を感じるビジネスマンは、実際にこれらの国や工場に行って、特別地区に指定されている広大な土地を訪れることもできる。たとえば、モーリシャスは潜在的な漁業養殖場への視察ツアーを用意しており、熱帯海域の魚介類が養殖できる礁湖《ラグーン》の周囲を見ることもできる。

近年の低所得国が提供している優遇措置は、半世紀以前に香港やシンガポールなどの都市国家が輸出加工や中継貿易のために与えた特別関税制度に負けないほど魅力的である。名称は、輸出加工区から特別経済区など様々に呼ばれている(1)。インドのバンガロールのように、優遇される産業のリストは、伝統的な繊維、衣類、エレクトロニクスから、より高度な技術分野やソフトウェアにまで及んでいる。発信されているメッセージは明らかである。サブサハラ・アフリカの最貧の低所得国でさえ、伝統的輸出産品であったココア、コーヒー、綿などの一次産品に依存したくないのだ。実際、アフリカでは二二カ国がすでに工業地区を設けており、ガーナの六つの産業（繊維・衣類、岩塩採掘、綿生産、パーム油生産、キャッサバ澱粉生産、遠隔地学習）により開始した大統領特別優遇策や、ウガンダの非常に野心的かつ広範囲に及ぶ二〇一一―一五年国家開発計画を見れば明らかなように、これら地区をつくって終りではなく、更なる活用を図ろうとしている。

同様の期待は中所得国にも見ることができる。ロシアは、モスクワの近くにハイテク研究拠点を建設するスコルコヴォ・プロジェクトを実施中である。ここでは、エネルギー、情報技術、通信、生物医学、核技術の五つの重点分野が指定されている。メディアはこれを、アメリカあるいは世界のハイテク拠点の成功例である北カリフォルニアのシリコンバレーにちなんで、「ロシアのシリコンバレー」と呼んでいる。ドミトリー・メドヴェージェフ首相は、最近本物のほうのシリコンバレーを訪問し、ロシア経済の石油とガスへの依存を減らし、ハイテク部門を伸ばし、調査研究を奨励することによって多様化を図りたいと述べた。

途上国の政府は、産業政策という新たな道具を頼みの綱にして、かつて最富裕国でも行われてきた国家による支援の成功を再現しようとしているにすぎない(2)。ハジュン・チャンは、「国家予算を投じた国防関連のR＆Dがなかったら、アメリカが世界水準を誇るコンピュータ、航空宇宙、インターネットなどの産業は、存在しなかっただろう」といっている（Chang 2002, p.31）。第二次大戦直後から、つねに産業政策を活発に議論してきたヨーロッパにも同様のことがいえる(3)。最近では、EUの公式戦略文書によると、産業政策の新たな側面が重視されており、それらは、産業競争力喪失リスク、規制の重荷、EU拡大がヨーロッパ企業の競争力と立地に与える影響であるとしている。二〇〇五年三月に行ったリスボン戦略の見直しでも、EU各国は「強固な産業基盤の創造」という目的の堅持を明確にし、R＆Dとあらゆる形のイノベーションおよび情報通信技術がますます重要であると繰り返し述べている(4)。

世銀の上級副総裁兼チーフ・エコノミストとして途上国を訪問すると、いつでも、職責の上下を問わず数多くの政府職員が、経済成長の源を探しだし、雇用の確保と貧困撲滅のための競争力ある産業を生み出す戦略を設計し、実施するための支援を求めてくる。彼らの中には、レント・シーキングや自身の利益を拡大するために近寄ってくる人も確かにいるが、経済学の文献が示すように、私が会ったほとんどの政治指導者や上級官僚は、純粋に人々のために何かしたい、あるいは、後世に名を残したいという動機を持っている。残念なことに、彼らの多くは、政府による介入が成功するための条件、あるいは、発展段階に適した戦略、政策、手段の微妙なニュアンスを明確に理解しているわけではない。

この章では、政策担当者のために、新しい構造主義経済学の応用について、実用的で使いやすい利用ガイドを示すことにしたい。それは、成長の選択および成長の促進の二つの工程《トラック》からなる。政府による発展促進政策において「なぜ」から「いかに」に転換する挑戦は、成長の選択よりはるかに困難で扱いにくい。その理由は、発展段階が異なり、資源の賦存が異なる国は、異なる政策パッケージを選択する必要があり、それぞれ政策の結果が異なり、しばしば意図しない結果をもたらすこともあるからだ。たとえ困難であっても、政策担当者は、自分たちの国が持つ条件を理解し、国際社会の中でどのような経済的機会が存在するかをつねに把握しておくことが重要である。ここで示される成長の選択と促進（GIF: growth identification and facilitation）のフレームワークは、この作業を支援するものである。(5)

選択するのかしないのか、それが問題だ

「正しい」選択を得るための戦略を提示する前に、その目的を確認しておきたい。それは、比較優位を実現す

る産業を発見し、急速かつ持続可能な成長の本質である技術と産業の高度化《アップグレーディング》を行うことである。発展途上国は、後発国としての強みを活用して、すなわち、先進国から最新の技術、産業、制度を導入することにより、工業化を開始することができる。わざわざ一からやり直す必要はない。政府の支援を得て、国内市場と国際市場で比較優位を持つ競争力のある産業を実現することができ、利益を再投資することにより、長期的に、より資本豊富となる。この戦略によって、産業構造をより高度にすることができる。この過程は、漸進的でゆっくりであるが、実際には、最も速い、先進国とのギャップを縮めるには最も適した方法である。

実際には、多くの途上国で、そうすることができていない。途上国のエコノミストや政策担当者は、シェークスピアのハムレットのように、「生きるべきか、死ぬべきか」と迷う。この独白は、たぶん英語文体の中でも最も有名であり、何が正しい行動かわからない不確実性と行動の結果を予測できない無能力さへの苛立ちをあらわしている。

同様に、産業政策（アダムス・スミスの『国富論』の中では名の知られていない第5編〔主権者または国家の収入について〕や、アルフレッド・マーシャルが外部性と調整《コーディネーション》の分析枠組みを概説したようにつくられた政策）の理論的な有効性を積極的に認める人たちの多くも、その実施には疑問を抱いており、物事が悪い方向に進む可能性があると恐れている。産業政策の不確実性と潜在的な失敗のコストを考えると、政府は産業全体にインセンティブを与え、事業環境を改善し、どの産業が発展すべきかについては民間企業にゆだねるという政策のほうが受け入れやすい。インフラの制約を回避するために経済特別区や工業団地の設置が望ましいと考える人々もいるが、特定の産業をターゲットとして育成する考えには消極的である。

私は、潜在的成長力と競争力を持った産業を選択することが途上国における産業政策が成功するための前提条件であると提起したい。なぜか。開発のための物的および制度的インフラの適切な改善は、しばしば産業に特有のものだからである。最近の貧しいアフリカでの成功事例を見てほしい。モーリシャスの繊維、レソトの衣類、ブルキナファソの綿、エチオピアの切花、ガーナのココア、ルワンダのゴリラツーリズム、マリのマンゴーなどだ。(6) 開発を成功させ、これらの産業が国際経済の中で優位を保つには、「産業全般を対象とする」レッセフェール開発戦略では足りない。エチオピアでは、空港に冷蔵設備を作り、ヨーロッパでの入札に間に合うよう定期便を運行することが必要だが、モーリシャスでは繊維を輸出するための港湾施設が必要だ。同様に、レソトの衣類産業が必要とするインフラ、マリのマンゴー輸出やルワンダのゴリラツーリズムが必要とするインフラもそれぞれ異なる。財政資源と実施能力には限りがあるから、各国政府は、上述の成功物語が起こるためには、どのインフラを整備すべきか、どこに政府サービスを提供するかを決定しなければならない。

産業集積の形成は、国の比較優位に沿ってひとつの産業を国内的・国際的に競争力のある産業にするための鍵となるので、産業の選択が必要である。第5章で論じたように、産業の特化、集積、産業クラスターはどの産業にとっても取引費用削減のために重要である (Porter 1990; Krugman 1991)。もし政府が国の比較優位を持った産業へ民間企業を誘導するようなインセンティブを与えなければ、企業は過度に薄く広い範囲の多数の産業に広がるかもしれない。その結果、どの企業も国際的に競争力のある産業集積をつくるだけの大きさにはいたらない。偶然産業集積が出現するかもしれないが、それは、長期にわたる試行錯誤と倒産の結果であり、多数の企業の失敗をコストとしてできるものであろう。

シンガポールのかつての貿易産業省次官で、現在金融管理庁専務理事のラヴィ・メノンは、二〇一〇年一〇月のスピーチでこの問題をうまく説明している。一九八〇年代のシンガポールでは、石油化学が国際的に急成長するとみられ、石油精製産業の高度化を決定した。同国の費用面での劣位を克服し存続可能な化学集積を育成するためには、より付加価値の高い「加工の進んだ《ダウンストリーム》」化学品製造に移行する必要があった。しかし、製造ラインを拡大し総合開発を行うには土地が必要であったが、シンガポールでは土地は明らかに不足していた。政府は、総合開発を行って「化学島」を建設することにして、国際水準の化学産業の企業リストを作成した。シェヴロン、住友、三井、エクソン、シェルなどである。二〇〇〇年一〇月にジュロン島が開所する時点では、世界水準の六〇社以上の石油化学関連企業が投資を行い、投資総額は二〇〇億ドルを超えていた。メノンは、次のように述べた。

石油化学産業に対する政府の役割は、一企業では容易に解決できない市場調整の失敗に目を向けさせることにあった。ジュロン島の成功は、インフラによるものではなく、政府が可能とした産業統合である。企業は、共通のパイプラインと完全に統合された物流ハブに支えられて一カ所に集合している。フェンスを越えれば、すぐに製品の売り買いができる。上流の製油所が下流の製造者に原料を売ることができる。水平のつながりは、異なるプラントの倉庫や水処理などの業務を共通のアウトソーシングに出すことができる。企業は、操業費用を低下させることができるようになり、規模の経済を享受し、より一層それぞれの中核的操業に集中することができる（Menon 2010）。

これとは対照的に、一九八〇年代後半のアイルランドの経験は、ビジネス環境の改善だけでは成功せず、政府は産業の選択を行わなくてはならないという説得力ある証拠を示している。一九五〇年代当初から、アイルランドは、「強力な介入だが、一定の距離を置く」産業政策を採用し、輸出目的のすべての投資に対し、税による優遇（法人税ゼロ）、交付金、補助金を与えた（Sweeney 1999, p.127）。この政策は多くの結果を生み出さず、同国を西ヨーロッパの最貧国のひとつにとどまらせ、結果的には、大量の才能を流出させ、「ヨーロッパの乞食」

というあだ名をもらった。

この状況に変化があったのは、アイルランド投資開発庁が、優先産業として、電気機器、医薬品、ソフトウェア、化学のみを選択した頃である。一九八〇年代、投資開発庁職員は、米国、英国、ドイツのこれら四つの産業から、熱心に直接投資（FDI）を招致した。(7) この政策変更の結果、多国籍情報通信技術企業（ICT）がアイルランドに投資を開始した。さらに、世界の医薬品企業上位一〇社のうち九社、医療用品製造企業上位一五社のうち一二社の誘致にも成功した。グーグル、ヤフー、eベイ、アマゾンなどのeビジネスのリーダーたちもアイルランドにヨーロッパ本部を置いた。アイルランドは、アジアの虎と並んで「ケルトの虎」となり、西ヨーロッパの最富裕国の仲間入りを果たし、東ヨーロッパからの移民の目的地となった。(8)

士官候補生だった私の最初のレッスンは、「発砲する前に狙いを定めよ」だった。産業の高度化と多様化にとって、政府の支援は重要である。政府の支援を良質なものにするには、産業の選択を行う政策担当者が民間セクターの近くにいることが必要である。しかし、主流派経済学者とワシントンの開発機関は、政府によるかつての産業選択の失敗に照らして、産業を特定したいかなる政府の干渉についても疑問視する傾向が広く存在する。第3章で示したように、かつての失敗のほとんどは、政治家たちが自国の比較優位に反して野心的で非現実的な産業選択を行った結果である。企業がこれら優先セクターへ投資し生き延びるためには、政府による手厚い保護と多額の補助金が必要であり、その結果、独占的レント、高い関税、割当規制、優遇貸出などの多様な歪みと直接的資源配分がもたらされた。こうした政策に伴う多額のレントは政治の餌食になりやすく、ガバナンスの問題を引き起こしてきた。

政府による支援が成功するための前提は明確である。選択された産業は、国の潜在的な比較優位に即していなくてはならない。生産要素費用のみに基づいて、国内でも国際的にも競争力を持つ産業であるが、貧弱なインフラ、不十分な物流、不足する金融などの物的・ソフト的な制約により、今は競争力が持てない産業がある。政府による支援は、企業がこれらの制約を乗り越え、潜在的な比較優位が実現された比較優位となるためのみに制限されるべきである。この理屈が受け入れられれば、主な論点は次のようになろう。仮に潜在的比較優位が、前述のように明らかでないなら、どのようにしてそれを選択するのか。この点こそが、新しい構造主義経済学が貢献できるのではないかと願っている開発経済学の領域である。

どのように潜在的比較優位に即した産業を選択するか——いくつかの原則

ここ数年、開発の分野では、どのように産業を選択するかという昔から広く議論された問題をふたたび取り上げる動きがある。成長の選択と支援策を議論する前に、最新かつ最有力の二つの考えを最近の文献の中から簡単に紹介しよう。

ひとつ目は、Hausmann and Klinger（2006）と Hidalgo et al.（2007）の研究である。暗黙の了解に基づいて、すべての国が輸出している生産物の中から、彼らは、「生産物間の距離」を識別する。もし、ある国が特定の生産物を輸出するなら、その生産物が他の生産物とどれほど近いかを分析する。二つの生産物が近いほど、生産に必要な暗黙の知識は似かよっており、その国が二つ目の生産物を輸出するのは容易となる。たとえば、一国がブラウスを輸出していれば、Tシャツを輸出するのは容易であり、さらにより高度なビジネススーツの輸出までアップグレードすることも可能であろう。

この考えが理にかなっているとしてみよう。本章の後半で議論するアプローチと似ている点もある。だが、よく考えてみれば、それには二つの制約がある。第一に、現在、ほとんどの低所得国は天然資源と農作物の輸出をしている。「生産物の近さ」に着目したアプローチでは、製造業生産物にはたどり着けない。しかし、農業から離れて資源を近代的製造業に振り向けることこそが、低所得国が近代的経済成長を開始する本質なのだ。もしフィンランドが、「生産物の近さ」アプローチに従っていたら、ノキアが出現することはなく、依然として木材とたぶん家具の輸出を続けていたであろう。第二に、このアプローチは、一国が輸出するすべての生産物は、比較優位に合致していることを前提としている。これは現実的ではない。では、どうしたら良いか。第3章で議論したように、多くの途上国には、自動車のような資本集約的な製造業を育成したいという誘惑がある。実際、いくつかの途上国ではすでに自動車の輸出を行っているが、それは、少量の生産であり、政府の多額の補助金を明示的または暗黙的に受けて成立している。この政府は、さらに保護を広げてトラックの生産を開始するべきであろうか。答えは明らかにノーだ。

二つ目の考えは、Harrison and Rodríguez-Clare (2010) によるもので、彼らの説明は、仮に、市場の失敗と外部性が産業の規模と関連しているのであれば、政府が、特定産業のより広範囲の生産物の生産、生産部門のアップグレード、および成長促進を目的として当該産業を支援するのは適切である、というものだ。ただしこの方法は、インセンティブを与える理由とはなるものの、途上国の政策担当者が選択を行うための助けとはならない。なぜなら、促進・支援すべき新産業がどれであるかを示すガイドにはならないからだ。

私は、比較優位と後発性の利益という二つの概念を使用して、一国の潜在的比較優位を見出す方法を提案したい。それは、その国と類似の要素賦存構造を持ち、この数十年高い成長を示す上位所得の国から、成長が早くかつ成熟した貿易財産業ないしサービス産業を見ることである。(9) その論理は次のとおりである。

第一に、一国が、高成長する産業に補助金を与え、数十年にわたって高い経済成長を継続するのは不可能である。したがって、数十年間高い成長を続けるダイナミックな貿易財産業は、その国の比較優位と一致したものでなくてはならない。高い経済成長によって、その国の資本量は急速に蓄積され、賃金も急速に上昇する。その結果として、次第にその貿易財についての比較優位が失われていく。類似の要素賦存構造を持つ国は、一般に、類似の比較優位を持つ。そこで、この産業の失われた比較優位は、類似の要素賦存構造を持つ、より低所得の国の潜在的比較優位となる。もし、より賃金が低く、類似の要素賦存構造を持つ国の政府が、コーディネーションと外部性の問題を克服して、この産業への新規参加を支援するならば、後発の企業は賃金の優位性により、現在操業中の企業に打ち勝つことができる。

第二に、鉱業、農業、漁業のような資源集約的産業では、より所得が高く類似の要素賦存構造を持つ国を観察することにより、成功への処方箋を学習することができる。チリは、ノルウェーやスコットランドと類似の海洋性環境を持つため、鮭の養殖産業に進出した。さらに、土壌と気候がイタリアに類似しているので、ワイン生産を開始した（Katz 2006）。同様に、エクアドルは、コロンビアと同様の自然条件を持つので、切花生産を発展させた（Sawers 2005）。近代製造業では、一国の比較優位は、所得水準を反映したうえで、労働と資本の相対的豊富さによって決定される。資源稀少で労働豊富な途上国は、より所得が高く速い成長を遂げている国における高成長のダイナミックな貿易財産業を分析することにより、潜在的比較優位を持つ製造業のリストをつくることができる。資源豊富国は、同様の方法により、多様化すべき産業を探すことができる。フィンランドは資源豊富国であり、一九六〇年代にノキアが創業され家電製品の製造を開始するが、これは、資源稀少国のオランダのフィリップスとの間でＯＥＭ契約を締結したことで始まった。

「賢人は、証拠に見合うだけしか信じない」とデヴィッド・ヒュームはいう。そこで、私たちも歴史的証拠を見てみよう。様々な経験を簡単に見直してみると、より上位の所得国にキャッチアップしている国は、平均して、自分たちより一〇〇％高い所得の国の成熟した産業を狙っていることがわかる（購買力平価で計測）。

一六世紀と一七世紀に、英国がその産業政策でオランダに追いつこうと繊維産業を支援したときは、英国の一人あたり所得はオランダの七〇％であった。一九世紀に、フランス、ドイツ、米国が、鉄鋼、機械、造船、繊維産業で、英国に追いつくために産業政策を適用したときは、彼らの一人あたり所得は、英国の約六〇％から七五％であった。同様に、日本が米国の自動車産業に追いつくために産業政策を実施した一九六〇年代には、日本の一人あたり所得は米国の四〇％程度であった。(10)

低所得国から中所得国へ移行するのに成功した国々では、同様の戦略がとられている。明治維新の後、日本ではプロシアがモデルとされた。アンガス・マディソンの推計では、一八九〇年のドイツの一人あたり所得は二四二八ドル、日本は一〇一二ドルで、ドイツの四二％であったから、日本の戦略は現実的であったといえる(Maddison n.d.)。一九六〇年代と七〇年代に、台湾と韓国が産業のアップグレードのために産業政策を採用したときは、目標として、米国ではなく日本が選ばれた。それには適切な理由があり、当時の彼らの一人あたり所得は、日本の三五％であったが、米国との比較では一〇％に過ぎなかった。(11)

これらとは対照的に、中国が一九五〇年代に毛沢東によって工業化のプロセスを開始したときの目標は、なんと一〇年で英国に追いつき、一五年で米国に追いつくというものであった！　この野心的な工業化目標が目指すのは、近代的かつ先進の英国と米国の産業であるが、購買力平価で測った中国の一人あたり所得は米国の五％、英国の七％にすぎなかった。他のアフリカ、アジア、ラテンアメリカの途上国でも、第二次大戦後、先見性のあるリーダーの管理のもとに立てられた開発計画でも、同様の過ちが見受けられる。これらの開発計画は、旧い構造主義経済学に基づく考え方によって理論的であり、知的正当性があるとされた。しかし、産業のアップグレードと多様化に成功した国々（先進国および戦後新たに工業化した東アジアの国々）が採用した戦略に共通する特徴は、一人あたり所得が大きく上回らない国の成熟した貿易財産業を目標に定めたことであるから、これらの開発計画は大きな誤りである。

ここに提示するのは、キャッチアップ戦略が成功するための唯一重要な原則である。われわれの歴史を通じて、つねに、先進のパイオニア国は後発国のために、「経済的羅針盤《コンパス》」の役割を果たしてきた（しばしばそうすることを望まずに）。オランダは英国に模倣され、英国はフランス、ドイツ、日本、米国に模倣された。次に、一九六〇年代、七〇年代には、日本が、香港、台湾、韓国、シンガポールに模倣された。モーリシャスは、一九七〇年代のキャッチアップ戦略で、香港と台湾をコンパスとして使用した。一九八〇年代には、中国が、韓国、台湾、香港を選んだ。(12)

選択戦略の論理および基本原則の概説とその歴史的な証拠を示したところで、そろそろ運用可能な実践的フレームワークを提示することにしたい。他所ではすでに解決されているかもしれないが、同様の問題に直面している世界中の政策担当者には、価値があるだろう。次に示す「選択と促進」（ＧＩＦ）フレームワークは、産業・技術アップグレードのための効果的戦略として、二つの柱、「選択と促進」と六つの主要な手順《ステップ》からできている。

構造転換の配列に関する実践的ガイド

ステップ1――正しい目標を選ぶ

ルイス・キャロルの古典的童話『不思議の国のアリス』には、多くの愉快で華やかな人物が登場するが、彼らのふざけた発言はしばしば有益な機智に富んでいる。たとえば、王が助言する、「最初から始めなさい。そして終わりまで続けなさい。そうしたらそこで止まりなさい」。また、「あなたは誰？」と、いも虫に素朴な質問を問われると、アリスは答えて、「これは楽しい会話の始まりではないわ。今のわたしが誰であるかわからない。今朝起きたときのわたしが誰であるかがわかっても、あれから何度も変わりましたから」(Carroll 1865)。

工業開発の道を目指している政府は、キャロルの皮肉なユーモアから学ぶべきかもしれない。政府は、どこから始め、どこで止まるかを正確に知らなくてはならず、「あなたは誰?」の質問には慎重に考慮して、自国の経済的特質と要素賦存構造を正確に把握しなくてはならない。時間の経過とともに変化することを念頭に、自国の潜在力の過大評価を避けなくてはならない。

最初に、途上国政府は、高い成長を継続し、自国と類似の要素賦存構造を持ち、一人あたり所得が約一〇〇%高い国から、二〇年間程度生産されていてダイナミックに成長する貿易財・サービスのリストを作成する。[13] 産業のアップグレードと多様化において、この成長の選択と促進の最初のステップは、途上国が後発性の利益を享受するうえで最も重要な基本である。その理由は単純である。前節までに議論したように、長期にわたって高い成長を遂げると、資本が蓄積され、賃金はやがて上昇するが、かつて持っていた産業の比較優位は失われる。その産業がサンセット産業となり衰退すると、類似の要素賦存構造を持ち、より賃金の低い国では、潜在的比較優位ないしサンライズ産業となる。キャッチアップの可能性が枯渇するまで、後から来る者の機会の窓は活用される。政府は、一人あたり所得が自国より購買力平価で約一〇〇%高い国を、先導者として利用することができる。

米国の作家メーソン・クーリーは、「芸術は模倣から始まり革新で終わる」といった。同じことが産業と技術のアップグレードについてもいえるだろう。購買力平価で一〇〇〇ドルの一人あたり所得を持つ低所得国で、政策担当者が自国について正しい認識(彼らの要素賦存を理解しているという点で)を持つならば、彼らの後発性をさらに活用できるだろう。一人あたり所得が二〇〇〇ドル程度の国で成熟している貿易財産業を探すのに加えて、二〇年くらい前に所得がその水準にあった国からも貿易財産業を探すことができる。三〇年前の中国、インド、インドネシア、ベトナムの所得水準は、現在最貧国とされるサブサハラの国々と同じかそれ以下だった。したがって、今のサブサハラの国々で彼らの選択戦略を始めるには、二〇年前の中国、インド、インドネシア、ベトナムで高成長している貿易財とサービスのリストを参考にすることができる。産業のアップグレードと多様化の目標を設定するために、彼らの輸入を見直し、規模の経済がほとんどなく小さな投資しか必要としない単純な労働集約的製造業製品のリストを作成することもできるだろう。

後から来る国の所得が上位国所得の半分に達したとき、あるいは、現在の二万ドルに達したとき、潜在的比較優位に沿った産業を選択することは、より困難になってくる。多くの産業が国際的な最先端にあるかその近くにいることになり、それ以上のアップグレードと多様化は、独自のイノベーションによるところが多くなり、単なる成功例の模倣ではすまなくなるためである。この段階では、産業のアップグレードと多様化の政策は、先進国のそれと共通する点が多くなり、リスクも非常に高くなる。

ステップ2──障害の排除

ステップ1で作成したリストの産業の中から、すでに自発的に参入している企業で、何が製品の質的向上や生産拡大を妨げているか、あるいは、何が新規企業の参入を制限し集積の形成を妨げているかを知っている産業に対して、政府は優先順位を与えることができる。なぜか。すべての産業で必要とする金融、土地、電力・水道などの投入財に加えて、特定の産業では、地元の原材料、産業特有の知識・中間財・労働力などを必要とする(Hausmann and Klinger 2006)。特定の産業に少数の企業が存在する場合、それは重要な意味を持っている。というのは、それは、一国が特別な投入財を少なくとも部分的に所有していることを示し、当該産業の潜在力が手つかずにあることを告げているからだ。これら企業はすでに参入のリスクを負担しており、政府は、製品の質の向上と市場の拡大の障害となるものを探し出し、他の新規参入者の障壁を突き止めるべきである。

英国の古い格言に「悪魔は細部に宿る」というのがある。実際、産業や成長潜在力の障害を探し出して排除するのはたやすいことではない。多くの文献は、企業の操業費用と取引費用に影響するインフラやビジネス環境を改善するための様々な手法を議論している。企業業績に関する数量的データと企業が直面する潜在的障害に関する主観的データに基づく、しっかりした実証的考察がある。それによれば、サブサハラ・アフリカのほとんどの企業が、ビジネスの発展とより洗練された技術の導入には、投資環境の多くの分野で障害があると考える傾向があるとしている。小企業では、金融や土地へのアクセスがとくに心配事項であり、より大規模な企業では労働法規と熟練工の入手が主要な障害と考えている。企業全体に共通するのは、汚職とインフラ、とりわけ、水道、電力、電話、輸送などのネットワークが心配だとしている（Gelb et al. 2007）。

「もし、尾を脚と呼ぶなら、犬には何本の脚があるか。答えは四本である。なぜなら、尾を脚と呼んでも、尾は脚にはならないから[14]」。この有名な言葉は、しばしばアブラハム・リンカーンの言葉と誤解されているが、政策と企業を取り巻く制度環境を把握するための投資環境調査について述べているようでもある。投資環境調査の結果は、確かに政策担当者にも投資家にも大変有用であるが、誤用や誤解の可能性がある。ちょうど個人の幸福が主観的なものであり、所得や消費のような客観的な指標に相関しないように、企業が発展のための障害と考えるものは、現実に業績を決定する要因とはしばしば異なっている。

投資環境調査の限界は、データの性格と使い方に問題がある。典型的な調査では、サンプル企業の管理職に投資環境（「インフラ」、「金融へのアクセス」、「汚職」など）について質問し、企業の業績を妨げる障害について1から4までの等級で評価してもらう[15]。もし高い数値が示されたなら、投資環境のその側面が成長の障害となる程度が大きいと解釈される。

しかし、これは事実と異なるかもしれない。フランスの歴史家で生物学者のジャン・ロスタン〔訳註1〕は「偽りは、考えを美しいものに変える。創意工夫には、人の心が成し遂げるものについて順位を付けないと後悔するという過ちが含まれている」と述べている。投資環境を表す変数のうち、いくつかの変数についての理解は、生産性、営業実績、成長に与える実際の影響とは異なっている。企業は、業務プロセスと操業環境については熟知しているが、彼らの主要な問題の真の起源を十分に認識しているとは限らず、顕在化していない他の問題に起因する症状を、誤って障害と認識するかもしれない。従来の調査にはこのような欠点があるため、投資環境における障害は、世銀の「ビジネス環境の現状指標」がますます重要となっている。そこでは、企業による回答に加えて専門家による調査が行われ、詳細な法規制について国際比較が可能となっている。

しかし、依然として問題は残っている。回答者が最大の障害をあげるように質問されたか、それらを順位付けするよう質問されたか、のいずれかによって、調査結果が異なるからである。調査員は順位付けを好むが、順位付けによる調査はまったく役に立たないかもしれない。障害を順位付けするよう質問された企業は、彼らの最大の障害がどの程度重大なのかを決定するだけの情報を持っていない。確かで意味のある基準を持たずに企業が特定の障害の順位付けをしても、有益な情報は提供されないだろう。

さらに、数量化された基準（「インフラ」、「税」、「金融へのアクセス」など）のどれかひとつだけを取り上げるのは、誤解を招く恐れがある。カラカス、ラゴス、デリーのビジネスマンは、企業が同時にいくつもの障害に直面していることに賛同するだろう。しかし、政策担当者がこれらの障害すべてを重要であるとするのは有益ではない。成長分析の中で多様性を持った企業の役割を理解するには、企業調査を超えて投資環境変数の意味を探り出さなくてはならない。したがって、成長に最も影響する変数を見極めるために、企業行動に関する数量モデルを丁寧に構築することが重要である。言い換えれば、最も高く認識されている政策変数が、最も経済的影響がある政策変数とは限らないのである。(16)

投資環境調査には、さらに二つの制約がある。第一に、潜在的比較優位がある産業でも、まだ参入者がいなければ、何の情報ももたらさない。たとえば、コスタリカに、仮に薄型パネルテレビの生産に競争力のある要素賦存構造があったとしても、現存の専門的調査ではそれは判明しない。それどころか、比較優位を無視した開発戦略のせいで過度に先進的な産業が選択された場合や、経済成長の結果、賃金水準が上昇し競争力が失われた場合には、調査対象の産業は比較優位と整合的ですらなくなるかもしれない。この二つの追加的制約を考慮すると、国の潜在力を代表し、かつ生き残る力のある産業のみから標本サンプルを選んで投資環境調査を行うことが大変重要となる。

第二に、事業発展の妨げとなる障害は、途上国が目標とする産業に内生的であるかもしれない。良い例は、特定の人的資本、金融手段、インフラなどを、特定の産業に参入する企業だけが必要とする場合である。これらの障害を認識し排除するためには、いくつかの補完的な分析手段を必要とするかもしれない。

産業開発や成長の妨げとなる障害の認識と排除に広く使用されているもう一つのツールは、ハウスマン＝ロドリック＝ヴェラスコが提案する「成長診断フレームワーク」（Growth Diagnostics framework）である（Hausmann, Rodrik, and Velasco 2008）。これは、改革を行うための長いリストが提示されたとき、すべての問題をいっせいに解決すべきか、潜在成長力に致命的影響を及ぼさないところからはじめるのか、政策担当者が葛藤する実態の観察に基づいている。一分野での改革は、他の分野に予期せぬ歪みを派生させるから、成長にとって最大の障害となる分野に焦点を合わせてそこから実施するのが、最も成功の見込みがある道である。したがって、国は経済の最大の妨げとなる障害をひとつか二つ選び出し、その排除に集中すべきである。

「成長診断」法により、国に困難をもたらしている障害を特定するための「デシジョン・ツリー」（decision tree）が提供される。最初に、途上国の低成長がどこに起因するのかというリストの作成から開始するが、リストには通常、金融費用が高いこと（経済的・社会的収益が低いため、ないしは、社会的収益と私的収益の間に大きなギャップがあることによって）または、私的投資収益率が低いことが含まれる。政策担当者は、これらの条件のうち、どれが最も良く自国の状況を表しているか、正確に見極めなくてはならない。一部の途上国では、なぜ投資収益率が低いのか、その理由を明確にする必要がある。他の途上国では、なぜ投資収益を引き出す国内貯蓄率が上昇しないのか、その理由を説明する必要がある。

「成長診断」フレームワークは、成長のための政策に関する議論を深めてくれるが、投資環境アプローチと同じ問題を抱えており、その議論の中心とモデル・スペシフィケーションが非常にマクロ経済的になるのはやむをえない。結局、経済成長はマクロ経済的な概念であり、セクターレベルでの分析には、セクター間の相互依存関係とトレードオフの問題が生じる。さらに、成長を支援する社会体制との関係は、「成長診断」フレームワークでは不明確である。(17) たとえ国の成長を妨げる要因がある程度明らかになった場合でも、選択すべき政策のオプションは多数存在する。ザンビアでは銅の優位性が圧倒的であるが、このような天然資源に立脚する国では、成長を妨げる最大の障害は、一、二の産業への経済活動の集中であろう。ハウスマン＝ロドリック＝ヴェラスコが提案するフレームワークは、政策担当者が潜在的比較優位に基づいて新たな産業を選択するには、助けにはならない。またこのフレームは、ザンビアの現在の産業が現在の比較優位に沿っているかについても答えることができない。

産業のアップグレードを妨げている要因を特定化し排除しようとする様々な方法は、困難な方法《アート》と政策決定の科学に関して、一部の真実を明らかにする。そこで次の段階では、国ごとに特殊な状況に応じて障害は何かと考えるべきである。したがって、政策担当者が、この手順で選択された産業の成長を妨げる要因を見つけるためには、ひとつの方法に依存するのではなく、いくつかの異なったマクロやミクロのツールを使用する必要がある。

マクロ・レベルで成長の診断を行うには、ミクロ・レベルで何が起こっているかの十分な知識が必要である。ミクロ経済分析は、差別化された企業の力学《ダイナミックス》が集計的な生産性の向上や資本集積の大部分をもたらすことを示す。とくに、企業の参入と退出およびこれらに影響する政策変数を観察することは、構造変化のもとで総合的な生産性の向上を理解するうえで重要である。国ごとの状況とミクロ・レベルの経済主体間に存在する不均一性が考慮される必要がある。これは、国ごとの分析が適している。

これまで議論した方法に加えて、事業に対する制約要因の調査として、バリュー・チェーン分析も有効であり、国内企業が生産する財の生産費用構造を対象となる外国のそれと比較することにより、政府による介入が最大の効果をあげる分野を特定することができる。無作為化比較試験（RCT）によって、障害を排除し適切な介入を行う効果をテストし、国レベルで介入を総合する結果について確認することができる（Duflo 2004）。

もし比較優位を持つ産業で産業発展の妨げとなっている障害を発見することができ、事業環境の改善を図ったとしても、第一陣の企業が遭遇し調整を必要とする外部性という決定的な問題が解決されずに残っている。障害を除いた後でさえも、産業のアップグレードと多様化は進展しないかもしれない。政府が潜在的比較優位を持った産業のリストを作成し、すでに企業が自発的に参入し成功している産業を支援するという、私の提案によって、この基本的な問題に対処することにしたい。

チリのワイン製造産業が良い事例になると思う。チリは長期にわたってワインを製造してきたが、一九七〇年代以前はほとんど輸出していなかった。ワインの輸出市場ではほとんど無視されていたチリが、一九七〇年代には世界第五位の輸出国になった。これは、政府が「技術移転集団」（Groupos de Transferencia Technólogica）というプログラムによって外国の技術を国内の農民とブドウ園に広めたためであり、ProChile と呼ばれた貿易振興局によって海外への普及が図られたことによる（Benavente 2006）。

インドでは、マハラシュトラ州の政策担当者が、ブドウの潜在的輸出力と外貨の欠乏から、小規模ブドウ生産者グループの取組みに着目した。かつて、マハラシュトラ州のブドウ生産者は、物流体制が不十分なせいで、インド国内ですら長距離の輸送ができなかった。その頃、国内の一社がEUにブドウに対する需要があることを察知すると、ブドウ生産者の組合が政府と協力して、EUに対するブドウ輸出を妨げている障害の調査を行った。主な障害は、ブドウの低品質、旧式な機械、貧しいインフラであったが、とくに低温流通体制がひどかった。

官民パートナーシップを通じて、政府は、障害を排除し、生産の拡大を支援し、ブドウ部門は純輸出者となった。政府の強力な支援により、農民やブドウ調査機関が研修旅行を行い、主なブドウ生産国の専門家との共同作業が実施され、欧州小売業者農産物作業グループ（EUREPGap: Euro-Retailer Produce Working Group）の優良農業規範（Good Agricultural Practice）の植物検疫基準に合った大きさや形のブドウ生産が行われるようになった。低温物流機械の輸入やインフラ整備の九五%が政府の補助金でまかなわれた。インドは、切望していたEU向け夏季供給者クラブ（チリ、イスラエル、南アフリカ）の一員となり、ブドウによって他の生鮮食品についてもヨーロッパへの輸出の足がかりを得た（Naik 2006a）。

ステップ3──世界の投資家の誘致と魅了

フランスのシャルル・ド・ゴールは、「偉大さは未知への道である」と述べた。これは、同国人で著名な小説家サン＝テグジュペリの考えを裏づけるかのようだ。「ひとたび事象にとらわれると、人は怖さを忘れる。ただ、未知のみが彼を怖がらせる」とこの小説家は書いている。成長の選択と支援の三番目のステップは、未知に関連している。潜在的目標リストにある産業の一部は、未知のものであり、したがって国内企業にとっては完全に新しいものである。まだ国内に参入者がいない産業では、政策担当者は、模倣すべき目標国または新規事業の

「育成《インキュベーティング》」計画がある国からＦＤＩの誘致を目指すべきである。これはけっして容易なことではないが、いくつかの点で明らかな効果がある。

グローバリゼーションと競争によって、貿易財やサービスを生産している企業が競争力を持ち続けるためには、新たな投資の場所を探さなくてはならない。また、世界市場の統合がいっそう拡大することによって、世界の生産者は、より容易に新規の投資場所を最安値で購入することができる。衣類、履物、玩具、電気などの立地に関して自由度が大きい産業は、安価な労働力を求めて世界中を探すから、低所得で非熟練労働を豊富に持つ政府が、そういった世界企業をひきつけても異常なことではない。

新たな産業の実現可能性に関する情報は不足しているから、外国企業および国内企業は未知への投資リスクを負うことに対して消極的である。失敗のリスクを相殺するために、途上国政府は、「ステップ1」で選択した高所得国の企業に特別の手段を講じて、この産業への投資を支援することができる。高所得国の企業は、より安価な労働力を求めてより所得の低い国へ生産拠点を移転するインセンティブを持っている。さらに政府は、育成プログラムを設けて、国内の企業がこれらの産業に参入するための触媒とすることができるかもしれない。

多くの理論的および実証的研究によって、途上国政府が外国企業を誘致して新たな産業を活性化するのは重要とされており、国内企業に波及効果を通じて、新たな産業に、学習、参入、成長の機会がもたらされる（Larraín, López-Calva, and Rodríguez-Clare 1996）。新たな産業への外国企業の参入は、それまで国内では得られなかった投入財の供給を増加し、あるいは、既存投入財の質の向上がもたらされるが、それら投入財を活用することで国内産業にも便益をもたらす。また、外国企業は、技術、販売経路、経営能力を波及させることにより、産業発展を促進する（Larraín, López-Calva, and Rodríguez-Clare 1996）。これら二つの効果は、中国の製造業を見れば明らかであり、中国では外国バイヤーから国内投入財供給者への技術移転が国内企業の生産性を飛躍的に向上させた（Du, Harrison, and Jefferson 2011）。国内の投入財供給者の間での競争が激化するにつれて、投入財の質が向上し、価格低下をもたらす。やがて、商社などの新興の国内バイヤーが登場し、国内で買付けを行い、直接外国のバイヤーに販売するようになった。

ここでは、アジアの成功事例が参考になる。アジアでは、国にとって関心のある産業について、国内企業が十分な知識を持たない段階では、多くの場合、国がＦＤＩを誘致したり、ジョイント・ベンチャーを奨励した。

- 中国では、一九八〇年代の市場経済化以降、香港、台湾、日本、韓国から直接投資を招致した。この誘致政策は、国内企業が多様な産業を開始するのに役立った。
- バングラデシュで成功した衣類産業は、一九七〇年代に、韓国の製造業、大宇《デーウー》社からの直接投資によって始まった。数年の後には、かなりの技術移転が起こり、大宇社の直接投資は一種の「起業育成」となった。バングラデシュの衣類工場集団は急速に拡大したが、そのほとんどは、韓国企業から発している（Rhee 1990; Rhee and Belot 1990; Mottaleb and Sonobe 2011）。
- ベトナムの主要輸出産業である衣類、履物、家具でも同様の戦略がとられた。政府が外国企業に有利な条件を提供してベトナムに誘致し、製造業の多様化を可能とし、立地に関して自由度の高いこれらの新たな産業を国の主要産業に仕立てた。
- 高所得国のシンガポールでも同様であった。一九七〇年代には、半導体などの労働集約的産業の競争力が失われ始めていた。政府は、シーゲート社に部品供給を非常に安価に提供できることを納得させた。同社は、シンガポールでディスク・ドライブの生産を開始し、まもなく、同社は世界最大のハード・ディスクの生産者となった。一九八〇年代、九〇年代に、ハード・ディスク産業が厳しくなってくると、コンピュータ産業を誘致するための市場条件を用意した（Menon 2010）。

中央アメリカやラテンアメリカの経済発展の成功物語でも、政府による積極的な戦略の有効性が確認できる。一九八〇年代以降盛んになったエクアドルの切花輸出産業は、コロンビアの花栽培業者によって設立された三社から始まった（Sawers 2005）。もうひとつの政府による起業育成事業の事例は、チリ財団（Fundación Chile）が開始した鮭の商業養殖である。

国連貿易開発会議（UNCTAD）によれば、チリ政府は、数十年にわたり、川や湖への放流を行い、養殖の技術を習得しようといくつもの方法を試みてきた。「魚の繁殖と養殖の経験があるいくつもの国際機関から技術支援を求め、国立の機関を使って、魚の養殖技術を習得し、吸収し、開発し、普及させた。初期の養殖場のいくつかは公的機関や研究者によって設立され、養殖操業の基礎的な知識や技術が蓄積された。何人かの著名なチリ人が現れ、養殖と技術の開発を行い、鮭の養殖技術の普及に貢献した」（UNCTAD 2006, p.1; Katz 2006）。チリ財団は南極鮭社（Salmones Antártica）という有限会社を設立し、鮭の大規模な養殖、繁殖、生産が可能であることを立証した。同社は、養殖手法の研究も行い、小規模生産者や新規生産者に技術指導を行った。民間の関心が高まり、産業は拡大した。

一九九〇年代後半に、それまでマイクロチップの組立とテストは、台湾とマレーシアで行われていたが、コスタリカがインテル社の説得に成功して、同社の主要生産プラントを国内に誘致したのは印象的だ。そのときの一人あたり所得を比較すると、台湾とマレーシアが、それぞれ一万三三五四ドルと七一九九ドルだったのに対し、コスタリカは五二四二ドルにすぎなかった（Maddison n.d.）。インテル社は、他の六カ国、すなわちアルゼンチン、ブラジル、チリ、インドネシア、メキシコ、タイとの比較検討を行っている。コスタリカは、すばらしい投資環境を備えていたが、ＩＴ産業は一社もなかった。インテル社による検討の結果、選ばれたのはコスタリカであった。その際、とくに有利に働いたのは、自由貿易区制度による一定条件のもとでの免税措置、高い教育水準の労働力、安価な費用構造、政治的安定、汚職がないこと、そして、政府による協力の約束であった(18)。

インテル社が来る以前のコスタリカでは、主要輸出品目のアパレルの優位性が失われつつあり、他の輸出品目のコーヒーとバナナの価格が急速に下落していた。コスタリカ投資振興機構（ＣＩＮＤＥ）は、それまで誘致を断っていたインテル社などのハイテク企業と国内供給者との調整を急いだ。中央銀行総裁のエドアルド・リサーノ氏は、ＦＤＩこそがコスタリカ経済の再活性化の鍵であると指摘した。一九九六―九八年のＣＩＮＤＥによる投資促進の目標は電気機器産業であったが、インテル社の基盤を固めるため、さらに多くのハイテク企業の誘致を試み、周囲の裾野産業を強化するなどして産業集積の形成に努めた。この戦略のおかげで、コスタリカの輸出は、「金の豆」（高品質のコーヒー豆）から、「金のチップ」に進化した（MIGA 2006）。

インテル社の存在が波及効果をもたらし、ドイツ、日本、マレーシア、英国向けの輸出を通じて、コスタリカのビジネスは拡大した。同国の重役たちは、インテル社がなければ知り得なかった市場でビジネスの機会を発見したのだ。数十年の間に経済構造が転換し、一九七〇年代にはコーヒーとバナナが輸出の八〇％を占めていたが、いまや非伝統的輸出が八〇％を占めている。

ステップ４―自己発見の拡大

成長の選択と支援の四番目の手順は、自己発見に成功した私企業に対し、生産拡大を支援することによって褒賞を与えることである。技術変化が急速なため、一〇～一五年以前にはいくつかのビジネス機会は存在しなかった可能性があり、「ステップ１」の基準に基づいた比較優位を持つ機会のリストにも含まれていないかもしれない。さらに各国は、他国とは異なった固有の要素賦存と比較優位を持っているかもしれない。もし、国内企業が大きな事業潜在力のある新たな産業を発見した場合、それが「ステップ1」のリストに含まれていなくても、政策担当者はその産業の選択を決定し、企業の技術アップグレードを妨げる障害や、続く他企業の参入を妨げている障害を除去すべきである。

インドの情報産業が良い事例となる。一九八〇年代には、シリコンバレーで働くインド人が、ＩＴビジネスのアウトソーシングでインドの会社が商機を得られるように協力していた。最初の頃は、彼らは高額な衛星通信に頼っていた。ひとたび情報サービス輸出に潜在力があることが明らかになると、インド政府は高速データ通信のインフラを建設し、海外に離散していた多くのインド人が母国に帰り、アメリカの顧客向け海外サイトを立ち上げるようになった。インドの情報サービス産業は、二〇年間にわたって毎年三〇％以上の成長を記録している。(19)

一九八〇年代に切花輸出で成功したエクアドルも良い事例だ。一九七〇年代から、アメリカ市場向けの切花生産・輸出には潜在的比較優位があると、エクアドルの切花農家は考えていた。しかし、切花産業が拡大し輸出が軌道に乗るようになったのは、政府が定期便の就航に協力し、空港の近くに冷蔵施設を建設した一九八〇年代以降である（Harrison and Rodríguez-Clare 2010）。

エチオピアの切花輸出の成功も参考になる。一九九〇年代、政府が工業政策の一環として切花産業の支援を決定したが、それ以前に、国内の民間企業は一〇年以上にわたって切花のヨーロッパ向け輸出を行っていた。政府の政策の効果については、今なお議論があるが、切花の輸出は急激に拡大し、数十万人の新たな雇用を生み出し、その七〇％が女性である。今では一〇〇を超える民間企業が切花の生産と輸出に従事し、その二分の一が海外投資家の所有となっている。(20)

ペルーのアスパラガス生産も、政府による民間支援の成功例である。アスパラガスは外国の植物であり、多くの人にとって、その栽培は直感的に不可能と思われていたが、一九五〇年代に一部の農民によって栽培されていた。しかし、アスパラガスの輸出が軌道に乗ったのは、一九八五年に米国の国際開発庁（ＵＳＡＩＤ）が無償資金援助を行い、農業組合に非常に貴重な知識を供与してからである。最近米国市場に適したＵＣ-157種を発明したカリフォルニア大学デーヴィス校の専門家が、彼らに助言を与え、他の専門家は、実験農場で大規模生産用の苗床の作成方法や輸出用の梱包方法を教示した。政府は、ペルーアスパラガス組合（Peruvian Asparagus Institute）や低温航空輸送市民連合（Frio Aereo Asociación Civil）などの組合に対し、調査研究、技術移転、市場調査、輸出支援、品質向上の支援を行った。政府は、冷凍・梱包工場の建設に投資し、生鮮アスパラガス輸出の八〇％を取り扱うようになった。これらの政府介入の結果、ペルーは中国を押さえて世界最大のアスパラガス輸出国となった（O'Brian and Rodríguez 2004）。

インドネシア政府も類似の戦略を採用し、収益性があっても競争力のないパルプ・製紙産業の活性化に成功している。一九八〇年代半ばに、主な外貨獲得源である石油産業が衰退を始めたため、政府は、石油に代わる製造業を探していた。インドネシアの製造業が力をつけるに従い、関税の引下げや他の自由化措置がとられ、パルプ・製紙産業の競争力が改善した。この産業には比較優位があった。しかし政府は、インドネシアのパルプ・製紙産業を世界のトップ10に押し上げたいと希望していた。そのためには、生産コストの引下げと大規模な再生可能原材料基地が必要であったが、民間企業だけではそれができなかった。輸出志向工業化の期間（一八九四—九七年）、政府は単純な材木の輸出からパルプ・製紙産業への転換を図るために、伐採権を非常に安く民間プランテーションに与えて、広大な混合熱帯広葉樹林を用意した。伐採権を持つものは、伐採地を皆伐することが許可され、パルプ材プランテーションが完全に利用可能になるまでの期間、伐採した木材を「つなぎ供給」として利用することができた。この措置は、インドネシア企業の原材料費を米国やヨーロッパの企業に比較して、二〇～

三〇％減少させた。他にも、プランテーションへの補助金、政府系銀行による低利融資、減税措置などがとられた。パルプ・製紙産業は急速に成長し、インドネシアは、世界の一流パルプ紙生産国・輸出国の仲間入りを果たした（Djik and Szirmail 2006）。

ステップ5—工業団地のパワーとマジックを認識

開発経済学の主要な問題は、途上国の生産性向上を妨げている主な障害であるハードとソフトのインフラ不足をどのように克服するかである。西アフリカの内陸国ブルキナファソの首都ワガドゥグーを訪れた者は皆、町の中心にある空港の異常な混雑に驚くだろう。他の多くの途上国でも事情は変わらない。貧弱な道路、故障だらけの電力網、旧式で高価な電話通信、無数の官僚的形式主義《レッドテープ》が、生産と企業取引に重くのしかかり、企業が国際的な環境で競争するのを困難にしている。

『エコノミスト』誌に、アフリカのインフラについて色彩豊かでユーモアのある記事があった。「今日、アフリカの中心で、たとえばカメルーンのドゥアラから中央アフリカのバンガスーまでコンテナを届けるとしよう。すると、それは、到着空港で三週間待たされることがあり、道中では、検問、賄賂、穴の開いた道路、泥のぬかるみに遭遇し、車内では、マラリア熱、売春婦、猿の肉が入ったシチュー、そして夜間にはハイエナと兵士に出くわすかもしれない。ガソリン代と修理代を考えれば、いくつかの幹線道路（南部アフリカを越えて）でさえ、非経済的である」（*The Economist* 2008）。米国の商務省も、小麦一トンをケニヤのモンバサから隣国ウガンダのカンパラまで輸送するのは、シカゴからモンバサに輸送するよりも費用が高いとしている。

エコノミストの間で次のようなコンセンサスがあるのは驚くにはあたらない。「うまく設計されたインフラは、規模の経済を促進し、取引費用を低下させるから、財とサービスの効率的な生産と消費ならびに特化にとって重要である。それは、経済成長と発展の欠くべからざる条件であり、生活水準を引き上げる鍵である」(Henckel and McKibbin 2010, p.2)。貧しい国では、インフラは生産性を引き上げ、私的生産費用を低下させる。それは貧困層の所得と福祉に対して(正の)不均衡な効果を及ぼす、つまり、インフラは、取引費用と市場へのアクセス費用を引き下げ、既存資産の収益性を高め、人的資本の蓄積を促進し、産業集積と知識の普及を促すが、これらはすべて持続的成長のための材料である。

『グローバル・モニタリング・レポート 二〇〇九』は、サブサハラ・アフリカのインフラの水準が、モーリシャスと同程度であれば、経済成長は年率で二・一%上昇し、韓国レベルになれば、二・七%まで上昇すると推計している(World Bank 2009b)。さらに、私の世銀の同僚であるセサール・カルデロンとルイス・セルヴェンをはじめとして、様々な立場のエコノミストがインフラの収益性について新たな推計を行っている。そこでは、インフラの定義を広げて、物的ストックを含めるようにし、単にインフラ支出だけでなく、インフラの生産弾力性を〇・〇七ないし〇・一〇と仮定して、すなわち、インフラが一〇%増大するとGDPが〇・七から一・〇%増大すると仮定して、推計を行っている(Calderón, Moral-Benito, and Servén 2009)。

この重要な問題に取り組むにあたって、インフラが貧弱でビジネス環境が厳しい途上国には、工業団地と輸出加工区のパワーとマジックの活用を提案したい。それは、より管理しやすい現実的な手段であり、短期間で優れたインフラを国中に整備し、国全体のビジネス環境を改善する方法である。工業団地と輸出加工区は、産業集積の推進にも役立つ。アフリカを含めて、この方法で成功したいくつかの国があり、たとえば、モーリシャスでは、輸出加工区の外では国内企業に対して厳しい労働規制を維持しつつ、輸出加工区の中では、外国企業、国内企業双方に対し、良品質のインフラを提供し、柔軟な労働雇用を認めることで厳しい労働規制による制約を克服している(Mistry and Treebhoohun 2009)。

インドのカルナータカ州政府が、カルナータカ州電力開発公社を通じて、エレクトロニクス産業の誘致を試みたのは、一九七六年にさかのぼる。今日でさえ、インドでは最悪のインフラ不足に悩まされており、ほとんどの製造業は、国中にある工業団地で運営されている。中国では、内陸の貧しい省に対し、政府が工業団地を建設し、「プラグ・アンド・プレイ」で操業できる土地を安価な価格で企業に提供している。さらに、一挙に数千人を雇用できるよう製造規模を拡大するため、工場群の隣に労働者用の宿泊所を建設した。この戦略により、労働者の通勤時間は短縮され、家賃費用が低下し、企業サイドでは喜んで給食を提供するようになった。結局、労働費用が削減され、生産効率は向上した。

ベトナムでは、外国企業による衣類、履物、家具の大規模製造は、そのほとんどが工場群と基礎的インフラを備えた工業団地で行われている。アフリカでは、二二カ国が最低一カ所以上の輸出加工区か工業団地を持ち、そのほとんどが輸出向けである。これらの国ではインフラの整備が不十分であることを考えれば、加工区は唯一の解決策であり、とりわけ、大企業を招致するには加工区は必要だ。

政府は、成長選択支援基準を使って選択した新しい産業を振興するために、工業団地を設置することもできるだろう。ひとつの事例が、エレクトロニクス・IT産業用として五〇〇ヘクタールの土地に建設された台湾の新竹科学工業園区である。この団地は、急速に拡大する地域の需要にこたえ、工場の不正な設立や惨事を引き起こす農業用地の不適切利用を防止するために建設され、公的インフラ（道路、用水供給システム、下水・廃水処理施設、電力網、電話網）の活用を図るものである（Mathews 2006）。

ステップ6―正しい産業に一定のインセンティブを与える

国内のパイオニア企業や海外投資家が、「ステップ1」で選択された産業分野で投資を行い、その投資が、他企業にも利用可能な知識を生み出す場合には、政府は一定のインセンティブを与えても良いかもしれない。この提案は、議論を呼びそうに思われるかもしれないが、そうではない。実際世界中のどの国もこのような政策を実施しているが、往々にして、歪みを生じさせたり、レント・シーキングの機会につながったりしている。

この政策の理論的根拠を理解するには、パイオニア企業となるにはリスクを伴い費用を必要とするということを思い出してほしい。誰も先行者がいない新しい分野では、ビジネスの実行可能性に完璧な自信を持つことはできないから、最初の投資を行うのは躊躇がある。もし投資が失敗すれば、失敗のすべての費用を負担し、他企業にとっては有益な警鐘を鳴らして終わるが、成功すれば、他企業は無料で実行可能性に関する情報を獲得し、新分野に参入し、利益の分け前に預かることだろう。失敗するか成功するかの事実が、他企業にとって有益となる情報の外部性を生じさせている。世銀がザンビアで行った調査では、波型鉄板の製造に成功した経験を持つインド人の親類が二〇〇八年に訪れてアドバイスを行い、二〇一〇年に波型鉄板の製造を成功裏に開始した国内企業があった。それから一年以内に、同じ製品の製造に参入した企業の数は、二〇を超えた。この種の話は、毎日世界のどこかで起こっている。もし、パイオニア企業がもたらす情報の外部性に対して補償を与えないのなら、新分野での最初の参入者となるリスクをとり、新分野での情報を獲得しようとするインセンティブは低下し、産業のアップグレードと多様化のプロセス、さらには、経済成長が阻まれるだろう（Aghion 2009; Romer 1993）。

先進国では、特許制度により、パイオニア企業がイノベーションに成功すれば、一定の期間、その企業は唯一の受益者として保護される。途上国では、特許はこのようには機能しない。なぜなら、途上国でその企業が最初であっても、世界のどこか他の国ですでにその技術を持った者がいるからだ。そこで、一定期間に限定して補助金を支給することで、つまりパイオニア企業がもたらす新たな産業の実行可能性という情報の外部性に対して金銭的補償を与えることで、特許制度と同じ効果を持たせることができる。そこで、私は、パイオニア企業の失敗による損失と成功による利益の間の非対称性を、補助金によって補正することを提案したい。
政府の補助金の金額と期間に一定の制限を加えても、パイオニア企業がもたらす情報の外部性を補償するには十分である。なぜなら、その企業（および、新発見の産業に参入したほかの企業）は、通常の利益を獲得できるからである。その程度のインセンティブであれば、財政的負担も少なくてすむ。もし、企業が「ステップ4」により新たな産業を発見した場合には、政府はその企業を、国の経済発展に貢献した者として特別に表彰すればよい[21]。

同様のインセンティブに、一定期間の法人税減免、投資に対する優遇融資、主要機材を輸入するための外貨の優先割当などの方法がある。中国がその実例である。政府はFDIを誘致するため、操業後二年間、法人税を免除し、その後の三年間、法人税を半額に軽減した。これはうまく機能したと思われる。一九九八―二〇〇七年の中国の工業化促進政策の実証研究によれば、中国政府は、選択的な関税と税の減免を活用して、外国企業から国内企業への技術移転を促進した[22]。全体的な成長選択支援政策の一部として、他の途上国でも類似の政策を検討することができるだろう。

こうした政策には、レント・シーキングと政治腐敗という問題がつきまとう。旧い構造主義経済学が提唱する産業政策では、選択された産業が比較優位に反しており、その投資と操業の継続は独占的レント、高い関税、その他補助金ないし保護に依存せざるを得ないから、レント・シーキングと政治腐敗の問題は深刻である。事実、あらゆる政治体制において、政策が腐敗とレント・シーキングを生み出す可能性は、保護と補助金の大きさに比例する。配分する金額が大きいほど、多くの政治家、官僚、ビジネスマンが群がる。

「ステップ1」により選択した産業は、比較優位に沿っており、政府がパイオニア企業に与えるインセンティブは情報の外部性を補償するだけであるから、その大きさは比較的小さくてすむ。したがって、汚職によって得られるものは小さく、政治エリートたちが貴重な政治的資源を使って少額のレントを求めるインセンティブもない。さらに、ひとたびパイオニア企業が成功すれば他企業の参入が増加するから、その産業は競争的になり、政治エリートによる腐敗の危険性は、ますます減少する（Lin 2009b）。

ＧＩＦフレームワーク実施の成功の秘訣は単純である。政府が選択し、暫定的に一定の支援を与える産業は、国の潜在的比較優位に一致している必要がある。ひとたびパイオニア企業が参入を果たせば、他の企業も参入する。政府の支援の役割は、主に、情報の提供、ソフトとハードのインフラ改善、外部性の補償、ＦＤＩと産業集積形成へのインセンティブ供与に限定される。この方法による政府の支援は、途上国に後から来る者の利益を活用させ、ダイナミックで持続可能な成長をもたらすだろう。

非常に長い間、主流派経済学者は、産業の成長支援を検討するどのような知的訓練にも消極的であった。比較優位に即さない開発戦略と、それに基づいた産業政策の失敗という負の遺産は、多くの経済学者に、いかなる政府も勝者を選ぶことはできないと結論させた。しかし、近年、良質な研究の出現とともに、様々な研究者の提案により、成長促進のための政府の役割が再度議論されるようになった(23)。多くの研究が有用な結果を引き出しているが、どの研究も、途上国の潜在的比較優位に沿った産業の選択について焦点を当てていない。ＧＩＦフレームワークは、その空白をうめるものであり、政策担当者が産業のアップグレードと多様化のために、現実的な戦略を作成し実施するための実践なツールを提供するものである。

そこで、次の疑問は、ＧＩＦフレームワークの議論は、計画経済と長年の歪みを持つ国や中所得ないし高所得の国に適応できるかということであるが、これについては次章で議論したい。

註

（1）最初の「近代地区」は、一九五九年にアイルランドで創設された。最近では、様々な設定の地区が建設されているが、その多くは特別経済区として分類できる。自由貿易区（ないし自由商業区）は、フェンスで囲われた免税地区で、貿易、積み替え、再輸出のための倉庫、貯蔵庫、流通施設が備わっている。輸出加工区は、主に海外市場向けの工業団地である。混合輸出加工区（ＥＰＺｓ）は、通常二つに分割され、全産業用の一般区と輸出向けＥＰＺ登録企業用の特別区から成る。企業誘致地区は困窮する都市および地方の活性化のために、税制優遇と金融支援を行うものである。自由港はより広範囲な地域で、観光や不動産業を含むすべての業種に対し、現地居留許可を与え、幅広いインセンティブと便益を与える。単一工場ＥＰＺは、保税倉庫工場プランに近いが、立地に関係なく個々の企業にインセンティブを与えるもので、企業は特定の区域に立地することなくインセンティブと優遇を受ける。他にも、サイエンス・パーク、テクノ・パーク、石油化学ゾーン、流通団地、空港団地などがある（FIAS 2008）。

（2）近代経済成長の歴史については、第4章を参照。

（3）一九五一年に欧州石炭鉄鋼共同体（ＥＣＳＣ）、一九五七年に欧州原子力共同体（ＥＡＥＣ）が設立された。

（4）二〇〇五年一〇月、欧州委員会（ＥＣ）は、加盟国に共通する新たな構想を、次のように発表した。⑴知的財産権の法的枠組みを統合する、⑵競争力と環境保護の間の相互関連性に配慮する、⑶ヨーロッパの産業競争力を強化するための貿易政策を採用する、⑷特定産業（建設、食品産業）の関連法を簡素化する、⑸特定産業（新技術、繊維）の熟練労働者不足を改善する、⑹産業の構造変化を予測し、かつ支持するために、他のＥＵ政策（とくに構造基金関連法）で産業政策を配慮する、⑺産業研究とイノベーションについて統一的ヨーロッパアプローチを採用する（Commission of the European Communities 2005）。

（5）ＧＩＦフレームワークについては、Lin and Monga（2011）で紹介した。

（6）アフリカでの成功物語は、Chuhan-Pole and Angwafo（2011）を参照。

（7）一九八〇年のアイルランドの一人あたり所得は八五四一ドルであり、米国の一万八五七七ドルの約四六％であった。したがって、ドイツ、英国、米国のこれら四つの産業を選択したのは、次節で検討するＧＩＦフレームワークの基準と整合的である。一九九〇年代になると、優先産業に金融と電気通信が追加された。

（8）アイルランドの成功は、しばしば、ヨーロッパ共同市場へのアクセスと低い法人税という二つの要因で説明される（Romalis 2007）。しかし、これらは主な要因ではない。アイルランドは一九七三年以来欧州経済共同体（ＥＥＣ）のメンバーであり、法人税は、加入時にゼロから一〇％に引き上げられている（二〇〇三年には一二・五％）。アイルランドの成功は、一九八〇年代後半に産業政策が「距離を置く」から、「勝者を選択する」に変化した後である（Sweeney 1999）。二〇〇八年の世界的金融危機以降の同国の混乱は、主に外国銀行が融資した住宅バブルの崩壊と、危機発生後これらの外国銀行に一律の保証を与えた政府の決定が原因である。アイルランドの産業セクターは、この間、高い競争力を維持している。

(9) 「貿易財」とは、製造業製品、農産物、水産物、その他天然資源産物を指す。製造業における国際的生産ネットワークが大きく拡大しているので、「製造業品」には、最終製品だけでなく、製造業の投入財となる中間財も含める。

(10) 一九五〇年、一九六〇年、一九六五年の日本の一人あたり所得は、それぞれ、一九二一ドル、三九八六ドル、五九三四ドルであり、米国は九五六一ドル、一万九六一ドル、一万三四一九ドルであった。それぞれの比率は、二〇%、三六%、四四%となる。したがって、一九六〇年と一九六五年は私の提案と整合的である。一九五〇年の数値は(私の提案の)基準より低い。これはおそらく、当時日本が戦争からの復興局面にあり、人的資本とソフト・ハードのインフラが一人あたり所得を基準とした状況より高かったためであると考える。この裏付けとして、日本の一九三〇年代の一人あたり所得は、すでに米国の約四〇%に達していたという事実がある(たとえば、一九三五年では、二一二〇ドル対五四六七ドル)。

(11) これらの国々の産業政策については、Chang (2002) を参照。一人あたり所得の推計は、Maddison (2006)。

(12) Lin and Monga (2011)、Chang (2002) を参照。一人あたり所得の推計は、Maddison (2006)。

(13) 政府とは、中央政府と地方政府の双方を指す。また、私が支持するプロセスは、産業のアップグレードと多様化を促進しようとするすべての開発関係者(国際開発銀行やNGO)が付いて来ることができるというものである。

(14) Hesse (2008) の調査によると、この言葉はリンカーンのものではない。彼は、これに似た牛の逸話を好んだとされる。

(15) これらのミクロ分析の例としては、Ayyagari, Demirgüç-Kunt, and Maksimovic (2008) があり、八〇カ国六〇〇〇社以上の標本から投資環境に関する平均値を示している。標本全体では、税制、政治的不安定性、インフレ、金融が、最大の企業成長の障害であると報告されている。

(16) 世銀の元チーフ・エコノミストで私の前任者であるフランソワ・ブルギニョンは、次のように述べている。「抽出手段は、現在世銀が実施している投資環境アセスメントのような特徴を持つべきである。〝ビジネス環境の現状指標〟のように、これらは間違いなく有益である。これらのデータは、クロスカントリー分析には新しくより上質なデータを提供するが、個々の国の分析には必ずしも良いデータとはならない。目指すべき目標は、投資環境調査によって様々な企業がどの投資環境変数に反応するかを見ることであり、まさに、どの変数が成長の障害となっているかを発見する新たな方法を提示するものである」。

(17) 成長の制約要因を見つける方法は、つねに単純とは限らない。仮にシャドー・プライスが全面的にわかっていたと仮定しても、国が最も必要とする発展すべき分野を正確に示すことはできない。たとえば、技術と人的資本が補完的である低所得国を想定しよう。その場合、人的資本の蓄積と技術ストックの水準が低いから、教育と新技術の導入が持つ収益性は低くなる。シャドー・プライスだけを見て、クロスカントリーの比較を無視すると、教育水準を向上させる必要はなく、新技術の導入も奨励する必要がなくなる。

(18) Spar (1998)、Dulfano (2003) を参照。二〇一〇年春にワシントンで行われた世銀・IMFの開発委員会の折、私はコスタリカの大臣と会ったが、彼は、当時、大統領自らが閣僚数名を含むチームを引き連れて、カリフォルニア州サンタ・クララのインテル本社を訪問し、投資を働きかけたといっていた。彼は、そのチームの若手メンバーであったことを自慢げに述べた。

(19) 二〇〇六年のインドの情報技術輸出は、六〇〇億ドル近くにまでのぼった (Bhatnagar 2006)。

(20) ゼラレム・T・チャラは、彼の博士論文で、いくつかの農業分野でFDI誘致のために行われた輸出振興政策は、多くの貧しい人々の生活に変化を与えなかったと主張する (Chala 2010)。彼の分析では、切花、野菜、その他換金作物への投資は、コーヒーと食糧生産で自給自足状態にある多くの失業者や不完全失業者に雇用機会を与えることはなかったとしている。しかし、データの制約がこの分析を不完全なものにしている可能性を彼は認めている。他の実証研究では、エチオピアの切花産業ははるかに良い評価を受けている (たとえば、Melese 2007)。

(21) この事後表彰のアイディアは、シャンジン・ウェイ教授に負うところが大きい。

(22) 研究では、ターゲットに選ばれ、税による補助金を受けた外国企業は、後方連関 (最終財生産者から国内供給者) を通じて正の外部性を生じる可能性がそれ以外の外国企業よりも、大きい。税優遇の効果は関税引下げより大きい (Du, Harrison, and Jefferson 2011)。

(23) たとえば、Di Maio (2008)、Agosin, Larraín, and Grau (2009) を参照。

〔訳註1〕Jean Rostand, 1894–1977. フランスの生物学者、エッセイスト。私設の研究施設で生物学の実験的研究を行い、単為生殖、人工排卵、再生における低温の効果、精子の冷凍保存を研究する。また、すぐれたモラリストでもあり、数多くの哲学的エッセーを著した。

第8章　移行経済の特性と経路

アルバート・アインシュタインに関するエレガントで詳細な伝記の中で、ウォルター・アイザックソンは、理論科学者が選ばねばならない二つの主要な戦略手段を上手に語ってくれている（Isaacson 2007）。ある科学者たちはまず帰納に依拠し、あまたの実験結果を分析し、観察される実証パターンを説明する理論を導き出す。別の科学者たちは、より演繹に依拠し、確からしい原則や神聖と思われる前提から出発し、論理的な含意を導出する。アイザックソンは、これらの戦略手段の選択肢は二者択一ではなく、すべての科学者は両方のアプローチを、程度の差はあれ、ブレンドする傾向にあると指摘している。アインシュタインは実験結果に対する感覚が鋭かったようで、身の回りの世界の知識や興味を利用して、面白い事実や観察（「不動点」）を明らかにし、それに基づいて理論を構築した。しかし彼は演繹的アプローチも重視した。

経済学者等の社会科学者が、どんな環境下で再現実験しても同一の結果を得られるよう実証可能な理論的フレームワークをつくろうとするときには、「ハード・サイエンス」よりもむずかしい課題に直面する。しかし彼らもまた、アイザックソンが示した大きな戦略選択問題に直面する。おそらく自然科学者以上に、彼らは社会科学に内在する認識論的課題を解決するため、両方のアプローチの折衷を試みなければならない。

したがって、新しい構造主義経済学とそのＧＩＦ（成長分野識別・促進）フレームワークを、帰納・演繹双方の厳格な論理性に検証を委ねながらも、歪みのない環境を目指す産業・技術の高度化《アップグレーディング》戦略として、ＧＩＦフレームワークの設計に焦点を当てることが賢明である。現実には、途上国の多くは、認識すべき、そして解決すべき多くの複雑な歪みの歴史を持っている。そのような環境下でも最良に機能する経済開発戦略のタイプを分析することなくしては、本書は不完全なものとなるだろう。

経済理論を帰納と演繹の二重の検証に委ねると、一九八〇年代、九〇年代に多くの途上国・移行国で広く推奨された「ワシントン・コンセンサス」の大きな欠陥を明るみに出すことになる。これらの国々は、伝統的な新古典派の開発処方箋では解決できなかった多重で複雑な歪みの問題を典型的に示している。

この章では、移行経済諸国が、数十年間続いた社会主義の後、持続的成長を希求する中で直面した諸問題に焦点を当てる。ここでの議論は、非社会主義の途上国についても通用する。これらの国々もまた、比較優位に反する（CAD: comparative advantage-defying）輸入代替戦略の傷跡として、深刻な歪みが蔓延している。経済学で最大の問題のひとつであるが、最も研究が手薄な問題は、途上国において複雑にからみあった歪みがもたらす悪い意思決定構造である。このような多層的な歪みが二〇世紀を通じて多くの社会主義国に発生した。それは、これらの政府が重工業の発展を推進する開発戦略を採用したためであり、この戦略はこれらの国々の当時の資源賦存構造と整合しないものであった。結局、彼らのＣＡＤ戦略は、伝統的な輸入代替戦略を実施した世界の他地域の国々と類似の、いやもっと深刻な歪みや非効率性をもたらすにいたった。

これらの失敗に気づき失敗を認めるのは、誰にとっても時間のかかることだった。なぜだろうか。それは、ＣＡＤ戦略の失敗がただちに明らかにならないからである。ＣＡＤ戦略を採用する国には、当初、大規模な資源動員に支えられた投資主導の成功時期がある。成功の持続期間は、天然資源のストック、人口の規模、海外借入れの機会などに依存している。旧ソ連においては、投資主導の成長がおおよそ五〇年間続き、一九二九—七九年の間、年率八%平均で成長した（Maddison n.d.）。アフリカ、ラテンアメリカなどでは、成功の期間は一〇年あるいは二〇年間であった。第二次大戦後、ブラジルはおよそ六〜七%のペースできわめて着実に成長した。一九六〇年代初期の成長減速は、より輸出志向の改革を促し、ブラジルは一九六八—七三年にかけて平均一一%の「奇跡的な」成長を経験した。しかし、その後成長は急減速し、輸入代替戦略のツケである対外重債務は、マクロ経済危機を多発するようになった（Maddison n.d.）。当初の成功の後、これらの諸国は、無数の歪みと「先進」セクターにおける多数の存続不能企業が跋扈する構造に蝕まれたのである。

歪みに直面して、前の各章で議論したコーディネーション問題および外部性問題を解決するため、政策担当者は、しばしば大きな社会政治問題を引き起こすむずかしい構造改革に携わる一方、実行可能な経済発展戦略を企画・実施しなければならないという二重の課題に直面した。この二重の課題は、改革のペースと順序づけに関して疑問を投げかけた。歪みを除去して効率性の改善を図らなければならないが、持続可能で自力強化的な産業高度化のため、経済成長を実現し促進する政策と整合させる必要があるのである。これは、中国と旧ソ連の中央計画経済にとってはとりわけむずかしい注文であった。他の途上国よりもこの両国では、内向きなＣＡＤ戦略が、より持続的・包括的に、そして長期間、展開されてきたのであった。

本章は共産主義のかつての二人の巨人（中国と旧ソビエト連邦）によって採用された異なる改革戦略を回顧し、移行過程で指導者が選んだ道筋を検証し、結果を評価し、様々な経験から得られる教訓について考えるとともに、この二カ国が新しい構造主義経済学とＧＩＦフレームワークにどのような情報をもたらし豊かにし補足するかについて考える。

天国での会話——改革の政治学

共産党の元指導者二人が天国でカール・マルクスと会い、それぞれの国の経済の歴史で決定的な時期における重要な戦略の選択について、意見交換していると想像してほしい。

一人はボリス・エリツィンで、ソビエト連邦の解体と共産党を終焉させた豪傑である。エンジニアとして教育訓練を受けた彼は、当初建設業で働き、後に共産党でキャリアを積み、しまいにはスヴェルドロフスク市の党第一書記となった。一九八五年、新たに党書記長に選出されたミハイル・ゴルバチョフは、エリツィンをモスクワに呼び寄せ、建設業書記に据えた。一年足らずで、エリツィンはモスクワ市の共産党のトップに任命された。最終的に彼はゴルバチョフを追い出し、ソビエト連邦を解体し、旧連邦国家の独立を容認した。彼はまたロシア連邦の初代大統領に選出された（一九九一—九九年）(1)。

もう一人の共産党の元指導者は、一九七七年から死去する一九九七年まで中国の事実上の指導者であった鄧小平である。毛沢東は、時期により鄧の師であり敵であり味方であったが、かつて彼についてこう述べた。「鄧には稀な才能がある。軍部と文官のいずれにも評価が高い。綿に包んだ針のようだ。アイディアが豊富だ。正面から問題にぶつからない。責任を持って難題に対処できる。心は柔軟で行動はゆるぎない」(2)。鄧は中国共産党内の公式な役職を退いた後、「ブリッジ協会の名誉議長」という称号しか持たなかった。

エリツィンと鄧は自らの業績をどう評価するだろうか。歴史は、二人の国の歴史の岐路で彼らが異なる道を選んだことをどう裁くだろうか。ロシアと中国で計画経済から市場経済への移行を主導した二人は、異なる道を選んだことをどう弁護するだろうか。二人の政治的・経済的な遺産は、今後多くの世代の研究者たちによる分析と論議の対象となるだろうが、二人とも空想家であったとはいえるだろう。彼らは共産党の歴史の中で明らかに改革者であった。二人がそれぞれの国で指導したり目撃したりした出来事は、世界経済にも、途上国における並行的な市場志向の改革にも深い影響を与えた。しかもロシアや中国の経験は、それぞれの指導者が選んだ異なる経路を反映し、移行経済の政治・経済発展の大枠を理解するうえでわれわれの手助けとなるような注目すべき特質とみることができる(3)。

大きな戦略的決定に対しエリツィンが自分の行動と正当性をどう考えていたかについては、彼の三巻からなる詳細な回顧録に十分示されている（Yeltsin 1990, 1995, 2000）。対照的に、歴史上の他の偉大な指導者同様、鄧は著書も回顧録も書き残さなかった。しかし、彼の行動とヴィジョンを語る『鄧小平選集』三巻として出版された演説集が残されている（Deng 1984, 1992, 1994）。

われわれには後知恵という利点はあるが、反事実（別のシナリオ下で起こりえたこと）には欠けている。われわれが知っていることは、ロシアが一九九一年に市場志向の改革を開始して以来、一人あたりGDPが急減し、ほぼ一〇年間経済が停滞し、世界的な資源価格の上昇で最近経済が回復したことである。一人あたりGDPは一九九一年当時の一四％増にしかすぎない。対照的に、中国が三二年間途切れることなく年平均九・九％の高成長を続けたのは、人類の歴史にかつてなかったことである。中国の一人あたりGDPは一九八七年の一四倍に達している（Lin 2011a）。確かに、初期条件が両国の実績の違いを決定づけた重要な要因ではあるが、エリツィンと鄧は、移行期の初めにおけるいくつかの主要な政策決定にも重要な役割を果たしたことに同意するであろう。

おそらくエリツィンと鄧は、彼らが政界に入るずっと以前から、共産主義や社会主義がどんなに力強いイデオロギーの力であり経済的な力であったかについて、互いに思い起こさせることから意見交換が始まるだろう。確かに、一九一七年と一九五〇年の間に、（世界人口の三分の一を占める）東欧とアジア諸国が資本主義市場経済から離れて新たな実験を始めることを選んだ。それは旧ロシア帝国とモンゴルから始まり、第二次大戦後には中東欧およびバルト三国に広がり、中国、北朝鮮、ベトナムなど多くの国々に広がった。それは、生産の中央集中と統制および国家計画システムによる資源配分につながった。そしてそれは、高成長、産業発展、基礎教育・医療・住宅・雇用の全国民への普及、所得分配の平等化、一九三〇年代の「大恐慌」からの影響遮断など、目を見張るべき成果につながった（World Bank 1996）。

頭の良いエリツィンと鄧であるから、CADスタイルの歪みがあるため、非効率性が内在する両国の中央計画システムは、想像されるよりはるかに安定性が低い、という事実は争えないことをおそらく認めるであろう。機能する価格システムがなければ、計画担当者《プランナー》は生産や流通の重要情報を得ることができないだろう。CAD戦略に内在する多くの歪みは、企業の自律性を奪い、個人のインセンティブを抑圧することにつながった。二〇〇七年のマーシャル・レクチャーで、私は負のダイナミックスをこう説明した。

CAD戦略を実施するためには、途上国政府は数多くの存続不能企業を保護しなければならない。しかしながら、途上国政府は徴税能力が弱いため、このような大規模な保護や補助金は限られた財源のもとでは持続性がない。存続不能企業の投資・経営コストを下げるために、政府は、優先産業の存続不能企業に市場独占、低金利、自国通貨の過大評価、原材料価格の統制などの行政措置に訴えざるを得ない。このような介入は資金・外貨・原材料の大幅な不足につながりかねない。したがって、政府は、社会主義諸国の国家計画を含めた行政チャネルを通じてこれらの企業に直接資源を配分する必要がある。(4)

彼らの戦略の総合結果は失望させるものだった。エリツィンなら過大推計の可能性があるというだろうが、政府の推計によると、一九五〇年代には平均一〇%という高い成長率を記録した後、ソビエト経済の成長は減速した。一九六〇年代には平均七%、七〇年代には五%、八〇年代にはわずか二%、そして九〇年代にはマイナス成長となった(World Bank 1996)。投資の成長率が高かっただけにますます驚くべきことである。しかし西側工業国の実情とは対照的に、投資の収益率は次第に低下していた。この傾向は、一九六〇年代半ば以降、平均余命など重要な社会的指標についても観察される(Easterly and Fischer 1995)。

鄧なら、計画経済下の中国の生活水準はせいぜい準最適だったぐらいだと謙遜するだろう。重工業への投資が高水準だったにもかかわらず、一九五五—七八年の毛沢東時代の中国の全要素生産性は低下した。一九五九—六一年の大躍進政策は、三〇〇〇万人以上の犠牲者を出すひどい飢饉につながった。一九六六—七六年の文化大革命では、都市における仕事の不足から、一六〇〇万人以上の高学歴の都市部の青年が、貧しい農村や遠く離れた山間部での労働に送られた。一九七〇年代まで、社会主義は約束を果たさず、アジアや東欧では計画経済の根本的な変革が必要なのは明らかだった。エリツィンも鄧も、自国を根本的な経済改革の途に乗せることを買って出た。

それは容易ならざる途だった。揺れ動く社会的・政治的変化の真っ只中で、その新しく困難な努力の途に乗り出し、経済改革の政治学と取り組まなければならなかった。ハーバード大学の政治学者であるサミュエル・ハンティントンは、世界的な民主化の「第三の波」と名づけ、それは一九七四年にポルトガルで始まり、世界中の政治体制を揺さぶっていると考えた(5)。ハンティントンの民主主義の定義や歴史の時代区分を否定しながらも、エリツィンや鄧なら、社会主義計画経済から市場経済への移行の最も顕著な特徴は、困難な経済改革と課題の多い政治変革を同時に実行しなければならない、という二面性であることに同意するであろう。

東欧とアジアの共産党政権は、自由化を制度化し、経済における国家の役割を減らし、市場の役割を広げるという正統派の改革を行うよう、著名な経済学者たちの助言を受けた。個人の財産権に関する公式な制度はこれらの国々には存在しなかったし、市場経済の制度的基盤も存在していなかった。改革の圧力が高まって、社会主義を資本主義に改造する自由主義的な項目からなる広範な処方箋を採択するにいたった。中央計画経済を捨て去り、徴税や社会保障のまったく新しいシステムをつくり出し、価格を自由化し、補助金や貿易制限を撤廃し、国営企業を民営化やリストラすることが処方箋だった。

国民に仕事と多少の社会保障を供給し、政府に政治的安定をもたらしていたシステムから脱却するのは、難儀な仕事でもあり、リスクも高かった。消費者への多額の補助金と、国営企業と規制の巨大なコンソーシアムを背景に、体制の強力な支持者ができていた。数十年にわたって、国民は貿易障壁と過大評価された為替レートの中で生きてきた。中国、ロシアなどの新たな指導者たちが、経済構造を改造し国内で広範な自由化を達成できる能力は不確かだった。一九八〇年代後期から一九九〇年代初期にいくつかの国で体制が崩壊したのも驚くことではない。

エリツィンと鄧はこのような課題に直面し、国内でいくつかの戦略的な問題に対処しなければならなかった。第一に、政治的移行と経済的移行を同時に実施しなければならないのか。第二に、経済的移行のポリシー・ミックスには適切な順序立てがあるのだろうか。中国やロシアや世界中の経済学者および政策担当者の間で熱い議論が展開された。

ひとつの議論は、とりわけロシアのように西側の民主主義モデルを模倣しようとする新たな政治体制に、複数政党が競い合う形で経済的な安定化と自由化を達成しようとする能力があるかどうかを疑問視していた。独裁体制での経済改革の成功例と考えられたのは、チリのアウグスト・ピノチェット将軍のモデルであった。かくして経済改革は政治改革に先立って実施されなければならないと主張された。

別の政治的議論は、台湾、中国、韓国の例を引いて「経済改革優先」を主張するアナリストたちから主張された。これらの国では、民主化に先行したのが二〇年間の高成長であり、それは政治的圧力や既得権グループに縛られないテクノクラート層が主導した政策改革および制度改革によってもたらされた。これらの経験から、民主的環境は、経済安定化・民営化・リストラクチャリングにつねに伴う経済的犠牲への耐性が弱い、と理論化するアナリストもいた。ディーパク・ラルが指摘するように、新しく生まれた野党やより自由となった労働組合は、社会主義的福祉国家の終焉や市場主義への移行に反対するであろうと考えられた。したがって、移行経済の成功を得るには「新たに生まれたこれら特権グループを押さえつけるために、大胆で冷酷でおそらく非民主的な政府が必要となる」のである（Lal 1983, p.33）。

過去を振り返って、エリツィンはその忠告に最初は従わなかったと打ち明けるだろう。彼は政治の自由化と経済の移行は同時に進めるべきだと考えていた。ソビエト崩壊後の彼の最初のロシア政府はエゴール・ガイダルを首班とし、変革のスピードを変えようとしたが、経済が崩壊しはじめた。新しい政策はしばしば課題にぶつかり、一九九二年一二月のロシア議会では激しい対立に至った。エリツィンは一九九三年九月議会を解散した。同年一〇月初め、対立は数百人の死傷者を出すとともに、ロシアの政治・経済の安定に甚大な損害を与えた。彼の前任者であるミハイル・ゴルバチョフは経済改革（ペレストロイカ）より政治の自由化（グラスノスチ）のほうが成功したが、エリツィンもゴルバチョフと同様、両方のプロセスを同時に成功させることはできなかったと認めている。(6) 彼はかつて「ロシアの歴史とそのさらなる発展に影響する戦略的な過ちはなかった。そう、そんな過ちはなかった。小さな選択肢、問題などで、戦術的な誤りはいくつか犯した。しかし、全体として、ロシアは正しい途に踏み出し、変革した」と率直にいっている。

きっと鄧は、ロシアが数十年かかる問題を短時日で解決を急いでいる姿に苦笑するだろう。彼の有名な発言のいくつかは、次のように、ゆっくりだが方向の定まった移行の必要性についてのプラグマティックな見解を表している。「貧困は社会主義ではない。豊かになることはすばらしい。……豊かになれる者から豊かになれ……ドグマから自らを解き放て……事実から真実を探せ……白いネコだろうが黒いネコだろうが、ネズミを捕まえるネコがいいネコだ……伝統的な計画経済から市場経済への移行は、水中の石を探しながら川を渡るのに似ている」。そして彼は、近年の中国のすばらしい進歩を見ると、中国が経済改革の緒についた一九七〇年代後半に直面していた異常な二重の課題を忘れがちだ、と聞き手に語るだろう。中国は一九七九年には一人あたりＧＤＰが一八二ドルで、サブサハラ・アフリカ平均の三分の一以下だったし、旧ソ連のわずか八分の一で、本当に貧しかった。今日の中国は中の上の所得の国で、世界第二位の経済大国で、もう一世代経つとナンバーワンになろうとしている。

鄧はおそらく、経済改革と民主主義の関係に関する新しい定番理論にも共感するだろう。彼は「民主主義はせいぜい、経済の安定化や構造調整と並立できる可能性があるといった程度のものだ。経済改革の成功は、数多くの政治的・歴史的・制度的・国際的要因によって決まるものである。民主主義体制と独裁体制の大きな違いにはおおよそ関係がない」ことを示唆していたからだ（Diamond and Plattner 1995, p.xi）。

しかし鄧は、既得権益層に打撃を与えようとして新しい政治連合に任せるために、民主主義がより大きな正当性や能力を持つからといって、（西側のリベラル的定義の）民主主義のほうが経済改革をより実施しやすいと考える楽観論や稚拙な議論は退けるであろう(7)。西側の唯一の政権形成方法に懐疑を示して、鄧は「米国は自国の政治システムを自慢するが、大統領が選挙中にいうこと、就任時にいうこと、在任中にいうこと、退任時にいうことが違う」というかつての発言を繰り返すだろう（Whitman 2003, p.72）。

しかしながら、政治・経済の同時移行のむずかしさを知っているだけに、中国の元指導者は、政治の自由化と経済改革の間の緊張を克服しようと試みる共産主義国が取り得る四つの戦略の選択肢を提示するだろう。それは、⑴政治・経済面の「ショック療法」によって社会や既得権益層に衝撃を与えるため、必要なら新たな政治制度をゼロから創出したり、むずかしい改革策を早急に採用することによって、過去といさぎよく決別する、⑵政治・経済の改革という二つの目標を同時にではなく順序立てて追求する、⑶深刻な経済・社会・政治危機が発生するのを待って、改革が必要だという社会的な合意を強いる、⑷不必要な社会政治的あるいは経済的な混乱を生まずに根本的変革の目標を達成するため、様々な行政上や政治的な解決策を徐々に実行するプラグマティックなアプローチを選ぶ、の四つである。鄧は西側の政治指導者の発言をほとんど引用しないが、「どんなに戦略が美しくとも、時々は結果を見る必要がある」といったウィンストン・チャーチルの言葉には賛同するだろう。プラグマティックな人間として、鄧は第四のアプローチを選んだ。

中国の初期改革の方向性として、鄧は「階級闘争」を国家目標に置き換え、経済の近代化に注力した（Shambaugh 1993）。経済成長が成功の最終指標となった。私は、一九七〇年代後期から八〇年代初期にかけて、北京大学でマルクス経済学を勉強していたが、そこへ改革プロセスが始まった。移行の最初のステップのひとつが、農村部における生産責任制（HRS: household responsibility system）と呼ばれる新しい土地保有システムの導入だった。HRSは、一定期間農民に土地を契約で貸し出すもので、最初は一年、後には三年、さらに一〇年、現在は三〇年に延長されている。あらかじめ決められた割当分を国に固定価格で売り渡す義務を果たし、農作物の一定割合を集団積立として生産集団に納めれば、自分の生産から利益が得られる。これは、「ビッグ・バン」的な所有権の私有化ではなかったが、国が低い固定価格で都市セクターに農産物を分配することを確保しながら、農民に私的な利益のために生産しようという意欲を持たせることを目的に、十分安定的な土地利用を授ける中間的なシステムであった（現在でもそうである）。

ＨＲＳは一九七八—八三年に制度化された。穀物の調達、肥料のような投入物の価格付けやアクセス自由化など、他の農村改革が続いた。全体として、改革により農業の成長率は倍以上になった。当時は、八〇％以上の中国国民が農村部で暮らし、農業に従事していたため、この改革で農民の生活水準が劇的に改善した。鄧は、安徽省と四川省における試験的プログラムの結果を見て、ＨＲＳを国家政策として推進した。この改革への実験的アプローチは、後に他の省でも成功を収めた。彼は、農村の現実に合わせて修正や仕立て直しができるなら、新しいアイディアや外国の技術に門戸を開くことも支持した。彼の人事管理のスタイルは、信頼できる同僚には明確な説明責任《アカウンタビリティ》を課して権限を委譲することであった。このアプローチは、移行過程において国営企業改革を漸進的に改革する特徴ともなった。

シカゴ大学の大学院生としての私の研究テーマは、中国の初期農村改革、とくにＨＲＳについてであった(Lin 1992)。私は、農業生産の約半分がＨＲＳ改革の成果であることを明らかにした研究結果を発表した。この改革は「漸進主義」と呼ぶことができるが、生産性へのインパクトは革命的といっても言いすぎでないものだった[8]！

中国の急速な経済変革の後の段階には、別の複雑な制度的移行が含まれていた。それは、改革が都市の産業セクターに及んだからである。しかしながら、このプロセスの間も、移行は注意深く管理され、このプロセスの今も続いている成功は、歪みが染み付き、市場経済に政府が強力に干渉する低所得国や中所得国にも模範となりうるものである。

中国の経済移行の成功は、一九七〇年代のモーリシャス、八〇年代のラオスやベトナム、九〇年代のベラルーシ、スロベニア、ウズベキスタンと同様、漸進主義がビッグ・バン方式より優れたアプローチであることを示している。残念ながら、「ワシントン・コンセンサス」のブランドのもと、一九八〇年代および九〇年代に移行経済諸国に提示された標準的な政策の処方箋は、ビッグ・バン方式ですべての歪みを一気に除去することを目的としていた。「ワシントン・コンセンサス」の基礎をなす主な前提は、市場による資源配分はただちに旧システムと入れ替わって確立しうるというものであった。

このアプローチは失敗が明らかとなった。それは、旧い経済構造で、存続不能の多数の企業が必要な補助金と保護の供与を目的とした多重の歪みを無視していたもので、これが高くついた。これらの企業の存続可能性の問題を解決せずに歪みだけを除去しようとしたので、経済の崩壊や大量の失業、および社会的・政治的な不安定性を引き起こした。恐ろしい結果が長続きするのを恐れて、経済移行を進める政府は、偽装した保護と補助金をふたたび導入したが、それは以前の歪みによって引き起こされたよりもさらに高いコストにつくことが多かった（World Bank 2002)。

現世へ帰還──多重の歪みの経済学

エリツィン、鄧など旧社会主義のリーダーたちの軌跡と業績をざっとみただけでは、政治・哲学・人事管理のスタイルのほかには、彼らの間に大きな違いがないように思われるかもしれない。あるいはロシアと中国の結果の違いは、主として政治構造や行政能力の違いに起因すると思われるかもしれない。それとも、ロシアは単に存続可能な市場制度の構築に失敗したにすぎず、中国はそれに成功しただけだと思われるかもしれない。「ワシントン・コンセンサス」の信奉者は、なぜ彼らの描いた政策の処方箋が旧社会主義国で成果をあげなかったかを説明するとき、そんな罠に陥ってしまうことが多い(9)。そのような分析では、多重の歪みという現実に直面して、二つの国が選んだ戦略の違いを説明できない。これら二カ国のリーダーの選択を理解するためには、それぞれの国の社会主義の経済史や、改革の背景、エリツィンと鄧が移行中にとった戦略の選択方法を分析しなければならない。

移行経済にはまさに独特で特有のものがある。それらは生産手段を国が所有している経済構造から出発していた。数十年にわたって、移行経済は、資本集約的な国営企業への多額の投資を通じた大規模な工業化を試みていた。この開発戦略は、CAD（比較優位に反する）式産業構造に陥ってしまうという点で、多くの途上国の伝統的な構造主義戦略と基本的に似ている。

政府の資源は、まず三つの特徴を持つ資本集約的な重工業に投じられた。プロジェクトに長い懐妊期間を要すること、プロジェクトの設備の多くは少なくとも初期においては工業化の進んだ国々から輸入が必要なこと、各プロジェクトに多額の一括投資が必要であること、の三つである。(10) 低所得の農業国には同じく三つの特徴がある。使える資本が少ないため市場金利が高いこと、輸出財が少なく低価格の農産物が中心であるため外貨が稀少で割高なこと、貧しい農業経済の体質のため経済余剰が少なく分散していること、の三つである。(11) 低所得国のこれらの特徴は重工業プロジェクトの三つの特徴と整合しないため、農業経済の中で資本集約的な発展を自発的に図るのは不可能である。(12)

したがって、重工業志向の開発戦略を推進するためには、歪みを持った一連のマクロ政策が必要になる。この戦略を推進するため、たとえば中国政府は、優先プロジェクトのために、金利の支払いおよび設備輸入のコスト削減の両方を目的として、低金利と通貨高の政策をとった。(13) 一方、産業の拡大に十分な資金を確保するため、労働者の名目賃金率や原材料・エネルギー・輸送の価格など、投入の低価格化政策を同時に実施しなければならなかった。(14) 低い投入価格を維持すれば、借入金の返済や再投資の資金を蓄積するに足る利益があげられると考えられたからである。

企業が民間所有であれば、政策が生み出す利益を民間企業が計画分野に再投資するかどうか、国にはわからない[15]。結局、民間企業は国有化されて、重工業へ再投資するため、国が利益を管理することになった[16]。一方、低い名目賃金政策を維持するため、政府は都市住民に低価格の食糧や住宅・衣料・医療など必需品を供給しなければならなかった。

低金利、為替高、名目低賃金、低価格の原材料・生活必需品は、重工業志向の開発戦略を推進するために必要な基本的なマクロ政策環境を構成した[17]。

しかしながら、これらのマクロ政策は、信用・外貨・原材料・その他の生活必需品の需給に深刻な不均衡《インバランス》をもたらした。非優先セクターは優先セクターに対して低価格の資源を求めて競合したから、稀少な信用・外貨・原材料・生活必需品の配分を行うメカニズムとして、厳格な計画システムや行政統制が市場にとって代わった。政府の目的は、優先プロジェクトに一定の資源が使われることを確保することだったからである。そのうえ、国は銀行・外国貿易・原材料配給システムを独占した[18]。

この経済モデルのもとでは、競争は抑圧され、利益は企業の効率性を測る尺度ではなくなってしまった。産出物の価格が抑えられていたため、他のセクター向けにエネルギーや運輸などの投入物を生産する中国の企業は、必然的に損失を計上した。対照的に、重機械工業は、低い投入物価格と高い産出物価格の双方のメリットを受けて、確実に利益を計上した。

中央政府は国営企業（SOEs）の全活動を統制したが、そのことは、これらの企業では意思決定の自律性をまったく欠いていることを意味した。国営企業の生産に必要な投入物すべては、政府の計画担当者《プランナー》が決定し供給した。これらは中央政府の計画に盛り込まれ、中央計画予算によって全コストが確実にカバーされた。代わりに、国営企業は産出物と収益のすべてを国に納める義務を負った。国は国営企業の労働者や管理者の賃金率も管理した。国営企業の全活動は、事実上、国の承認を必要とした。この中央の統制制度は非合理的であったが、この指令構造は、実際には、資本が稀少な経済において資本集約的産業の発展を優先させるとき、「エージェンシー」問題のひとつの解答であった。(19) 意思決定を分権化しようとすると、実際には戦略を推進するコストを引き上げてしまう。たとえば、ゴルバチョフ時代に賃金設定の権限を国営企業の経営者に分権化した結果、賃金インフレと政府歳入の低下が起こった。中央政府は、投入物・予算・産出物が中央計画に則るためには、行政による統制と資源配分に頼らざるを得なかったのである。

この種のマクロ政策環境下でのミクロレベルの課題は、国営企業の好業績を引き出すための意識づけや「インセンティブ供与」という「エージェンシー」問題の解決であった。真の市場テストがなかったため、国営企業の相対的な業績や経営者の実績についてのデータはあまり得られなかった。各国営企業の最終売上高や経費や収益性は算出できた。しかし、深刻な責任帰属問題があった。価格は行政が設定し、国営企業内部の経営意思決定は中央政府におおむね統制されていたので、経営者の意思決定は企業の最終利益率にほとんど重要な役割を果たしていなかった。その結果、この数字ベースでは経営者への論功行賞を決めることができなかった。

物量ベースで生産目標を設定し、過去の計数レベルと比較して業績を指標化する方法もあったかもしれない。しかし、なお責任帰属問題が発生していたことだろう。というのは、政府自体が投入物の配給の約束を守れないことがしばしばあったため、物量ベースの生産結果であっても、経営者に説明責任を持たせることはむずかしかったであろう。

さらに、経営者の行動をモニターする精巧なシステムを考案することもありえた。しかし、国営企業に支配されている経済では、そのようなモニタリング・システムを構築し維持することはおそろしく高いものについただろう。結果は、「経営者から経営の自主性を奪い、国営企業を経済システムの操り人形化することが必要」という均衡状態に至っていただろう（Lin, Cai, and Li 1998, p.424）。国営企業の経営者に、より経営の自主性を持たせようという国営企業改革は失敗し、政府による中央統制に逆戻りすることが多かった。

過ちに学ぶことをせず、社会主義国の政策担当者は、世界市場での競争力がなく多量の公的資源を注ぎ込まなければならない企業が占める重工業の発展策を維持した。当初は多少成功を収めたが、経済には多くの歪みが残され、競争力のない「先進」セクターに多数の存続不能企業がひしめいた。二〇世紀後半の大半の時期を支配した冷戦下で、西側世界のライバルたちは、かつて「敵が過ちを犯している間は、敵を阻止するな」といったフランスの将軍であり皇帝であったナポレオン・ボナパルトの勧めに従っているようだった。侵入核ミサイルを大気圏外で打ち落とし国を守るという、一九八三年のロナルド・レーガン元大統領の戦略防衛構想の動機のひとつは、ソビエト連邦に先進重工業を発展させるＣＡＤ（比較優位に反する）戦略を継続する気にさせたいという願いにあったかもしれない(20)。比較優位にもとる戦略を実施して数十年後、東欧およびアジアの多くの社会主義国はセカンド・ベストどころか、サード・ベスト以下の状況に陥り、多重の歪みがもたらす複雑な影響に起因する非効率性に苦しんだ。

このように、社会主義あるいは準社会主義システムの特徴のひとつは、中央計画経済からの移行に伴う構造変革と関連した余分の混乱やコストであった。政治的には現実的で、経済的には崩壊を避けられる改革を行うにはどうしたらよいか。この問題こそが、中央計画経済から市場システムへの移行がほとんど不可避だと悟ったとき、ＣＡＤにより資本集約的で産業志向の戦略を誤って推進した鄧やエリツィン、そしてアフリカ・ラテンアメリカ・アジアの途上国の指導者たちが取り組まねばならなかった問題であった。

経済改革の選択肢——ビッグ・バンか漸進主義か

経済移行のポイントは、インセンティブと効率性を改善するため、様々な歪みを取り除く改革をどの順序で行うかという戦略を持つことであった。二つの大きな戦略の選択肢は、いずれも多少ニュアンスを含んでいたが、計画経済から市場経済へ移行中の東欧とアジアの国々で実施された。そのひとつが「ビッグ・バン戦略」あるいはショック療法であり、もうひとつは漸進主義的アプローチであった。

「ビッグ・バン戦略」の信奉者は、社会主義国や途上国において、政府の歪みや干渉を除去し、できるだけ早期によく機能する市場システムを確立しようとした。彼らは、市場競争の導入や国営企業の早期の民営化がインセンティブや効率性を改善すると期待した。その結果、経済が競争力を持ち、豊かになると考えたのである。

ポーランドのポスト共産主義の指導者たちは、このアプローチの最も声高な信奉者の一人だった。一九八九年にジェフリー・サックスが改革主義者の団体である「連帯」に助言を頼まれて招かれたとき、彼は指導者たちに「ピッタリした大綱が欲しい。しかし、迅速で包括的な変革のプログラムにしてくれ。願わくは、大綱を『このプログラムでポーランドは市場経済にジャンプできる』という言葉で始めてくれ。われわれは早く移行したい。なぜなら、それが、われわれの社会で重要な唯一の道、政治的に意義を持つ唯一の道、また専門家から理解するところでは経済的にも意義を持つ唯一の道だからだ」といわれた（Sachs 1993, p.43)。

ポーランドの元労働組合指導者だったレフ・ワレサは、政治の世界に入る前に電気技師であったこともあろうが、政治に電光石火アプローチを持ち込み、これは結構うまくいった感がある。彼は、「連帯」（ソビエト圏において最初の独立的労働団体）を創設してわずか四年後の一九七九年、グダンスク近郊において、ヴォイチェフ・

ヤルゼルスキー将軍の軍事体制に挑戦し、一九八三年にはノーベル平和賞を受賞した。彼のカリスマと西側からの強力な支持が、ポーランド政府を倒し、ワレサは一九九〇年に大統領になった。彼の周りには、共産主義崩壊後の最初の「連帯」主導の政権下で副首相と財務相を務めた明晰な経済学者レスツェック・バルセロビッチのような、急進的な改革者のチームがあった。

「戦いに勝つには、敵のタイミングを知り、敵が油断しているタイミングを狙うことだ」といった一七世紀日本の剣豪宮本武蔵の知恵に従い、バルセロビッチは、共産党体制崩壊後の高揚と「異常な政治」の短期間が、改革者たちが新しい民主主義と市場志向の制度をすばやく確立し、社会主義経済の広範な構造的歪みやインセンティブ減退を剥ぎ取る唯一の機会を与えている、と言葉巧みに主張した（Balcerowicz 1995）。かくして、彼は政治的理由からも経済的理由からも、「ビッグ・バン戦略」あるいは「ワシントン・コンセンサス」を強く支持した。政治的には、彼は、小出しで痛みの伴う措置が多い長期プロセスよりも包括的プログラムによるほうが、経済改革は採用しやすく実施しやすい、と主張した。長期プロセスだと守旧派に反撃の機会を与えてしまうというのである。バルセロヴィッチがいうには、経済的には、急進的改革のほうがインフレを抑制しやすく、新しい時代の到来を印象づけやすく、自信を植えつけ、もう元には戻れない新しい構造をつくりやすい。「改革の遅れはマクロ経済状況を悪化させるだけである」と彼はいい、「漸進主義ないし穏和な安定化プログラムでは、インフレ慣性やインフレ期待の抑制にほぼ確実に失敗するだろう」と述べた（Balcerowicz 1995, p.92）。

ビッグ・バン・テーゼは、ハーバード大学の経済学者ジェフリー・サックスなど多くの人によって主張されたが、その中には「東欧および旧ソ連の社会主義先進国」と「中国やベトナムのような社会主義途上国」を分けて論じるスウェーデンのアンダース・アスルンドも含まれていた（Sachs 1993; Åslund 1995, p.74）。アスルンドは当初、西側スタイルの民主化は市場経済への移行が成功する前提条件と考えられるといっていた。続けて彼は

「旧秩序を一気に破壊するばかりでなく、新しい民主主義国家をスピーディに建設するためにはやむをえない」と述べた（Åslund 1995, pp.75–76）。旧システムの破壊が遅れれば遅れるほど、移行によって多くの困難や痛みが伴う、と彼は主張した。「時間を与えれば、共産主義の生き残り官僚が（直接奪取するか、もっと微妙な手段を使うかして）残された権力を私物化してしまう。不平等が悪化し、国民の国家への信頼を損ない、非民主的なポピュリズムが台頭する素地を用意してしまう」（Åslund 1995, p.75）。

このような処方箋は経済システムの根底にある存続性の問題を考慮していなかった。数十年に及ぶ中央計画経済と強制的工業化は、優先された重工業において大量の存続不能な企業を生み出していた。市場経済への移行をすばやく機能させるには、国はこれらの産業から市場志向の構造へと粛々と資源再配分を行う必要があった。しかしながら、優先された重工業セクターにおける設備と労働者は、軽工業やサービス部門にただちにあるいは完全には移動できなかった。優先セクターの崩壊、大量の失業、社会・政治の不安定化につながりかねなかったからだ。

典型的な「ワシントン・コンセンサス」の処方箋から実務的にはかなり逸脱するが、その精神を汲んだよりソフトな改革アプローチが、共産主義からの経済移行は順序立って行うべきだと主張する主導的なマクロ経済学者グループから提唱された。それは、安定化、価格自由化、民営化は実施を急ぎ、構造改革は（一〇年以上の）時間をかけて行うべきとするものだった（Blanchard et al. 1991）。ほとんどすべての東欧諸国が、多額の財政赤字と過剰な貨幣の創造を携えたままポスト共産主義時代に突入した。安定化計画を実施したラテンアメリカの経験の影響が強すぎたため、マクロ経済学者は、価格の統制は社会主義下での物資不足を恒久化させるだけであるから、財政赤字と貨幣創造は移行経済の開始期に抑制し、価格は自由化すべきだと提唱した。彼らはまた、必要ならば名目資産を一部没収するような貨幣改革を行って、インフレーションのショックをやわらげるべきだと提唱した。

残念ながら、「ビッグ・バン戦略」も、「ワシントン・コンセンサス」のソフト版も、ポスト共産主義諸国では円滑には働かなかった。処方箋に盛り込まれた有力な知恵は失敗が多く、構造改革を管理したり産業・技術の高度化を始動するのに実行可能な戦略を打ち出せない国もあった。たとえばロシアでは、ほとんどの価格は一九九二年一月に自由化されたが、発生した失業に対して主要な政策担当者の間に政治的支持が十分なかったため、マクロ経済の安定化政策は実施されなかった。一九九二年四月に、人民代議員大会はロシア政府に、国の優先事項は「生産を安定化する」ことであり、信用・貨幣創造を通じて国営企業の雇用を支えるよう指示した。その結果、インフレーションは一九九二年中、月間九％以下には下がらなかった。

しかし六月にソビエト最高会議は迅速な民営化案を承認した。国営企業は、その後、新興財閥の名で知られる一握りの人々にバーゲン価格で売却された。彼らは金融資産や政治的なコネを持ち、特別な利得を享受できた。それが今度は新たな政治経済的問題を生み出し、ロシアはその後二〇年近くその解決に格闘してきた（Freeland 2000）。オリヴィエ・ブランシャールとその共著者は、このビッグ・バンのソフト版を推奨し、次のように述べた。

意欲的で賢明な計画が、政治的妥協で形を崩され、政治闘争で身動きがとれなくなり、官僚の妨害や足の引っ張り合いに縛りつけられ、改革で利権を失う者に妨害行為を受けた。……基本的な教訓は明らかであった。民営化とは、自由な処分権を持つ「国家」に属する資産を分配するのではなく、事実上の権利者である労働者、経営者、地方自治体、中央政府の閣僚などの資産を分配するものであった。これらの権利者を宥めたり、贈賄したり、公権を剥奪したりしないかぎり、民営化は進展できなかった。このように、民営化の主要な課題は、それらの権利をどのように扱い宥和するかである（Blanchard et al. 1993, p.5）。

本書で展開する新しい構造主義経済学は、「ビッグ・バン戦略」およびそのソフト版の失敗の原因に別の説明をつけることにある。比較優位に矛盾する戦略を採用した社会主義経済学は、政府の優先セクターに多数の存続不能な企業を抱え込んだ。政府の保護や補助金がなければ、これらの企業のほとんどは開放・競争市場で存続不能であった。エストニア、ラトビア、リトアニアのようなポスト共産主義の小国では、存続不能な企業の数がごくわずかだったため、そのような企業の産出額や雇用者数は少なかったし、ビッグ・バン改革で一気に政府の干渉を排除することができた。政府の保護や補助金を廃止すると、これらの存続不能企業は倒産したが、経済に占めるウェイトが小さかったため、「移行コスト」は小さかった。以前は発展が抑えられていた労働集約的セクターが、とくにＦＤＩ（海外直接投資）の流入で成長し、これらの産業で新たに創り出された雇用機会が労働力を吸収し、存続不能企業が倒産した損失をカバーできた。その結果、当初は産出と雇用に多少のロスが生じたものの、ショック療法を実施後、ただちに経済は成長が可能となった。

存続不能企業の数が多かったより大きな国々では、ショック療法の強行は、大規模な倒産の発生と大量の失業をもたらした。そのような悪い結果を避け、政治的・軍事的目的から先進産業における存続不能企業を維持しようとしたら、政府は、安定化・価格自由化・民営化は早期に実施し、構造改革は先延ばしにするという、主導的マクロ経済学者が提唱したソフト・アプローチをとらざるを得なかった（Blanchard et al. 1991）。

しかし、このアプローチには論理的な矛盾があり、自滅的であった。もし価格が自由化され存続不能な企業が民営化されれば、構造改革は先送りされる一方、安定化は達成できなかった。第一に、政府の優先セクターにあるほとんどの企業は独占力を持っており、統制が解除されれば価格の引上げが可能だった。第二に、民間企業は国営企業の経営者と比べて、存続可能問題を使って、政府からより多くの補助金を引き出そうとロビー活動に励むことに、より高いインセンティブを持っていた。なぜなら、そのようなレント・シーキング活動から直接利得を得ることができるからである（Lin and Tan 1999; Lin and Li 2008）。しかしながら、経済の移行後、政府の歳入は減少した。

移行期において、このアプローチは、信奉者が意図したような安定化ではなく、ハイパーインフレをもたらした。とりわけ、移行後の東欧や旧ソ連諸国の多くにおいて起こったことがまさにこれだった（World Bank 2002）。結果は「セラピー（療法）なしのショック」となった（Galbraith 2002）。イースタリーは、東欧の移行経済諸国における失敗について、「ワシントン・コンセンサス」に固執した途上国で見られた広範な経済低迷の原因の一部がそれであったことを明らかにした（Easterly 2001）。

これとは異なり、新しい構造主義経済学から推奨された経済移行のはるかに効果的な戦略は、漸進的でプラグマティックな複線工程アプローチであり、歪みの内生性と優先セクターにおける企業の存続可能性を重視するものである。このアプローチは、移行期における安定性を維持するために、優先セクターにおいては存続不能企業にしばらく保護を与えるが、資源配分を改善し後進性のメリットを活かして高成長を達成するため、その国が比較優位を持つセクターでは、民間企業や直接投資を自由化し、優先セクターへの参入を円滑化するものである。新セクターにおける急成長の結果として資本蓄積が進むと、旧優先産業における多くの企業が存続可能となる。高成長は、カルドアが二〇世紀型成長と特徴づけた成長と似た形で歪みを除去するための金融資源や雇用機会を含む必要条件を形成する。これは、政策変更が社会の福利を増加させ、敗者は損失を補填されるため、政策変化による敗者は経済の中に誰もいない、ということを意味する（Lin 2009b）。このようにすれば、改革への政策の抵抗は最小化できる。

移行プロセスは、市場開放のプロセスであると同時に、新しい産業の成長を円滑化するため、政府のサポートを供与するプロセスでもある。後者は、第7章で述べた六つのステップの実施戦略を使って達成できる。たとえば、経済特区は漸進主義アプローチと完全に整合的である。まず限られた地域で改革と補助的インフラが整えられ、経済移行期には特別なセクターを支援した。このアプローチの諸要素は、世界中の移行経済において実施され、成功した。

栄える移行経済——中国、スロベニアなど数カ国の教訓

米国の作家リチャード・ライト〔訳註1〕は「証拠が示せるなら推論をする」べきでない、と示唆した。したがって、私は彼のアドバイスに従って、移行経済においては「ビッグ・バン戦略」より漸進的複線工程アプローチ（gradual, dual-track approach）のほうが成功を収める可能性が高いというテーゼを支持する証拠をお見せしよう。中国、ベトナム、スロベニア、モーリシャスが良い例である。これらの国は、高成長を達成するために、改革と開発にプラグマティックなアプローチを選び、政府の旧優先セクターにおける存続不能な企業にも暫定的な移行期保護や補助金を与え、高成長を達成するためにその国の比較優位に沿ったセクターを支えた。

中国が計画経済から市場志向経済への移行を始めた一九七八年、中国は、一人あたりＧＤＰは一八二ドル、貿易・ＧＤＰ比率はわずか九・五％の貧しく内向きな国であったことを強調しておこう。その後、最近三二年間の成果は語るまでもない。中国の年間ＧＤＰ成長率は平均九・九％で、外国貿易の伸び率は平均一六・三％である。

ドワイト・パーキンスが指摘するように、改革プロセスを始めるとき、中国の指導者たちは青写真に従わな

かったかもしれない（Perkins 1988）。いまだ中国の経済移行は硬直的な論理に従っていた。旧システムは三つの不可分な要因を基礎にしていた。すなわち、(1)人為的な低金利、割高な為替レート、低い名目賃金、生活必需品および原材料の低価格、といった歪みのあるマクロ政策環境、(2)信用、外貨、その他原料などの計画配分メカニズム、(3)国営企業と集団農業における自律性を剥奪された伝統的なミクロ経営制度、の三つである（Lin, Cai, and Li 1996, p.203）。

経済システムにおける明白な問題点は、構造的不均衡《インバランス》とインセンティブ問題を原因とする低い経済効率性だった。したがって、一九七八年の改革の目標は、構造的不均衡を是正し、インセンティブを改善することだった。しかし、以前の改革の試みと今回の改革の違うところは、集団農場における農民や国営企業における経営者や労働者を部分的なステークホルダーにするためのミクロ経営システムの改革だった。「伝統的な経済システムにおける三者間の小さな亀裂は最終的にえぐり出され、伝統的システムが次第に剥ぎ取られることになった」（Lin, Cai, and Li 1996, pp.212–13）。

実際には、これは読み替えられて、優先セクターにおける存続不能企業への政府援助は継続された。しかし同時に政府は、中国が比較優位を持っている労働集約セクターへの民間企業、合弁企業、直接投資の参入を自由化し容易にした。これらのセクターは改革以前の経済戦略では抑圧されていた。中国の人口のほとんどが農村地域に住んでいたことから、改革の開始時には農村部門は重要だった。前述した生産責任制（HRS）を順次実施することで、産出額に占める農民の取り分は大きく増加し、農業の生産性を改善しようというインセンティブを与えた。地方レベルに管理が分権化されたため、郷鎮企業など、新しい集団所有の形態が導入された。この混成的な制度変更が次第に進んだが、重要な特徴は、農民と非農業労働者のインセンティブを改善し、資源配分、投資、生産性や効率性の向上からあがる利益について発言することを許容した点である。

変化に適応できるよう、ゆっくりではあるが国営企業（ＳＯＥｓ）は改革された。改革の最初の一〇年間に、管理と意思決定の自主性が徐々に委ねられた。漸進主義アプローチは決してひとりよがりの結果ではなかったのである。一九八〇年に鄧は演説でこう述べた。

官僚制が、わが党およびわが国の政治生活の大きくて広範な問題として残った。有害な兆候には次のようなものがあった。民衆への睥睨《へいげい》。権力の濫用。現実や民衆からの遊離。虚飾への時間と力の浪費。無駄話への耽溺。硬直的思考への固執。伝統への緊縛。行政機関の人員余剰。遅延、非効率、無責任。約束破り。問題を解決せずに延々と文書を回す。他人に責任を押し付ける。ひいては、役人を気取り、ことあるごとに他人を批判し、他人に報復攻撃する、民主主義を抑圧する、上司・部下を欺く、恣意的で横暴、えこひいき、贈賄、法を犯して汚職に手を染める、等々。このようなことが、内政でも外交でも、容認しがたい程度に達していた(Deng 1980)。

改革の結果、おおむね市場ベースの価格と資源配分が実現した。一九九六年までには、小売物資全体のおよそ九三％、農産物全体の七九％、生産要素の売買総量の八一％が市場で価格付けされた(Lin, Cai, and Li 2003)。現実主義的な移行政策のおかげで、中国は社会の安定性を維持するとともに、経済の活力を生み出した。社会の安定性は、旧優先産業の崩壊を避けることによって達成され、高成長は、比較優位を追求するとともに、産業の高度化と多様化の遅れというメリットを活用することによって達成された。加えて、新しく自由化したセクターにおける高成長が、旧優先セクターを改革する素地をつくった。資本の急速な蓄積により、国際競争市場において、一部の国営企業は存続可能となった。高成長により国営企業の労働者に雇用の機会がつくられたので、他の国有企業は破綻が許された。全体として、中国は「敗者のない改革」を達成し、ゆっくりとではあるが着実に、よく機能する市場経済に移行した（Naughton 1995; Lau, Qian, and Roland 2000; Lin, Cai, and Li 2003）。

ベトナムも、中央計画経済システムからの脱却のため、同様の複線工程改革戦略を推進した。たとえば、政策担当者は国有企業の経営者に、売上げが中央計画で決められた額を超えれば過剰収益の留保を認めるようになった（Lin 1997）。ベトナム政府はまた、集団企業に多少の自主性を付与し、個人報酬と農業生産が緊密に関係する制度をつくった。ラオスもまた、中国にきわめて類似した改革の順序付け・段階付けの改革を推進した。

東欧および旧ソ連の国々の多くは、「ビッグ・バン戦略」に従う選択をしたが、いくつかの例外もあった。スロベニアは、ソビエト連邦が崩壊し旧ユーゴスラビア社会主義連邦共和国が分裂した後、漸進主義の経済改革戦略を推進した。スロベニアは一九九〇年代初めに「三重の移行」に直面した。社会主義経済から市場経済への移行、地域経済から国家経済への移行、EUへの漸進的統合の三つである（Mrak, Rojec, and Silva-Jáuregui 2004）。漸進主義の一部は国家誕生以前に遡る。国営セクターの改革の多くは、準市場システムが機能していたことを物語る。いくつかの旧ソ連諸国と比べると、経営者は、より多くの経営自主性を持っていた。

スロベニアは、旧ユーゴスラビアの解体により生産が崩壊して以降、均衡成長を記録してきた。しかし、経済移行の道は多難だった。長い期間、漸進的な移行が経済の一部を競争から護ってきた。スロベニアが経済改革を開始してから一〇年以上の間は、多くの部門で国家の介入がいまだ大きかった。規制によってリストラのスピードは遅かった。銀行部門は、いまだ二つの国営銀行に支配され、国営企業ないし官民複合企業が総付加価値の約半分を生産し、鉄鋼から保険まで様々な部門で存続していた。資本取引の自由化は、EU加盟（スロベニアは二〇〇四年に加盟した）の重要な条件であったが、時間がかかった。自国の金融システムをより激しい競争にさらすことになるから、政府は銀行システムの効率性強化にも時間をかけた。ＩＭＦはスロベニア開発公社の業務について懸念を表明した。企業への低利融資を供与していたからである。一九九〇年代に高い構造的失業に直面して、スロベニアは広範な労働市場活性化策も実施した。これには、雇用への補助金、（労働市場再参入の見込みが低い人々への）公的雇用、職場内外の実地職業訓練や再訓練プログラムが含まれていた。

そのようなプログラムに割かれていた巨額な予算は、急進的な「ワシントン・コンセンサス」の処方箋の実施を主張する専門家の眉を吊り上げさせた。しかし、それらは移行の社会的コストを緩和し、社会の安定性を維持し、「競争力と持続的な成長と社会平和」を享受する「革新的な企業経済」をつくるという目標を政府が達成する手助けとなった（IMF and Republic of Slovenia 2001, p.12）。この地域の歴史やバルカン半島と西欧の十字路にあたる同国の位置を鑑みると、これは重要な目標だった。スロベニアはいまや最も富裕なスラブ国家である。同国の一人あたりＧＤＰは、一九九二年から二〇一〇年の間に四分の三増加し、購買力平価で測るとＥＵ二七カ国平均の八五％の水準に達した。

同様に、ベラルーシとウズベキスタンも、国営の大企業をただちには民営化せず漸進主義的改革アプローチを採用したが、ショック療法を推進した他の旧ソ連諸国より羽振りがよかった。ポーランドも、当初は市場経済への一足飛びを試みたが、最近まで国営の大企業を民営化せず、東欧諸国の中ではトップの実績であった(21)。

漸進的複線工程アプローチの改革実施が成功したもうひとつの興味ある事例がモーリシャスである。五〇年前、ノーベル経済学賞受賞者のジェームズ・ミードは、モーリシャスは経済・社会的な時限爆弾であるという有名な予言をした。人口増加、単一商品作物への依存、狭隘な国内市場、世界の主要市場からの乖離、部族間の対立が絡み合って、必ずや経済・社会は絶望状態に陥るだろうと予言したのである。

幸いにも、予言は現実化しなかった。逆にモーリシャスの経済実績は、サブサハラ・アフリカ諸国の平均を大きく上回った。一人あたりGDP（購買力平価ベース）が約一万三〇〇〇ドル、識字率八八%、平均余命七三歳など、国民は同地域で最高の生活水準を享受している（World Bank 2010c）。

どのようにして、モーリシャスは優れた実績を達成したのか。ただ他のアフリカ諸国より初期条件に恵まれていただけなのだろうか。そうではない。初期条件は平均余命が高かっただけだ。他の指標の多くについては、モーリシャスには優位性はなかった。また、モーリシャスは確かに地続きの隣国に囲まれるという難題こそなかったが、インド洋の南部に位置し、アジア・ヨーロッパ・北アメリカという大市場から数千キロも離れていたのである。

モーリシャスは一九六八年の独立時には、（砂糖の）モノカルチャー経済と支配的な国営企業の組み合わせから出発した。かつての輸入代替戦略の名残として、国内経済には経済政策の歪みを抱えたまま、一九七〇年代に輸出加工区を設け、香港から繊維・織物企業を積極的に誘致し、生産拠点のモーリシャス移転を促した。輸出加工区では、良好なインフラや効率的な行政に加えて、労働などの諸規制も自由化された。多くの論者は、モーリシャスの成功の要因を良好な対外要因にあると指摘した。低所得国の地位を生かして、米国の繊維に対する輸入特恵措置や、ヨーロッパの砂糖輸入の特恵措置などである。これらの特恵条件がモーリシャスが成功を収める手助けをしたことは確かであるが、それらの特恵条件は他の低所得国にも存在することを強調したい。彼らに比べると、先に指摘したように、モーリシャスには不利な条件が多かったのである。

しかし、モーリシャスはそれらの優遇条件を生かすことに最も成功した国のひとつだった。私は同国の成功の原因は、第一に、経済移行の複線工程戦略であり（一方で旧いセクターに移行期に限った保護を続けることによって経済的社会的安定を維持し、一方で新しいセクターを成長エンジンとして、比較優位のメリットを経済に利用させる）、第二に、潜在的に比較優位がある産業を政府が正しく認識し、それらの産業の成長を円滑化させたことだと考える。一九七〇年代に香港は、労働集約的な織物と繊維に関しては世界の主要な輸出者だった。同産業の高成長によって、賃金が上昇したため、同セクターの企業は生産拠点を他に移す機会を探していた。モーリシャスの一九七〇年の一人あたりGDP（購買力平価で測った二〇〇〇年ドル価格）は二九四五ドルであり、同年の中国・香港の一人あたりGDP（五六九五ドル）の約半分であった（Maddison n.d.）。

衣料・繊維産業にはモーリシャスの潜在的な比較優位があったため、いったん香港の企業が生産・管理・マーケティング技術を持ち込むと、多くの現地企業も同セクターに参入した。今日では、モーリシャスの繊維・衣料企業のおよそ七〇％がモーリシャス資本である（Subramanian and Roy 2003）。

複線工程アプローチは、移行経済に安定の維持と高成長の達成をもたらす一方、社会的経済的コストも負わせる。よく機能する市場経済への移行は、一方のラインに残存している歪みを除去するまでは完全ではない。中国の移行が好例である。過去三〇年間に中国はうらやましいほどの安定と成長を達成したが、構造問題にも悩まされた。とくに、所得分配の不平等、消費・貯蓄・対外収支の不均衡の問題である。移行を開始したとき、中国は比較的平等な社会だったが、急成長によって所得分配はかなり不平等になった(22)。

移行の間、中国政府は優先セクターの存続不能企業を継続支援するため、市場の歪みを維持した。維持された主な歪みには、四大国営銀行と株式市場への金融サービスの集中や、天然資源へのロイヤリティをほぼゼロに抑制したり、電力・銀行・通信などの主要サービス産業における独占などがあった。これらの歪みが、中国の経済移行の間、安定性や高成長に貢献した。

急速な資本蓄積や他の改革によって、旧優先セクターのほとんどの企業が存続可能となった。しかし、残存する歪みを通じて、補助金を受け取り続け、所得の不平等や経済不均衡の原因となった。大企業と富裕層だけが、株式市場の資金や大銀行の信用にアクセスできた。資本コストと金利は人為的に抑えられた。その結果、大企業と富裕層は、資本市場や銀行融資にアクセスできない小規模な株式投資家や銀行の預金者から、補助金を受け取っていたことになる。大企業への利益と富の集中、そして所得格差の拡大は不可避だった。天然資源への低いロイヤリティやサービス部門の独占もまた同様の効果を持った。富裕な個人と大企業は貯蓄性向が高いため、高い利益と銀行融資および株式市場へのアクセスによって彼らは大規模な投資ができ、中国の生産能力を急速に拡大させた。しかしながら、富裕層や大企業より高い消費性向を持った低所得者の所得シェアが次第に低下したため、中国国内のアブソープション能力は抑えられていた。これら二つのトレンドの結果、中国の貿易収支黒字は拡大を続けた。

中国が構造不均衡《インバランス》を改善し、よく機能する市場経済への移行を完了するためには、金融・天然資源・サービス部門で残存する歪みをもっと幅広く取り除くことが必要となるだろう。私は、中国政府が以下のような鍵となる改革を採用することを提唱する。金融の抑制をやめ、地方銀行など小規模で地方の金融機関が十分発展することを認めること、天然資源に適切なロイヤリティを課すこと、電力・金融・通信部門に参入と競争を促すこと、である。(23)

複線工程戦略のアプローチをとった国々における次なる改革の正しい処方箋は、各国独自の経済・社会・政治環境に応じて整える必要（とくに、複線工程戦略の経済移行で安定性と高成長を達成した国々の場合）がある。しかし、よく機能する市場経済になりたければ、一方のラインに残存する歪みを除去することが必要になる。これらの国々の政府は、中所得国の罠を避け、高所得国となっても高成長を続けるために、構造改革を推進する必要がある。これが次章のテーマである。

註

（1）エリツィンはロシア議会で選出され、一九九〇年五月、ロシア共和国の議長（大統領）に選ばれた。その年の後、彼は正式に共産党から脱退した。一九九一年秋、彼および他の共和国指導者が、自国の独立を宣言し、一二月、ロシア、ウクライナ、ベラルーシの大統領は、一九九二年一月のソビエト連邦消滅を表明し、独立国家共同体（ＣＩＳ）を形成した。他に八つの共和国がＣＩＳに加わり、四つの共和国は完全独立した。ゴルバチョフは年末に辞任し、一九九一年一二月三一日にソビエト連邦は消滅した。

（2）Salisbury（1992, p.328）を参照。Shambaugh（1993, p.457）にも引用されている。

（3）驚くべき特質は、容易に理解でき問題を解決できるような方法で評価され、あるいは数学的な表現である。

（4）Lin（2009b, p.31）。動学の正式なモデルについては、フェイユェ・リーとの共著による私の論文「途上国における開発戦略、存続可能性および経済の歪み」（Lin and Li 2009）を参照。

（5）Ｓ・Ｐ・ハンティントンによると、世界的な民主化の最初の二つの「波」は一八二八―一九二六年と一九四三―六二年に起こり、それぞれ反転を伴った。彼がいう第三の「波」は、一九七〇年代と八〇年代において、非民主主義的政治システムから民主主義的政治システムへ移行した、主としてアジアおよびラテンアメリカの約三五の移行の分析に基づいている。ハンティントンは政治的移行を次の四つの大きなカテゴリーに分けている。権力を持つエリートが主導して民主主義をもたらした「改革」（ブラジル、ハンガリー、インド、スペイン）、野党勢力が主導して民主主義をもたらした「代替」（アルゼンチン、東ドイツ、ポルトガル、ルーマニア）、政府と野党勢力の協働で民主主義が実現する「改革的代替」（ボリビア、チェコスロバキア、ニカラグア、ポーランド）、国外勢力から民主制度を強いられる「介入」（グレナダとパナマ）（Huntington 1992）。多くの研究者が、ハンティントンの西側中心の民主主義アプローチに疑問を呈した（たとえばMonga（1996）を参照）。

（6）ゴルバチョフについてはDiamond and Plattner（1995）を参照。

（7）たとえば、Ｓ・ハガードとＲ・Ｆ・カウフマンは、「長期的には、民主主義制度がもたらす議論や論争の機会が、経済改革に伴う社会対立や現行の政策ジレンマに長続きのする妥協を見出す最良の希望を与える」ことを示唆している（Haggard and Kaufman 1995, p.8）。

（8）中国の経済移行の詳細な議論についてはLin（2011a）を参照。

（9）たとえば、Portes（1993）、Åslund（1994）を参照。

（10）小規模な繊維工場のような軽工業プロジェクトの建設には一～二年を要する。大規模な重工業プロジェクトには、通常、より長い年月が必要になる。たとえば、中国では精錬プラントの平均建設期間は七年、化学プラントが五～六年、機械建設プラントが三～四年である（Li and Zheng 1989）。

(11) 中国で開発戦略がとられる以前に存在した闇の金融市場では、月利三%の実質金利が標準的な金利であった。これは年利三六%に相当する。これは、多くの低所得国で、ミクロ金融の多くの業者が請求する金利水準である。

(12) 重工業の自発的発展が不可能なのはいくつかの理由がある。第一に、金利が高いため、長い準備期間が必要なプロジェクトは実行不可能であろうということである。たとえば、中国では精錬工場を完成するのに平均七年かかる。一九五〇年代初期には、中国の市場金利は年利約三〇%(月利二・五%)だった。市場でプロジェクトの資金を借りて、プロジェクトの完成後返済を行うことを考えてみてほしい。元本と利払いを複利で計算すると、プロジェクトの一年目に借りた一ドルは六・二七ドルになっている。明らかに、このような高い金利負担を賄えるほど利益率の高いプロジェクトはない。第二に、ほとんどの施設を工業国から輸入しなければならないため、為替レートが市場で決定する場合、外貨の供給不足が重工業の建設を割高にしまう。第三に、農業の余剰が小額で分散しているため、大型プロジェクトに十分な資金を動員することがむずかしい。

(13) たとえば、銀行の貸出金利が、年利三〇%から年利約五%に公式に引き下げられたとしよう。七年プロジェクトの当初に資金一ドルを借りると、プロジェクト完成時の元利支払いは六・二七ドルから一・四一ドルに下がることになる。

(14) 一九五二—七八年の間に一人あたり実質GNPは三倍に増えたが、名目賃金は、同期間にわずか一〇・三%増加しただけで、ほとんど変わらなかった(State Statistical Bureau 1987)。低い名目賃金政策の策定について、さらに詳細な議論は、Wu (1965) とCheng (1982) を参照。しかしながら、現物補助があったため、都市労働者に支払われる実質賃金は、名目賃金の動きから想像されるほど低くはなかったことに注意する必要がある。もし農村から都市への移住制限が撤廃されていれば、都市の賃金率は下がっていた可能性がある(Rawski 1979)。

(15) 中国において重工業の発展を円滑化する価格の歪みがこれだけあっても、重工業プロジェクトが資本投資の元を取るのに必要な期間は、平均して、軽工業のそれのおおよそ四~五倍長かった。したがって、利益を最大化しようとする民間経営者は、軽工業プロジェクトへ投資するインセンティブのほうがより高かっただろう。Li (1983) を参照。

(16) 一九四〇年代後半に中国共産党がとった新しい民主化政策のもと、民間企業は革命後長期間、国営企業と共存することになっていた。しかしながら、政府が重工業中心の発展戦略をとった一九五二年以降、企業は国有化された。重工業プロジェクトに利益を確保しようとする試みが、政府が民間企業に対する政策を転換する動機となった。

(17) 資本が稀少な経済で資本集約的な重工業の発展を推進する手段として、政府は、価格シグナルを歪める代わりに、補助金を使うことができる。理論的には、補助金政策は価格を歪める政策よりも経済的には効率的であることが示されている。しかしながら、補助金政策のもとでは、重工業は巨額の損失を負い、損失を穴埋めするために、政府は他のセクターに重い税を課す必要がある。このような状況では、政府は重工業の発展を加速化する立場を守ることがむずかしい。さらに、途上国の政府は巨額のため税金を徴収することはできないと思われる。社会主義経済のみならず資本主義経済でも、優先セクターの発展を推進するために、政府がなぜ補助金の代わりに価格の歪みを用いるのかは、これで説明できよう。

(18) 中国や他の社会主義国を研究している多くの論者は、歪みを受けた政策環境と行政統制は社会主義の教義によって形成されたと考えている。社会主義のイデオロギーはこれらの政策の形成に一役買ったかもしれないが、経済的合理性もあった。これらの政策は資本が稀少な経済において、重工業中心の発展戦略の実施を円滑にした。これは、インドのような非社会主義の途上国が、中国と同じような経済状況のもとで重工業中心の発展戦略をとったとき、なぜ同じような政策環境や行政統制を実践したのかを説明してくれる。

(19) 「プリンシパル―エージェント問題」は、プリンシパル（この場合は中央政府）がエージェント（この場合は国営企業）に、相互の利益に沿うかわからない特別の義務を果たすことを期待するときに発生する。そのようなとき、エージェントが期待どおりに実際行動するかに関して、プリンシパルは情報とリスクの非対称性に直面しているから、インセンティブ・システムの内容が決定要因となる。

(20) Broad (1992) は、このプロジェクトの信奉者は「ニッチェ基準」の制約に反して仕事をしなければならないと論じた。これは、米国の軍事専門家であるポール・ニッチェが考案した目安で、米国が戦略防衛構想に投資する前に、ソビエトが対抗したとき必要になる追加的兵器よりも安価であることを確かめる必要があると主張した。ブロードはまた、ソビエトが脅威を抱くため、この防衛構想は「最も危険」であるとも指摘した。

(21) World Bank (2002)。スロベニア、ポーランド、ベラルーシ、ウズベキスタンの移行で推進された漸進主義アプローチの経済実績は、中国やベトナムほど著しくはなかったのは確かだが、これは、これらの国が経済移行後、新しい競争力のある企業の活性化策を政府が欠いていた点が原因のひとつである。

(22) 所得の不平等を測る尺度であるジニ係数は一九八一年の〇・三一から二〇〇七年の〇・四九に上昇した（World Bank 2010c; Li, Luo, and Sicular 2011）。一方、家計消費はGDPの約五〇%から約三五%に低下したのに、固定資本投資はGDPの約三〇%から約四五%以上へと上昇した。純輸出はほぼゼロからスタートしたが、二〇〇七年にはGDPの八・八%にまで上昇した。

(23) 経済移行に対する中国の複線工程アプローチとその他の改革事項の詳細については、Lin (2011a) を参照。

〔訳註1〕 Richard Wright, 1908–60. ミシシッピー州ロクシー生まれ。南部で身近にリンチを体験。人種差別のアメリカを離れ、パリに移住。『アメリカの息子』（一九四〇年）によって全米的に認識された最初の黒人作家となる。自伝的作品に『ブラック・ボーイ』（一九四五年）。

Chapter 9 Fostering Structural Change at Higher Levels of Development

第9章　より高い発展段階における構造変化の促進

現在でもベトナムを訪れる人は、一九六〇年代、七〇年代にベトナムを悲劇的な国際問題の渦中に放り込んだ二一年間の戦争の捉えどころない記憶や思いと闘わずに過ごすことは困難だろう。ベトナム戦争の時期、私は台湾の若い学生だった。皆と同じように私もテレビや新聞で残虐行為、破壊、恐怖の画像を見ながら育ったが、ハノイに戻るたびに無意識にこのイメージが甦ってくる。北ベトナムの平原、そこには多くの河川が東方に向かって視界の中の海に流れ込んでおり、私の故郷である台湾北東部の宜蘭の景色と似ている。私の搭乗機が北ベトナムの平原を過ぎてハノイ・ノイバイ空港への着陸準備に入るとき、二〇世紀最悪の戦争で祖国のために死んでいった兵士、農夫、市井の人々の幽霊を半ば意識しながら窓越しに迫ってくることに気づく。二〇年を超える戦争の中で約五万八〇〇〇人の米兵が戦死した傍らで、推計一一〇万人のベトナム兵と四〇〇万人の一般ベトナム人（ベトナム当局によれば総人口のほぼ一五%）が死んでいった（Smith 2010）。

その後は劇的に変化し、私が訪問するたびに、最近では建都一〇〇〇周年記念年の二〇一〇年夏に訪問したが、新しい活気に満ちた都市生活での不便や難事の真っ只中で経済発展の進行ぶりを目撃できる。空港からハノイ市街地に至る二八マイルの道はいつも魅力的だ。街に出入りする車の群れで狭い道路は混雑し空気は汚れている。ハノイ市交通安全委員会は、近隣住民は日々排煙、排ガスに悩み、何時間も続く大渋滞が恒常的となっている旨を報告している。ハノイの商業地区や官庁街を走り回る何千という自転車やオートバイで、多くの自動車は交差点で身動きできない。

都市生活での人口密集や様々な難事は、その長い歴史が復元力で特徴づけられるこの国のダイナミズムの反映でもある。「プラトーン」、「地獄の黙示録」、「フルメタル・ジャケット」といったハリウッドの大ヒット映画は、爆弾や銃弾で何百万もの人々が殺され、まだ一九六〇年代や七〇年代当時貧弱だったインフラが破壊されたことを物語っている。しかし、いかなる破壊も、長い闘争の歴史を持つ人々の不屈の精神や創意を打ち負かすことはできなかった。ベトナム戦争で多くの命が奪われて以後、わずか二〇年でこれほどの経済発展を遂げると予想したアナリストはほとんどいない。この国はいまだ社会主義国を標榜しているが、一九八〇年代末から九〇年代初頭の改革、とくに農業生産の責任を個人農家に戻し、個人の企業経営を認めた改革によって、農業生産は飛躍的に増加した。これらの改革によりベトナムはダイナミックな中所得国に変貌し、二〇一〇年の一人あたりGDPは購買力平価で三〇〇〇ドルになった。

ベトナムは、二次にわたる五カ年計画の指針となる新一〇カ年国家社会経済発展戦略の準備に取り掛かった。私は直近のハノイ行きで、「ベトナム――新一〇年期とその先を見据えて」と題するハイレベル・ワークショップに参加した。グエン・タン・ドン首相が議長を務め、そこでは、政府戦略案に対して幅広い専門家から意見を聞き、途上国での産業政策についてブレインストーミングをし、過去の多くの失敗から教訓を得ることを目的としていた。私はそこでGIF（成長分野識別・促進）フレームワークをベトナムのような国にどう適用するのかを概説した。私の論点は、比較優位を追求する途上国は世界的に競争力をつけるチャンスが十分にあるというものであり、後発国の利益を活用しつつ、経済発展過程で変化する資源賦存構造を上手に高度化し、産業の高度化を維持し、所得増と貧困削減を実現する。この優れた戦略の前提条件とは、良く機能する競争的な市場と比較優位分野の成長を促進する政府の存在である。

この会合での議論の質の高さや、また参加した学者、政策担当者、政治指導者、開発関係者間の議論の率直なトーンは印象的だった。私が個人的にグエン・タン・ドン首相や政府高官に会ったとき、彼らはこれまでの発展実績に満足する一方、目の前にある困難な戦略課題で頭がいっぱいだった。ドイモイ政策以来二〇年以上も依拠してきた現在の開発モデルで過去二〇年に急速な経済発展（この間一人あたり所得は一〇倍になった）を遂げたが、このダイナミックな成長が当然のことながらいつまでも続いていくわけではない(1)。ベトナムはまだ低賃金を武器としている一次産品生産国だ。しかし、ガバナンス、貧困、不平等といった新たな課題が出現しており、また世界貿易機関（ＷＴＯ）への加盟が利益とリスクを同時にもたらしつつある。

ベトナムの政策担当者が、自国のすばらしい経済パーフォーマンスの長期的持続性を心配したからといって、誰がそれを咎められようか。なにしろ他の多くの諸国が、ある時期に良好な実績を示しながら、その後どういうわけか失速する。たとえばロシア連邦は高所得選抜クラブに加わるべく必死に試みたが、結局ほぼ二〇〇年にもわたり中所得国から抜け出せなかった。高所得国の中には中所得国に滑り落ちた国もある。最近の世界銀行の報告書で指摘されているように、一九〇〇年にアルゼンチンは世界第六位の経済で、世界での最高所得国の一つであった。ベネズエラは一九五〇年には一人あたりＧＤＰがラテンアメリカ諸国で最高であり、オーストラリアやカナダと同水準であった。しかし現在、アルゼンチンとベネズエラの一人あたり所得は中所得国マレーシアを下回っている（World Bank 2010c）。

多くのベトナム人は、私自身の国である中国の過去三〇年の見事な経済実績にもかかわらず同じような課題に直面している中国を念入りに観察している。二〇〇八年の北京オリンピックは大成功だった。政府は、大規模で世界的な大会主催という複雑な事業をしっかりとこなした。北京オリンピックのテーマは「一つの世界、一つの夢」であった。この大会の主催は、経済の発展と国際社会での役割という両面において、中国の歴史の中でも時代を画するものだった。オリンピックは、多くの分野、大会そのものの運営能力、質の高い公共インフラ、「鳥の巣」競技場設計の創造性と革新性、開会式や閉会式でのハイテク機器と伝統音楽・伝統舞踊との組み合わせで、中国の成長力を披露する絶好の機会を提供した。これらは、フィールドでの選手の活躍を報じるテレビ映像を通じて世界中の人々に放映された。

しかし、アルゼンチン、ベネズエラ、ベトナムの人々と同様に、中国人も自身の勝利について謙虚であるべきだ。四〇年前にメキシコは夏季オリンピックを開催した。高地での開催や公害を巡る懸念があったにもかかわらず、多くの参加を得て、きわめて整然と組織された大会と高評価だった。またメキシコの経済発展と世界での役割を示す画期的行事でもあった。当時、メキシコ経済はすでに中所得国の仲間入りをしており、一人あたりGDPは三四六一ドル（二〇〇〇年米ドル基準）だった。それ以来、メキシコの各種社会指標は、基礎サービスや教育成果も含め飛躍的に改善しており、二〇〇八年（世界金融危機の前）の一人あたりGDPは六五九二ドル（二〇〇〇年米ドル同基準）とほぼ倍増した。さらに新産業分野の成長と国際的な市場開放を実現した。しかしグローバルな水準では、OECD加盟国になったにもかかわらず、メキシコ経済はまだ中位クラスにとどまっている。その一人あたりGDPは米国の一九％で推移してきた。

多くの国々は、低所得の罠から逃れ出た後であっても高所得諸国とのギャップを縮小することができなかった。ここでの問いは、いかに経済停滞を回避し、世界の高所得国との格差を縮めることができるのか、ということだ。メキシコが、過去四〇年間に米国やヨーロッパの生活水準にかなり接近できたのは何の助けがあったのか。中国は低所得国から上位中所得国に成長し、今では世界第二の経済になり、製造業分野での世界のリーダーになっている。ではいかにすれば高度成長を維持し先進経済の仲間になれるのか。ベトナム、ロシア、アルゼンチンや他の中所得国の次世代の人々が、先進経済の特権や機会を真に享受することを確実にするには、どのようなステップが必要なのだろうか。

世界各地で政策担当者はこうした問いに直面している。ギリシャ、イタリア、スペインといった西欧の豊かな国々でも、近年の金融危機の残像から、米国よりはるかに低い所得水準で止まってしまわないかという懸念がつきまとう。多くの中所得国が、過去五〇年でひどい低成長の罠に嵌ってしまったようだ。要するにこれら諸国は「追い付いて」いかないのだ。そして最も進んだ国々でも、ほぼゼロ成長が続く長期停滞に陥った。日本は二〇年にもわたる長期停滞の典型的な事例だ。中国の諺にあるように、グローバル社会において経済競争とは、「上流に漕ぎのぼるようなもので、進まないことは後退すること」だ。政策担当者には、繁栄促進のために頼るべき多くの叡智が必要だ。新構造主義経済学とＧＩＦフレームワークが回答を出し、多くの中所得国にその資格のある高所得ランクへの到達という大きな夢に導く道筋を示してくれるだろう。

本書の中心的なテーマは、低、中、高所得国のいずれかを問わず、経済構造は異なる発展段階において時とともに進化するということだ。観察できる比較優位性であれ、潜在的な比較優位性であれ、この経過の中で変化していく。そして、市場経済におけるダイナミックな経路で不可避的に発生するコーディネーションと外部経済性の諸問題に対して、政府が促進の役割を果たさねばならない。第7章で見たように、ＧＩＦフレームワークは、一国の比較優位の変化に従った発展のために使用できる指針を、また産業の高度化《アップグレーディング》に際し、後発性という潜在的利点をうまく活用できる指針を提案してくれる。そこでの主要な課題は、より高度な発展段階の分野を特定し、その発展を助長・支援するための政策を決定することだ。

本章では中・高所得国での課題を論じる。まず、成功している途上国の政策担当者がつねに念頭に置くべき長期的課題、とくに「中所得国の罠」から始めることにする。次に、すべての経済にほぼ適用可能な新構造主義経済学とGIFフレームワークに沿った政策決定を通して、各国がいかにこの課題に対処しているのかを論じる。中所得国の政策担当者にとって、高所得レベルに達することそれ自体は最終目標ではない。というのは、そのレベルであっても、継続的な技術的および産業の高度化と構造変革が、福祉の向上、雇用創出、社会安定のための最重要の動力源であり続けるからだ。そして本章の最後に、高所得国で構造変革を維持するための政策促進措置の具体例に光を当て、こうした諸措置が私の分析フレームワークにおける諸原則に沿ったものであるかを示すことにしよう。

中所得の呪いを追い払う

まず明確にしておこう。中国、ベトナム、その他のより進んだ国に追い付こうとする途上国における政策担当者の懸念は何だろうか。何が中所得国で、中所得国の罠とは何をいうのか。大まかにいえば、ある国を「中所得国」と呼ぶ際に把握しておきたい特徴とは、発展の中間段階にいる国の特徴のことである。ある国を中所得と分類するには、絶対的な一人あたり所得基準を適用するのがよさそうだ。そこから時がたてばインフレの影響も考慮しつつ基準値を調整することができる。世界銀行は長年にわたりこの作業を行ってきた。世界銀行は、一人あたり所得（国民経済計算でいう国民総所得GNI概念）が一〇〇六ドル以上で一万二二七五ドル未満の国を中所得国と分類する。このグループ内で、一〇〇六ドルと三九七五ドルの間の国を低位中所得国、三九七五ドルと一万二二七五ドルの間の国を高位中所得国とみなしている。(2)

中所得国は、いまだに「後進性」の症状、すなわち最も豊かな国々に比較すればいまだ乏しい人的・物的資本や程度の低い技術的・組織的洗練度に悩んでいるかもしれない。典型的な中所得国では、成人の識字率は八〇～九〇%、幼児死亡率は一〇〇〇人につき二〇～四〇、平均余命は七〇歳である。それに加え、かなり進歩しグローバルな技術最前線に達している分野や産業を持っている。中所得国では、たとえば中国のように電子レンジ、DVDプレーヤー、エアコン、洗濯機といった家電製品のメーカーがあり、またブラジルにはエンブラエル(Embraer)のような中距離旅客機メーカーもあり、それぞれその製品についてのグローバルな技術最前線に到達している。しかし他分野での技術はまだ高所得国に後れを取っており、高所得国にある高付加価値分野はまだ存在していない。

構造改革と経済発展とは、どの発展段階においても継続的に発生する苦闘でもある。チャールズ・ディケンズの小説『オリバー・ツイスト』にある日常生活の描写から、一九世紀初期の英国は、当時世界の最先進国であったにもかかわらず、まだかなり貧しかったことがわかる。現在の基準でみると、一八世紀以前には世界中の国が農業中心の経済であった。現在成功している国々は成長過程を、低所得から中所得へ、さらに中所得から高所得へと走り続け、高所得の段階に入ってからもダイナミックな成長を維持してきた。

不幸なことに、初期段階での工業化努力か、あるいは天然資源によるたなぼた利益のおかげで低所得状況から抜け出した国の中には、先進国とのギャップをさらに縮めるにはいささか不安定な状況に置かれていることに気づくものがある。その多くの場合は、産業をグローバルな技術最前線に押し進められず、他の先進国と直接競うための構造的進化への工夫を怠ってしまった。具体的には、中所得国の罠とは、経済が低賃金製造者レベルと革新者レベルとの間で動けなくなり、成長と構造変化のペースが落ち込むことである。

したがって、この罠を、産業高度化への経路を維持できない国の無能力と構造的な観点から定義づけることができる。この結果、世界のリーダー諸国との対比でみた一人あたり所得が伸び悩むことになる。概して、ラテン

図9.1　地域別1人あたりGDP（米国＝100），1900–2008年

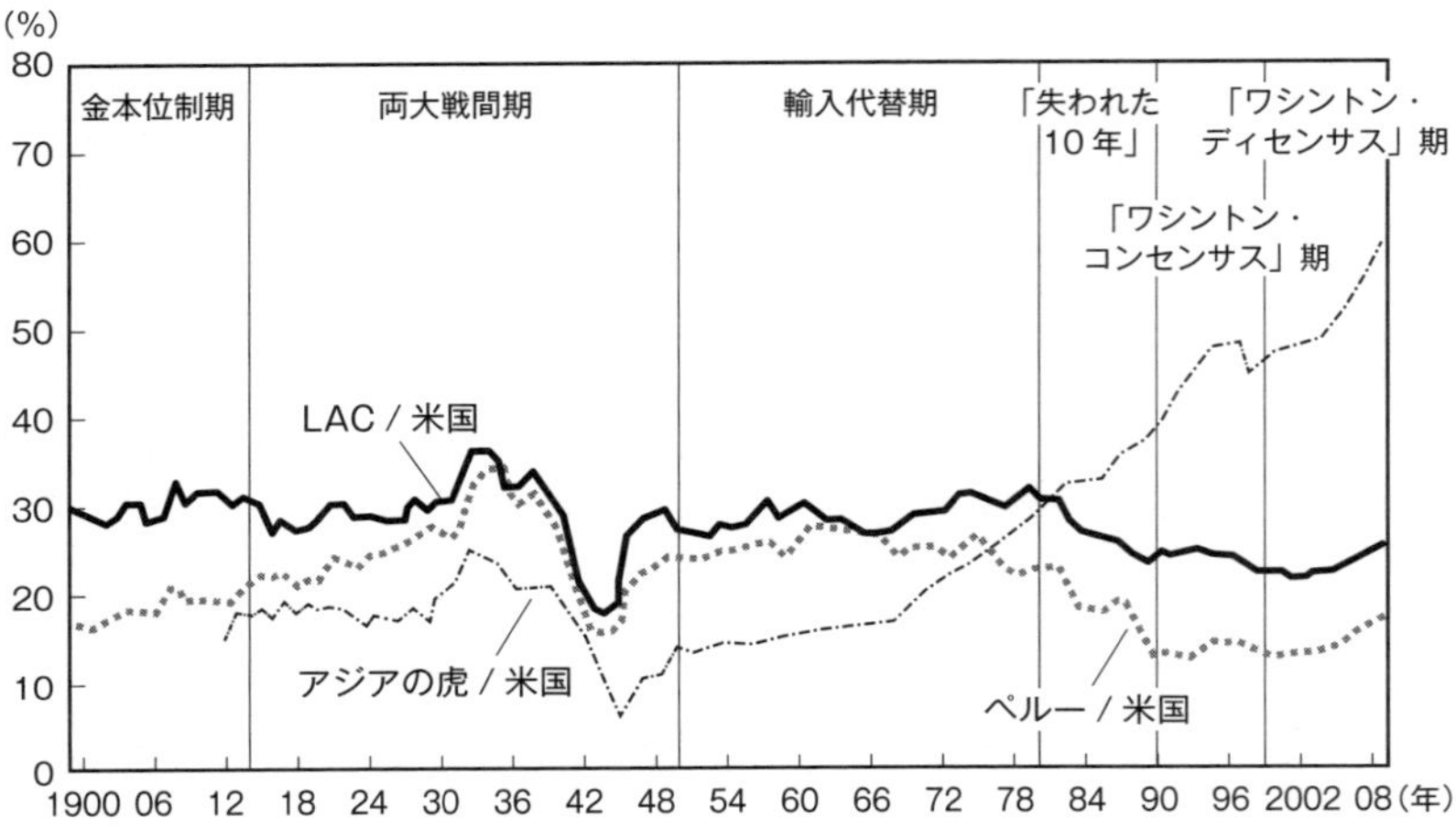

（注）　LAC：ラテンアメリカ諸国. アジアの虎：香港, 台湾, 韓国, シンガポールの平均.
（出所）　Maddison（n.d.）.

アメリカ諸国の対米国比の一人あたり所得は固定されたままだ（図9・1）。この現象は前世紀を通じて変わらなかった。明らかにそこには解決すべき問題がある。

成功物語と考えられる諸国においても、それぞれが持つ固有の変則性が懸念をよぶ。一九八七年以降、以下の諸国・地域（＊付きの国は一時高所得でありながら中所得に降格し、その後また高所得に復帰した）は、世銀の定義による中所得国から高所得国に移行した。アンティグア・バーブーダ、アルバ（＊）、バーレーン、バルバドス（＊）、クロアチア、キプロス、チェコ、赤道ギニア、エストニア、ギリシャ、グアム、ハンガリー、マン島（＊）、韓国、ラトビア、マルタ（＊）、蘭領アンティル、ニューカレドニア、北マリアナ諸島（＊）、オマーン、ポーランド、ポルトガル、プエルトリコ、サウジアラビア（＊）、スロバキア、スロベニア、トリニダードトバゴ。

なお、これらの多くはEU加盟前に高所得国の水準に接近していた欧州諸国であり、EU加盟の過程で多大な支援を受けていたことを指摘しておこう。また小さな島嶼国や単なる領域に過ぎない地域も含まれている。さらに赤道ギニア、オマーン、サウジアラビア、トリニダードトバゴは天然資源豊富国という特殊なケースだ。

中所得国が高所得国になるスピードはどうだったか。より長い時間軸でアンガス・マディソンのデータを使うと、一般的とされる以下の事実から、この過程の不確実性や柔軟性についてのなんらかの手がかりをつかむことができる。

- 台湾、日本、韓国は、一人あたり所得一五〇〇ドルから一万五〇〇〇ドル（一九九〇年基準「GK（ギアリー=カーミス）」ドル）になるのに約三五年
- イスラエルは同二八〇〇ドルから一万五〇〇〇ドル（一九九〇年GKドル）まで四六年
- スペインは同二〇〇〇ドルから一万五〇〇〇ドル（一九九〇年GKドル）まで五〇年
- モーリシャスは二五〇〇ドルから一万四五〇〇ドル（一九九〇年GKドル）まで五八年（一九八五年に「離陸」）

高所得国でも、生産性の向上と産業技術の高度化ダイナミックスの追求ができる産業を見出すべくもがいている間に、経済変革が停止し、所得停滞の罠に落ち込んだ国がある。これは近代を通じてみられた現象だ。英国は産業革命期に世界のリーダーとなり、経済開発の規範を作った。また製造業における新技術創造のリーダーであった。米国は、技術の発明と普及を加速し戦略的にインフラを高度化する中で、二〇世紀に入って、かつての宗主国の英国を追い抜いた。原材料供給地としての植民地から約一五〇年をかけて先端技術の世界的リーダーとなった。

図9.2　アイルランドとフィンランドの「キャッチアップ」（米国＝100），1950–2008年

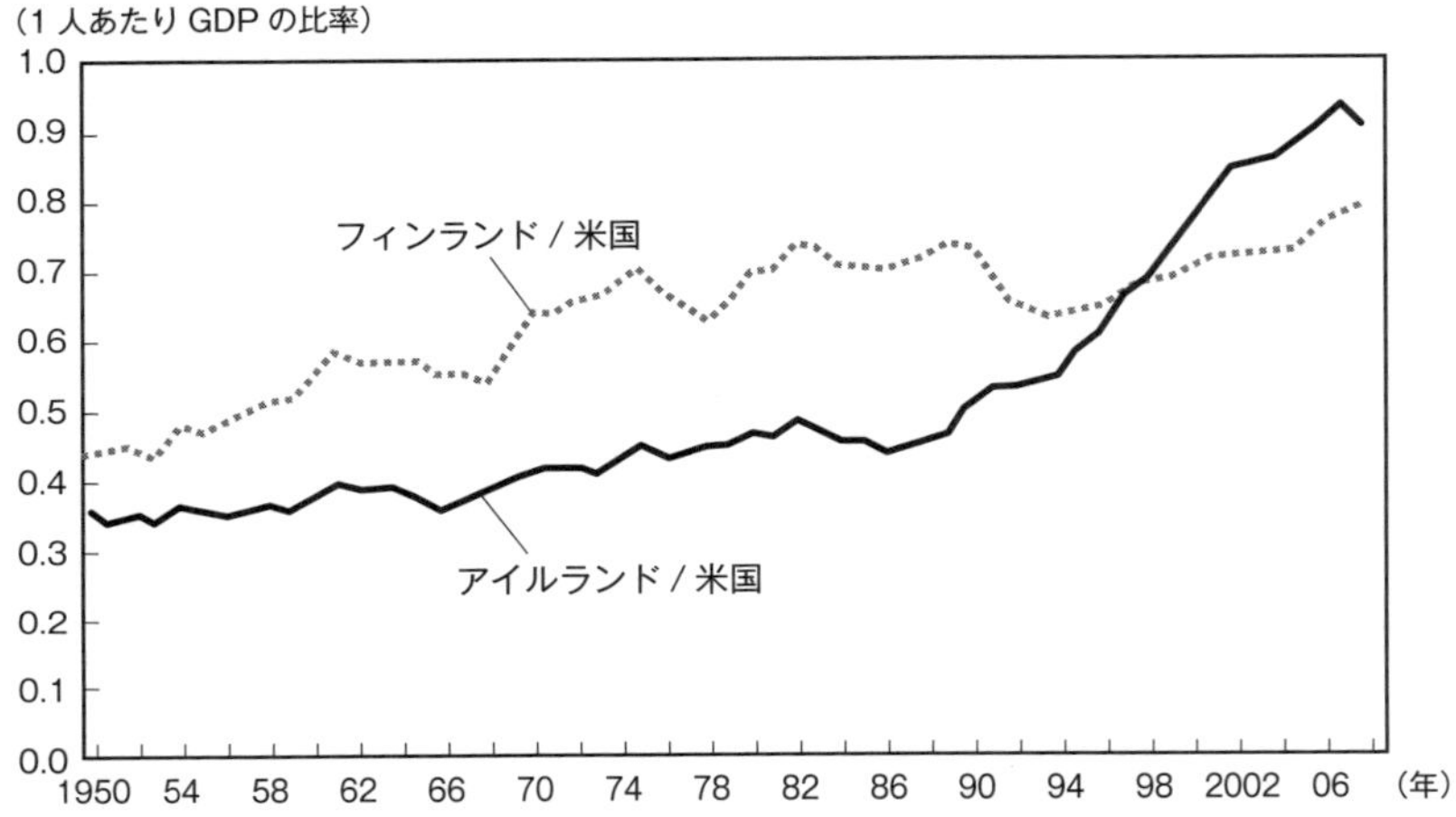

（出所） Maddison（n.d.）.

困惑させられるのは、高所得に達しつつも生活水準はあがらず、最も豊かな国のグループには入れない、そういう国の状況だ。たとえば、アイルランドは一九五〇年代にすでに数字の上では高所得であったが、その一人あたり所得は八〇年代まで米国の四〇%の水準にとどまっていた。

一体何が起きたのか、また多くの国々が、一定の成功を収めた後にどうして低成長の罠に陥ったのか。英国の詩人ウィリアム・ブレイクはかつて、「狐は罠を非難する。でも、自分自身は非難しない」といったことがある。図9・2のフィンランドやアイルランドの事例が示すように、所得の罠の中での沈滞は、自己永続的な失敗でもなければ、抜け出せない袋小路でもない。両国の政策担当者は、たくみに持続的成長を回復し、経済をOECDで最も豊かな国に変えることができた。

フィンランドは、一九八〇年代に経済改革に着手し、その結果、九〇年代初頭の景気後退《リセッション》（一部はソ連崩壊が原因）にもかかわらず、米国に追い付く足取りを加速した。過去二五年以上にわたり新たな基幹分野が発展する。それが情報技術（IT）産業であり、たとえばノキア複合企業体は、携帯電話を主とする電子機器分野での世界的家電ブランドに変容した。ノキアが一九世紀末にパルプ工場と革靴メーカーとして始まったことを覚えている人はほとんどいない（Daveri and Silva 2004）。ノキアの企業活動は、森林やゴムのような原材料からテレビのような電気機器消費財まで大きく多様化した。フィンランドの総付加価値に占める情報技術産業のシェアは、一九八〇年の四・二％から二〇〇一年には一五・三％に上昇した（Daveri and Silva 2004）。この増加の約三分の二は通信機器であり、携帯電話での世界的リーダーとなったノキアの影響は大きく、九〇年代末の全要素生産性向上の二〇％がノキアの寄与であった。[3]

情報通信技術（ICT）分野はハイテク・クラスターの周辺で組織されている。フィンランド国立技術機関「Ｔｅｋｅｓ」は官民双方の研究開発活動を支援する。研究開発費総額はＧＤＰのほぼ四％に達し、その四分の三は民間部門である。[4] Ｔｅｋｅｓ補助金が同国の中小企業や技術前線に近い企業の生産性を向上させたことは、実証研究で明らかになっている。[5]

一方アイルランドでは、一九八〇年代以前の長い経済停滞により、何世紀にもわたって多くの人々が英国や米国に大量に移動していった。経済発展が一九七〇年代末から始まったが、本当に加速したのは九〇年代だ。その初期条件のひとつは、不釣り合いなほど多くの人、一九七三年には総人口の四分の一が農業分野で雇用されていたことだった（Honohan and Walsh 2002）。農業部門以外の労働者一人あたり生産は英国とほぼ同じだったが、農業部門では当時の英国の六〇％に過ぎなかった。明らかに、農村部から都市部への人口移動の加速が可能性のひとつとなり、キャッチアップに必要な生産性向上を確保するために活用された。

教育の改善により一九八〇年代までに良質の労働力が供給され、また英語能力も多国籍企業の投資を引きつける利点だった。アイルランドの低い税率や貿易にかかる国際コストの低下も、アイルランドの成功物語に役立った（Romalis 2007）。インフラの改善も要素のひとつであり、またEUからの寛大な支援もこの急速な改善過程のファイナンスを助けた（Bailey, de Ruyter, and Kavanagh 2007）。

しかし、こうした好条件は一九八〇年代末の経済離陸のずっと前から、すでに長く存在していた。第7章で論じたように、アイルランドの成功の主な理由は、輸出志向型投資支援のための一般的なインセンティブ措置を離れ、選別産業を絞りこんで、一人あたり所得がアイルランドの二倍もの国の多国籍企業を先取りして呼び込んだことだ。政府は潜在的な勝ち組企業を特定し、競争力あるクラスターの出現を促進するための特別加工区を通じたソフト・ハード両面でのインフラ助成に狙いを定めた。一国の比較優位に完全に沿いながら生産と成長のための新たな能力創造を可能とする環境づくりに政府支援を活用する、という複合的な力がここでも見られる。(6)

これらの成功事例は、新構造主義経済学の予言が正しいことを示している。低・中所得国における所得の停滞は、ダイナミックな構造変革戦略の設計・実践に失敗したことの表れだ。中所得国の中には、大規模な工業基盤の建設を認める旧来の構造主義派の政策（重工業化と広範な保護主義）のせいで罠に陥った国がある。多くの社会主義経済移行国やラテンアメリカ諸国がこのケースだ。これら諸国は、CAD（比較優位に反する）開発政策を追求したために、予想どおり経済の歪みが大きく、結局は維持不能な経済構造をつくってしまった。初期段階では成功をみたものの、この歪みが危機の頻発をよび、最悪の経済停滞を招いたのである。

これらの国々のガバナンス問題——公然の汚職や悪しき政治支配——が歪んだ経済システムを永続的なものとした。ガバナンス構造それ自体が、CAD戦略の遺産であった。すなわち、輸入代替工業化政策時代に建設され、一時的には世界の先端でもやがて技術的に時代遅れになった当時の「近代的」産業を保護しようとする土壇場の努力の遺産だった。この産業を生かしておくことは、その雇用を守り、ある種の政治エリート（多くは都市部の）たちを満足させるために必要だった。投資への資金供与や保護下で拡大する国内市場での販売も当初は可能であり、その結果、ある産業は相当程度の規模に達することができる、そうした中所得国でこの状況が広範に広がった。しかし、補助金制度の継続にせよ維持不能の投機的事業の廃止にせよ、この状況は、より高い金融・政治コストを意味する。一九八〇年代の債務危機が歴史の新局面を開いた。いくつかのラテンアメリカ諸国は、その後続けてデフォルトに陥り、頻繁かつ定期的で深刻な景気後退に悩まされる。決断すべき時だった。

私はこれまでの章で、改革プロセスで安定性を保つには複線工程アプローチが必要だと指摘してきた。しかし、中所得国が新たなダイナミック分野の成長を促進するための方法についてはまだ答えていない。旧来の構造主義派政策の持つ危険性を回避し、比較優位と輸出志向型成長を追求した中所得諸国の中にも、気がつくと競争の罠に落ち込んでいたものがある。そしていまや、「後発性を利用」するダイナミックな低所得国と競わねばならない。他方、製品の高度化・多様化のため大きな資本やより優れたインフラ・知識ベースを活用する先進経済圏には太刀打ちできない。ここでの問いは、それでは次に何をしなければならないのか、という点だ。

共通する誤りとは、一九八〇年代以前のアイルランドが試みた見当違いの戦略を追求していることだ。すなわち、産業の高度化や経済の多様化の過程で必然的に伴うコーディネーションや外部経済性の諸課題の克服のために必要な、成長分野の識別や促進政策への取り組みを避けていることだ。経済停滞に直面する諸国にとっての課題は、政府が、産業の高度化・多様化の力を解き放ち、高所得やそれ以上の地位にいたるダイナミックな成長への道を拓くような、そんな前向きの介入政策を企画し実施することだ。新構造主義経済学とＧＩＦフレームワークは、競争圧力の中での狭い道筋を見出すための方法を示してくれる。この方法論を中所得国でいかに適用すべきかについては微妙な相違があるが、この主題をいまから論じることにする。

時代に歩調を合わせる

ここでの重要な問いは、新構造主義経済学とＧＩＦフレームワークの政策的な影響が中所得国と高所得国でどう違うのか、という点だ。中国の政治的叡智である「時代に歩調を合わせる」という言葉は、つねに変化する機会や挑戦に対応した政策調整のための指針となる。「踊り手は音楽が変わると振付を変える」というアフリカの有名な言葉も、同様の助言を与える。中所得国の経済構造、それより進んだ経済構造を持つそれぞれの諸国では、どのように異なって適用されるべきなのだろうか。

経済開発の一般的ルールかつ定式化された事実として、中所得国では、図９・１で指摘した遅れ気味のラテンアメリカ諸国でさえ、グローバルな技術最前線に達している産業をなにがしか持っている。高所得国は、人的・物的資本コストの上昇や賃金率の上昇により、もはや競争力を失った成熟産業を放棄して、生産資源をより新しくより高付加価値の産業にシフトしなければならない。さもなければ、新たな生産性の上昇や継続的な所得成長を実現できなくなるだろう。この規則的な開発パターンは、「空飛ぶ雁の群れ」にたとえられてきた。日本の赤松要教授が、アジアの開発を実証分析した重要な論文の中でこの「雁行形態」という言葉をつくり出している(Akamatsu 1962)。

これと同じパターンは違った局面でのダイナミックスも説明する。個々の企業が輸入、生産、そして最後に輸出にいたるサイクルを経過しながら、いかにしてこのプロセスを高度化するのか、また各種の産業がいかに多様化し、またいかにして単純な技術から精緻な技術に高度化するのか、そして、同様の特徴を持ちながらダイナミックに成長する経済圏における産業が卒業することから、開発過程にある後発国がいかにして利を得るのか、こうしたことを説明する。

第三に、「雁行形態」という喩えは、比較優位に基づく国際分業の輪廓を表している。この場合、コモディティー化した財・サービスは絶えずより発展段階の低い国に移動するという一般的な階層制の中で、低・中所得国はやがて高所得国に追い付くことになるものとされる。発展段階の低い経済は、「雁行形態の中で、成長段階の違いに応じて先進産業国の後ろに順序良く並んでいく」ものと考えられる（Ozawa 2005, p.9; Kojima 2000）。

われわれは、このパターンが時間を経ながら順次発生しているのを見る。たとえば繊維産業は一八世紀から一九世紀初頭にかけて最先端の資本集約型産業だったが、今では最も労働集約型産業になっている。同様に、電子産業、ラジオ、テレビ、洗濯機、冷蔵庫、電子レンジは二〇世紀初頭には最先端産業だったが、いまは多くのハイテク産業に比べると、成熟しきった低付加価値産業になっている。

コンピュータ・チップの設計、その生産ライン設備の製造、チップ自体の生産、そして最終財である情報通信機器の組立、こういった産業においても具体例がある。米国は一九七〇年代以前にはこのすべてのプロセスで圧倒的に支配的な国だった。コンピュータ・チップの製造・組立工場は一九八〇年代に台湾に移った。いまでも台湾はチップ製造では最先端経済であるが、製造部門は大陸中国に移った。しかし米国はいまだに、チップの設計や生産ライン革新分野、四インチ・ウェーファーから六インチ、さらに八インチ、一二インチへと世界をリードしている。

継続的に技術の高度化と経済の多様化を追求するという課題に直面する中所得国の政策担当者にとって、本書で提唱している新構造主義経済学とGIFフレームワークが、政策の設計・実施にとっての信頼に足る道具立てになるのかどうかを問うのは当然だ。経済開発理論に懐疑的な読者は、この分析ツールは低所得国にのみに当てはまるのではないかと疑問に思うだろう。

より高所得の諸国でもこれらのツールを活用することができる。中所得国や高所得諸国で、これまでの章で示してきた基本枠組みをうまく働かせるには、多少の調整は必要だが、適用に際しての相違の多くは、中身の問題というよりも重点の置き方である。GIFフレームワークは、潜在的比較優位のある産業、適切な支援を得れば新たな成長セクターともなる産業を識別するための段階的アプローチを提供する。中所得諸国にとっての鍵となる要素で最初に問われることは、先進国に存在する高付加価値産業で彼らの産業構造から抜けているものは何で、またグローバルな技術最前線の内側に位置する既存の産業（低所得国の初歩的な分野より進んでいる程度であっても）の中に何があり、そしてすでにグローバルな技術最前線に達しているものは何か、という点だ。ほとんどの中所得国は、これら三つのタイプの産業を含む経済構造を持っている。高所得国でもこの三タイプの産業を持っているが、そのほとんどはグローバルな技術最前線に達している。まず準備的なステップとして、既存の国内産業を種類分けし、それに応じて順次GIFのステップを調整することである。主たる経験則はここでも当てはまる。すなわち一国の比較優位に従うかそれを最大限活用し（この点は近時の世銀の研究が指摘している）、政府の促進施策を通じて能力と機会を創造することだ(7)。

まだ存在しないか、いまだグローバルな技術最前線の内側に位置する企業について、中所得国としては、後発性の利益の活用と産業の高度化・多様化支援のためにGIFフレームワークを継続適用すべきだ。しかし同時に、とくに上位中所得国では、グローバルな技術最前線に達している、または接近している産業が存在していることも認識しておくべきである。こうした産業でのさらなる技術革新や高度化を促進するために、中所得国は高所得国と同様に、能力向上教育、民間研究開発奨励システム、基礎科学研究資金支援、官民調整、これらを糾合するための国家イノベーション体制の構築、こうした施策を実施すべきである。この戦略の成功事例がフィンランドであり、同国は効果的な国の改革システムを使って、天然資源ベースの産業からよりハイテクな産業分野に移行することができたのである。

ＧＩＦ原理と継続的な構造転換

かつて米国〔第二代〕大統領のジョン・アダムズは、「事実とは強情だ。何を望もうと、どういう意図を持とうと、どう情熱に導かれようと、事実や証拠を変えることはできない」と述べた。この言葉は中国文化の叡智——実事求是（事実から真実を発見する）、解放思想（心を教条主義から解放する）、与時倶進（時代と歩調を合わせる）——と相通じるものがあり、世界のどこであれ繁栄を求める政府にとってのよき指針となる。そこで、この事実を検証することにしよう。

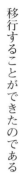

成功している産業・技術高度化戦略を持つ中所得国での具体例の多くは、ＧＩＦフレームワークで説明できる。インドは近時の情報通信技術産業の急成長でよく知られており、この分野で最も成功した中所得国のひとつである。公共セクターへの支援がこの成功の鍵であった。情報サービスのアウトソーシング会社にはコールセンター用のコンピュータ・ハードウェアやプログラムなどが必要だ。これらのサービス提供が競争力を持つためには最新鋭の先端科学技術が必要である。インド政府はこの分野の発展初期に、ハードウェア輸入特別措置を通じて支援した（Bhatnagar 2006）。また、高等教育部門へいち早く公共投資を行い、高コストの衛星通信に代わる地上波通信をタイムリーに展開させたことも重要であった。

インド経済の歴史は、労働集約型作業というインドの比較優位性に合致した伝統的農業分野での政府促進措置の具体例を示してくれる。これらの産業は、グローバルな技術最前線の内側にある典型的な産業だ。農家は政府の支援を得て、技術の高度化と生産性の改善に携わった。ブドウ生産での政府施策はＧＩＦフレームワークに沿ったものだった。すなわち、小規模生産農家は生産増加のための実験的取組みを成功させ、これがまた政府の関心を引いた。そこで政策担当者は、技術の高度化と輸出販路拡大の市場開拓を支援するために官民パートナーシップの構築に取り掛かった（Naik 2006a）。

技術力高度化支援には様々な構造改革が必要なことが多い。インドでのトウモロコシ生産の成功はこの戦略が正しかったことを示している。第一に、政府はこの分野の自由化を決定し、トウモロコシ種子技術の輸入禁止を撤廃した。この結果、内外の研究施設間（政府の研究機関も含め）で健全な競争がもたらされ、輸入技術を現地の状況に適用することができた。第二に、この分野の可能性を解き放つために政府の直接の役割が必要と考えられた。そして、トウモロコシ研究に相当の公的投資を行い、生産者も政府が開発した品種改良器具を手に入れることができた。この政府支援なしには、国内生産者の種子分野への参入や、多国籍企業との競争はできなかっただろう（Naik 2006b）。

ブラジルもまた、伝統的農業分野と高度な新技術分野の双方で、効果的なＧＩＦフレームワーク施策を実施した好例を示している。ブラジルは植民地時代から農産品の主要生産国だった。一九世紀にはサンパウロ州の大土地所有層の富の基盤はコーヒーだった。最近では、ブラジルは、牛肉を含む各種農産品の最大輸出国として農業分野での革新的な世界の勢力になった。また、議論を呼んだ長期にわたるバイオ燃料への政府支援により、ブラジルは「新世代」製品におけるグローバルな技術最前線に躍り出た。新構造主義経済学とＧＩＦ原理に沿って、政府は民間主導の場合の制約を判別し、民間企業のための基礎研究実施という形で基幹的な公共財を提供した。

ブラジルの成功の背後にいる重要な政府機関がＥＭＢＲＡＰＡ（国立農業研究普及機関）である。この研究開発（Ｒ＆Ｄ）により伝統的作物と新作物双方の生産性が改善し、サバンナ地帯という従来十分に活用されなかった地域を変容させた。計量経済研究によれば、Ｒ＆Ｄとインフラの改善が農業生産性向上に不可欠であることを示している（Mendes, Teixeira, and Salvato 2009; Sá Barreto and Almeida 2009）。

産業の高度化と技術革新は、外部経済性とコーディネーション問題に典型的にかかわっている。グローバルな技術最前線の内側に位置している新産業を高度化し多様化するためには、ＧＩＦフレームワークの六つのステップ（手順）がこの問題の解決に有益である。すでに最前線に達している産業の場合でも、もし国がそれらの産業に留まろうとすれば、その産業分野の企業は継続的に新工程、新製品、新技術を創造し、それを通じて前線を進めていく必要がある。政府の政策は国の技術革新システムを支援するものでなければならない。この良き技術革新システムとは幅広い活動範囲を含んでいる。まず、技術最前線で通用する能力のある人材を産み出す上質の教育システムから始まる。また、企業のＲ＆Ｄになじむ政府予算の支援や税制、さらには基礎研究での政府支出も含んでいる（基礎科学の進歩は純粋公共財、すなわち何人もが同一財をその価値を減じることなく消費できる「競合なき」財であり、また誰も使用を禁じられない「排除性のない」財でもある知識か、純粋公共財に限りなく近い知識を発展させることが多いことから、こうした措置が正当化できる）。

この過程はそこで止まらない。企業には、一定の妥当な期間中に、自身で作った独占的、革新的な製品製法からの利益が確保される特許権制度の法的根拠や法的執行が必要である。それがなければパイオニア的企業にとって自身が所有するＲ＆Ｄへの投資インセンティブが損なわれる。政府はまた、新製品支援のために政府調達政策を活用し、生産が早く市場規模に達するよう助成することができる。

韓国が好例である。一九六〇年代初頭の貧しい時代に、輸出を目指す産業高度化計画を実施して低所得国から中所得国に急転換し、今では高所得国になっている。リム・ウォンヒョクは、「韓国は労働集約的な川下の産業育成のためにその比較優位性を十分活用したのち、技術の習得や人材開発、さらにグローバル市場を目指す最適規模の工場建設を通じて、海外の川上の産業からの輸入中間財を国産化することを目指した。たとえば化学繊維バリューチェーンでは、繊維の輸出という遅れた段階から合成化学製品や基礎的な石油化学の発展につながっていくリンクを組織的に構築した」と述べている（Lim 2011, p.199）。

農村セクターもまたこの発展プロセスに含まれていた。中央政府は、インフラ整備のために地方コミュニティーに資金を提供し、また地方政府同士での相互学習のために地方レベルでの経営革新を行った。韓国政府の支援は、多様な改良作物や温室インフラの導入を助成し、都市と農村間の所得格差を縮めた。(8)

高度化の一環として、韓国政府は能力開発が鍵であることを認識していた。一九七三年には「国家技術認証法」が制定され、将来の技術能力需要に応えるための技術高等学校を創設した。政府はまた、当初一九六〇年代、七〇年代にR＆D活動を指導し、個人能力基盤や特許に向けての組織的基盤が確立する中で、民間部門のR＆D急成長の道を拓いた。R＆Dの総費用は、民間部門のシェアが一九七〇年代の対GDP比二〇％から二〇〇〇年代中葉に七五％に上昇する中で、同期間に対GDP比〇・五％から約三％にまで上昇した（Lim 2011）。

韓国政府は、特定の産業を高い貿易障壁で保護し、また場合によっては資本集約的産業移行による産業高度化という積極的な政策をとったが、その結果はすばらしいものだった。過去四〇年にわたり韓国は目覚ましい経済成長を実現し、自動車や半導体のような産業分野での高度化を見事に成し遂げた。しかし、比較優位性に先行して進めたわけではない。自動車のケースでは成長期の初期、韓国企業はもっぱら輸入部品の組立に集中していたが、これは労働集約的で、当時の比較優位に合致するものだった。電子産業でも当初の焦点は、テレビ、洗濯機、電気冷蔵庫といった家電製品であり、次にチップ産業でも技術難度がもっとも低いメモリーチップだったのである。

韓国では技術力が急速に向上したが、主要企業がその比較優位や潜在的な比較優位の変化に適合してきたことにより、物的・人的資本の蓄積も急速だった。同時に重要なことは、韓国政府は保護セクターの政策運営についても、市場規律に服させることで、比較優位からの大きな逸脱を不可能とした点である。保護政策や補助金の恩恵を受ける企業も、競争力が次第に上昇していることを輸出市場で実証することが求められた。それに加えて、韓国企業が中間財を国際価格で調達できるよう、韓国政府は、税額控除や免税、また輸出加工区などの諸措置を通じた多大な政策努力を行った。政府は、比較優位が重要であることを認識し、また技術の高度化が成功するかどうかは企業の投入・産出双方での国際価格の影響度によることをはっきりと認識していた。要は、韓国政府は、経済を低所得から中所得に、さらに高所得に引き上げていくための促進実施という国の役割を担ったのだ。

富と卓越の経済学を理解して

ブラジルや韓国より豊かな諸国もまた、構造改革継続のために成長の促進を行っている。ドイツはハイテク製造業の大成功で長く知られており、「ドイツの工学技術」は一種のブランド名になった。この成功は、偶然でも、また市場の力による自然の結果でもなく、産業クラスターの育成と民間産業支援に必要な能力ベースの発展を確実にしようとする、政府と民間のパートナーシップによるものだった。とはいえ、ドイツとてグローバル化された経済での競争圧力から自由ではなく、ドイツが先進産業分野で引き続きリーダーとしての地位を保てるよう政府は優れた産業政策を実施した。とくに、競争力維持のために克服すべきいくつかの課題、具体的には高賃金と非賃金労働コスト、電気・エネルギーの高コスト、技術者の不足（新たな問題）そして特許権申請件数の伸び悩み（中国や米国との違い）、といった課題を選び出した（German Federal Ministry of Economics and Technology 2010）。

ドイツ政府は新構造主義経済学の原理に沿った対応をしている。「競争力ドイツ」（Kompetenznetze Deutschland）では、企業と連携しながら最も業績の良い技術革新クラスターを結集する。また、「自由科学イニティアティブ」（Wissenschaftsfreiheisinitiative）は市場の適合性を促進する。また中小企業革新プログラムでは、一万社の小企業革新事業を支援する。政府はまた、地方の州や市町村と連携しつつ、予算を増やし、職業訓練プログラムの適応性を改善することで、教育の質を向上させる。エネルギー分野では、政府は代替エネルギー技術を奨励し、欧州近隣諸国とともに国境を越えたエネルギー市場の発展を推進している。これらは、科学技術分野最前線での技術革新推進のための政府・民間企業連携の一例に過ぎない。

他の豊かな国の政府は、継続的な構造転換支援のために様々な政策を導入した。技術最先進国の米国は、いまだに技術革新支援のために公的資源を提供している。一九世紀末から二〇世紀初頭にかけての経済発展で英国との差を縮めていく中で、多くの技術革新は企業ではなく個人の業績であった（Nicholas 2010）。R＆Dが進歩し、より資本集約的になるにつれて、企業が新技術特許権取得をリードするようになる。そして、連邦機関や連邦計画《プログラム》を通じて、国防分野での科学技術研究も含んだ基礎研究分野への政府資金支援が実施された。

一九五〇年には、「科学進歩の促進、国民の健康・繁栄・福祉の増進、国防の保障」を目的とする「全米科学財団」（NSF）が設立された（NSF n.d.）。創設六〇周年目のNSFの年間予算は、チャドやニカラグアのGDPにほぼ相当する六九億ドルだった[9]。この財団は、資金を様々な研究や研究ニーズの特定、全国の大学・研究機関をまたぐデータ集積に使われている。研究資金の配分にあたっては、現在の技術的ボトルネックを除去し、技術的フロンティアを推し進める可能性の高いプロジェクトが選抜されている。

産業政策を支持するとは思えない米英の政治指導者たちも、新構造主義経済学と完全に整合的な現状改革型の政府政策に取り組んだ。二〇一〇年一二月、オバマ米国大統領は、二〇一一年までのR＆D費用の税額控除制度を遡及的に延長適用する法律に署名し、この結果、企業による米国の未来への投資にインセンティブを与えた。

大統領の科学技術顧問であるジョン・ホルドレン科学技術政策局長は、次のように説明する。

「アメリカ競争力法」が超党派の支持で成立したことは、二一世紀の技術革新経済建設への重要な道筋を拓くものである。この経済とは、これまで長く米国繁栄のコアであった科学的、技術的創意を利用し、その創造的な力を今日直面する最大の課題に適用する、そういう経済である。米国内で製造される新製品開発であれ、より持続的なエネルギーの獲得・使用であれ、より優れた療法や情報技術によるヘルスケアの改善であれ、海外派遣兵士や米国内の市民の安全保障であれ、技術革新こそが成功の鍵となる。そしてこのことが「アメリカ競争力法」のすべてなのだ（Holdren 2011）。

この競争力法は、「明日の画期的大発見を孵化させ、生成する」各種政府機関に対する継続的な予算増を認定している（Holdren 2011）。さらに、「米国の学生を中間レベルからトップレベルに引き上げ、革新的思考や行動をとる次世代の養成を確実にするために」、教育強化のための行政活動も強化する（Holdren 2011）。またエネルギー省エネルギー高等研究計画局実施のＡｒｐａ‐Ｅへの現行の助成措置も公認する。Ａｒｐａ‐Ｅとは、エネルギー源の海外依存度を引き下げ、将来の確実かつ上質な雇用を生み出しつつグリーン経済を刺激するような、「蛙飛び」技術を生み出す斬新なエネルギー研究プログラムだ。

識別・選択される必要のある難度の高い国家的諸問題、これに対する革新的な解決策を生み出すという理想目標を早期に達成するために、「アメリカ競争力法」はあらゆる部局や機関に対し懸賞付きのコンペ実施権限を与えている。「懸賞付きでの問題提起は、米国最高の知性や最善の専門性を引き出しつつ問題解決を急ぐ点ですばらしい実績を誇っている。米国政府はこのアプローチを、技術革新強化に向けての全員参加型アプローチの一環として支援しており、本法のもとで、全国の市民回答者から新しいアイディアの花が咲き誇るものと期待できる」（Holdren 2011）。オバマ大統領は二〇一一年の年頭教書で技術革新加速にむけてのスローガンとして新しい「スプートニク時代」に言及した。

新構造主義経済学に沿ったこうした産業政策の形態は、英国保守党のキャメロン首相も採用しており、英国のソフト、ハード双方のインフラ高度化に着手している。彼は演説でこう述べている。

これこそ新たな雇用や機会を約束するものであり、だからこそ成長戦略の一部としてこの重要な決定を行ったのです。単に今日の大企業を支援するのではなく、明日の大企業を支援するものである。われわれは断固として、将来の高成長で革新的な企業の側に立つ。この宿願を疑うな。今はシリコンバレーが世界のハイテク成長と技術革新をリードしています。しかしそこだけが卓越している理由はありません。ここで問題。それでは挑戦者たちはどこにいるのか、バンガロール？　合肥市？　モスクワ？　私の今日の議論は、その追求に確固たる信念を持ち、そのためのしっかりした理解があれば、ロンドンもそのひとつである、ということです。全要素がそろっているのです。そしてわれわれの宿願は、〔ロンドンの〕ショーディッチの創造力とエネルギー、さらにオリンピック公園の途方もない可能性を結集して、イーストロンドンを世界一の技術センターにすることなのです（Cameron 2010）。

時代遅れの「英国著作権法」がインターネットの革新（この分野ではボトムアップ型で許可不要制度アプローチが最も効果的なことが証明されている）を冷え込ませたと指摘しつつ、キャメロン首相は、彼の目標は英国法の改正と産業政策アプローチの変更であると述べた。彼の戦略には、高成長の可能性のある企業に対してエクイティー・ファイナンスを提供することで、新企業の立上げやベンチャー企業の投資活動が、さらに技術革新により繁栄や産業の成長が、より容易になる正しいフレームワーク作り支援も含まれている。首相の望みは、テクノロジー企業の英国内で立上げや、新市場への拡大のときの英国政府の貿易・投資支援を大胆に加速することにある。首相の戦略は、政府調達の予算を中小企業にも開こうとする。そしてこれにより、国の潜在的比較優位に沿った産業育成のための各種施設や交通インフラも建設される。(10)

途上国の指導者たち、たとえば韓国の朴正熙大統領、台湾の蔣経国総統、シンガポールのリー・クアンユー首相は、こうした政策を追求すべく、主流派の開発思考と闘わねばならなかった。彼らがこの処方箋を聞いたときに何を考えたかは容易に想像できる。たぶん、彼らの正しさが証明されたと感じただろう。それとも、かつてネルソン・マンデラが指導者の挑戦について語ったこと、すなわち「実現するまではいつも不可能に見える」との言葉を思い浮かべていたかもしれない。

まとめてみよう。経済開発とは、国同士が競いあって一方の損がもう一方の得になるというゼロサム・ゲームではない。それは、産業・技術の高度化を主動力源とし、人間の想像力と創造力のみに制約される継続的な発見のプロセスである。だからこそ人類のたゆみない生活水準の向上に希望が持てるのだ。

ある段階で動けなくなり、先進国に追い付けなくなる中所得国とは、その政策担当者が、自国で進化する生産要素賦存や潜在的な比較優位性を理解できなかった国である。どんな国でも技術の最前線の内側か、それに達している分野がある。前者の場合には、一九八〇年代以降のアイルランドのように、GIFフレームワークの諸原理に従って構造変革を促進すればよい。政府は民間部門と連携しつつ、生産性向上が期待できる産業分野に自国の競争的企業が参入できるように、コーディネーションと外部経済性の諸問題を理解する必要がある。後者のケースでの政府は、ちょうど韓国やフィンランドが実施したように、先進国と同様のR&Dを奨励する必要がある。このように、中所得国の罠や高所得の停滞を回避する鍵は、その国の現在と将来の比較優位の活用に焦点を絞り続けることにある。

残念なことに、経済発展経路にうまく国を導いた政策担当者は、自己満足の罠に陥る危険を孕んでいる。一七世紀の作家ロシュフーコーは、「自己愛はいかなる追従にも勝る」と、正しく警告している。しかしある程度の自尊心を持ち、生産要素賦存を知り、それを正しく評価することは、機会を最大限活用するために不可欠だ。これは経済発展についてもいえる。国の要素賦存構造と、時を経て生じるダイナミックスを理解し、要素賦存構造におけるダイナミックな変化により決定される潜在的比較優位に沿った新たな産業の成長を促進することが、成功への秘訣なのである。

註

（1）ドイモイは、ベトナム共産党が一九八六年に計画経済から社会主義的市場経済への移行を決めたときの「改革開放」を表す言葉である。ドイモイは、急激な改革より漸進的で政治的安定を重視する改革解放政策で、民営化より先に経済構造改革を進める。

（2）「アトラス・ドル」表示。名目為替レートで換算した一人あたりＧＮＩにきわめて近い数字である。詳しくは、http://data.worldbank.org/about/country-classifications.

（3）Daveri and Silva (2004)。Jalava and Pohjola (2007) は、二〇〇〇年代前半に同じような観察をしている。Daveri and Silva (2004) は、ノキアはフィンランド経済の他の部分とのリンケージは「薄い」と述べている。

（4）Maliranta (2010) は、フィンランドにおける生産性向上の加速化は企業の参入・退出が頻繁なことによると述べているが、企業の技術革新に対する政策のインパクトは実証的に研究されていない。

（5）たとえばPiekkola (2007) を参照。

（6）二〇〇八―一〇年にアイルランドの経済は急速に縮小したが、一九九五―二〇〇七年に平均六％成長したアイルランドの経験は、経済停滞に悩む国の政策担当者にはおおいに学ぶ点がある。

(7)　de Ferranti et al.（2002）は、世銀のラテンアメリカ・レポートで天然資源に関連して「競争力のある産業で発展しよう」と述べている。

(8)　韓国の経験について詳しくは、Lim（2011）を参照。

(9)　NSF（n.d.）の予算の数字による。

(10)　このような積極的産業政策は、英国保守党の歴史になかったことだ。マーリン-ジョーンズは「多くの人々はサッチャー政権が政府介入に否定的だったと思っているが、実際は企業が国際競争に勝てるようになるまでの時間稼ぎに、政策金融や補助金を与えていた。サッチャーは、不況で雇用に危機が迫っているとき、政府は産業に積極的に介入すべきだと認識していた」といっている（Merlin-Jones 2010, p.1）。

Chapter 10 A Recipe for Economic Prosperity

第10章　経済発展の処方箋

アダム・スミスの『国富論』のタイトルに見られるように、経済学は「諸国民の富の性質と原因に関する研究」をする学問分野である。経済学者《エコノミスト》はいつの時代もアダム・スミスと同じ気持ちで頑張ってきているが、しばしば、経済学は「陰鬱な科学」（the dismal science）といわれる。(1)たしかに最近の世界経済危機は金融、経済、そして人間そのものに大きな被害を与えたが、だからといって経済学が無用になったわけではない。社会政治的に見て世界中で不安定性が増していて、経済に関する知識・知恵は役に立たないのではないかという疑念が高まっている。危機が、金融バブルによって引き起こされた景気循環の一部だったとしても、あるいは低成長や低い生産性や若者の失業や貧困などによる構造的なものだったとしても、危機は、経済政策が間違っていたから起きることが多い。

子供の頃から貧しさや飢餓を見てきたし、儒教の伝統を持つ教育を受けてきたので、私は、自分の国が貧困や飢餓のない経済的繁栄の途を見出すことができればいいといつも考えていた。経済学はまさにそういった気持ちにぴったりの学問だ。でも、思っても見ない出会いがなければ経済学者にはなっていなかっただろう。中国の社会システムの論理を理解するために、一九七九年北京大学に行ってマルクス主義を学んだ。一九七九年にノーベル経済学賞を受けたセオドア・W・シュルツ教授が、当時シカゴ大学の経済学部長で一九四〇年代にアイオワ大学でシュルツ教授の学生だったD・ゲール・ジョンソン教授と一緒に、一九八〇年の秋、上海の復旦大学に招かれて一カ月滞在した。上海から帰る途中、彼らは北京大学に立ち寄って講演をした際、私はシュルツ教授の通訳をした。

シュルツ教授とジョンソン教授がシカゴに戻ったあと、礼状が来て、予期しないことだったが、奨学金を出してもいいといわれた。それまで留学は考えていなかったが、こんないい話を断ることはできなかった。きちんと経済学を学んで、専門家と議論し、実際の開発問題を研究し、途上国の諸問題の解決策をシカゴで学んだ。シカゴで学んだことが私の知識のベースであり、その後の生き方の指針を与えてくれた。近代経済学の開発経済理論を研究して、中国政府が合理的政策判断を下し間違わないことに役に立ちたいと考えた。シカゴの学生時代の仲間も、その後出会った途上国のエコノミストたちも、みんな同じ気持ちで仕事をしていた。世銀のチーフ・エコノミストとして途上国の専門家と意見をたたかわせ、途上国の経済的繁栄のための最適の途を追求してきた。

世銀のチーフ・エコノミストは、世銀の研究部門のトップであり、総裁の経済アドバイザーであり、世銀のマネージメント会議のメンバーだが、直接の貸付業務はしない。でもわれわれのチームは、世界で起こっていることを観察分析し、開発に関する考え方の戦略的方向性を考え、新しい考え方を提示する。この仕事は魅力的だった。二〇〇八年六月に世銀に入ってすぐ、「大恐慌」以来最大の金融危機が起こった。私の仕事は危機の本質を把握し、途上国に対する影響を予想し、それに基づいて世銀と世銀ローンを受けている国々にどうすべきかを支援することだった。私はすぐに、多極化する世界で危機の原因とそれから脱出する方策を論じた本を出版した。もちろん、経済開発が世銀と世界中のエコノミストにとっての最大の仕事であることを忘れたことはない。だからこの本〔訳書〕を書いたのだ。

私はアブラハム・リンカーンとウィンストン・チャーチルを尊敬している。この本でも何度か引用した。彼らは高潔な心を持ち、政治に長けていたが、政策を軽視している点は間違っている。リンカーンは、「私には政策はない。いかなる場合でもいつでもベストを尽くしているだけだ」といっている。チャーチルは同じことをやや皮肉にユーモラスに、「私は前もって予言することはしないことにしている。実際何かが起こった後のほうが、より良い政策を予言できるからだ」といっている。

彼らの意見には反対だ。彼らは政治家だから、少しでも権力の座に長くいたいし、権力の座が脅かされないとしても歴史に名を残したいと考えている。自国の繁栄に貢献することは、政治家にとって長く権力を維持し歴史に名を残す最適の方策だろう。歴史を学び、世銀のチーフ・エコノミストとして世界の政治家に会った経験からいえることは、政治家になって最初から国民を不幸にし、国を破産させようと思っていた人はいない。もし彼らの政策が自国の繁栄をもたらすと思えば、結果として権力の座に長くいることができるようになるので、政治家は政策を世に問い、実行するだろう。

しかしながら第2章で論じたように、われわれが学んできた経済理論は、アダム・スミスの『国富論――諸国民の富の性質と原因に関する研究』以来二世紀にわたって優れた人々が研究を進めてきたにもかかわらず、途上国に望ましい政策提言をできなかった。その結果政治家たちは、自国民に害をなし繁栄につながらない政策をとってきてしまった。権力を維持するために政治家たちは、国民にさらなる不幸をもたらすような自己保身のための政策をとるようになってしまったのだ。

この結論の章で、とくに世界経済危機の後、長期的発展を目指す政策がいかに大切かについて著者の考えを述べたい。ここまで述べてきた新構造主義経済学についてまとめるとともに、工業化のために国の関与を積極的に進めることへの疑問に答えたい。

経済発展の本質を理解しよう

一九世紀米国の作家エドガー・アラン・ポーは『ナンタケット島出身のアーサー・ゴードン・ピムの物語』で、自己発見、不安、恐れについての寓話を書いている。物語の終わりのほうで、南極に近い不思議な島の原住民が初めて鏡を見て、そこに映る自分を見て気絶する話が出てくる。二〇〇八―〇九年の経済危機の後、経済学者の中には同じようなトラウマを経験しているものがいる。彼らは突然激しい危機が起こったことに驚き、経済理論がまったく無力だったことにショックを受けたのだ。ポーの物語の登場人物同様、彼らは新しい現実という鏡の中に未知のものを発見したのだ。そして彼らのうちの何人かは、自分がやってきた経済学に疑念を抱いてしまったのだ。

誰が彼らを非難できようか。ここ何十年か、とくに一九八〇年代半ばから二〇〇〇年代にかけて、経済活動の変動もインフレ率の変動も小さくなって、「大いなる安定」(Great Moderation) といわれることがある。(2) 世界中で市場は改善され、経済計画は容易になり、インフレ対策にかかる費用も小さくなった。「大いなる安定」期には、雇用は安定し、家計や企業にとって経済の先行きの不透明さは低下した。新しい考え方のマクロ経済理論が定着し、景気後退《リセッション》はあまり起きなくなり、起こってもひどいことにはならず、経済成長の結果、何億人もの人たちが貧困から抜け出すことができた。

だがしかし危機は起こってしまった。多くの途上国は危機に賢く対処し、財政も金融も正常に戻すことができた。今回の危機は先進国から伝播してきたものだが、途上国は早く立ち直ることができた。G20諸国の一致した政策支援の結果、危機は最悪の結果にはならなかった。

経済の回復力は弱く、高所得の大国では失業率は高く、設備稼働率は低い。これら諸国のＧＤＰは世界全体の七割を占めており、回復が遅れると世界経済全体の足を引っ張っている。経済危機に直面してエコノミストたちは、自分の理論、分析ツール、基本的前提を考え直さなくてはならない。

危機は悪いことばかりではない。危機に直面すると経済発展を考え直すよい機会となる。世界経済の回復は力強くても、途上国が先進国に追い付くには高成長を維持しなくてはならない。世界を見れば一四億人の人が十分に食べられず、ポール・コリアーにいわせれば、世界の六分の一（「最低辺の一〇億人」）が貧困から抜け出せない（Collier 2007）。しかしながら、途上国の人口増加率は高く、マルサスの罠に陥るのではないかという論者もいるが、世界は飢餓と貧困に悩まされているわけではない。持続的な経済成長が貧困削減と豊かさ追求の必要条件だが、そのためには、技術革新と産業構造の高度化という不断の構造変化が求められる。それには何といっても人間の想像力が不可欠だ。われわれが考えなくてはならないのは、途上国の所得が先進国に追い付くための長期的成長戦略を考え直さなくてはならないということだ。

世界経済の持続的成長の基礎は、いうまでもなく個々の国の経済がきちんと経済政策を策定して実行することだ。どうやって経済成長を促進できるか、それが一七七六年のアダム・スミスの『国富論――諸国民の富の性質と原因に関する研究』以来、経済学の最大の目標だった。開発経済学がその理論的基礎をわれわれに提供してくれる。開発経済学は経済学の一分野だが、貧しい国に繁栄をもたらし公平な分配を実現するための誰しもが認める政策を提示できていない。最近の経済危機の結果、危機に関する研究が進み、どうすれば将来の危機を防ぐことができるかということへの理解が進み、さらに、途上国における成長と公正のバランスがとれた持続的成長の研究も進んだ。

市場メカニズムが、生産要素の価格付けや配分に、正しいシグナルやインセンティブを与えていることは、理論的にも実証的にも明らかである。サイモン・クズネッツがいっているように、近代経済成長は長い人類の歴史から見れば最近のできごとである。この近代経済成長とは、技術革新、産業の高度化と多角化、インフラと制度の改善が連続的に起こるプロセスで、それが経済発展と繁栄をもたらすのである（Kuznets 1966）。そのためには市場メカニズムだけでは不十分で、政府は近代経済成長過程に伴う情報、コーディネーション、外部性といった様々な問題に対処しなくてはならない企業を支援しなくてはならない。

この本は、長期的経済発展を論じたものだ。経済成長がうまくいくには何が必要か、その根本を考えたつもりである。途上国が持続的にダイナミックな発展を遂げ、貧困をなくし、先進国との所得格差を縮めるための開発の考え方の進歩を論じた。この本では、これまでの開発経験や経済分析から教訓を導いて、新しい構造主義経済学と構造変化などのダイナミックな経済発展の根本原理を提示しようとしている。ここで議論しているアプローチは、所得水準に関係なく貧しい国でも中所得国でも、高所得国にでも適用できる。

持続的経済発展のためには、その国に存在する生産要素の分析から始めなければならない。生産要素賦存は、ある時点では一定だが、時間とともに変化する。古典派経済学の伝統にしたがって、要素賦存というとエコノミストは土地（天然資源）、労働、資本（物的資本、人的資本）を考える。確かにそうなのだが、もっと広く企業が生産活動に利用できるその国にあるすべての資源を考えるべきである。概念としてはインフラも加えるべきだろう。インフラにはハード・インフラ（触ることができるインフラ）とソフト・インフラがある。ハード・インフラとは、高速道路、港、空港、通信システム、電力供給システム、その他の公益事業のことだ。ソフト・インフラとは、制度、規制、社会資本、価値システムなどの社会経済的取決めのことである。インフラの整備状況は、個々の企業の取引費用と投資の限界収益率に影響を与える。

新しい構造主義経済学では、発展段階に応じた要素賦存と産業構造の違いに着目する。旧い構造主義経済学に基づいて政策介入が行われた結果、経済構造が歪められてしまうケースが多々あるが、新しい構造主義経済学では要素賦存構造に規定される比較優位構造を重視する。旧い構造主義経済学に基づく政策介入の根本的な間違いは、競争力を持たない産業に企業が参入したことだ。その結果、企業の投資やその後の事業継続には、補助金や保護が必要になる。新しい構造主義経済学では、ワシントン・コンセンサスに基づく政策は先進国と途上国の構造的差異を考慮せず、途上国の様々な構造的歪みの要因をきちんと考えなかったことを指摘する。

世界銀行は、これまで成功した国々の経験から教訓を引き出す研究プロジェクトを実施してきた。一九九三年の『東アジアの奇跡』、二〇〇五年の『一九九〇年代の経済成長』、二〇〇八年の『成長委員会報告書』などである（World Bank 1993, 2005; Commission on Growth and Development 2008）。この本で提起されている新しい構造主義経済学も完成されたものではない。これまでの開発思想は個別の国の現実を無視した政策フレームワークが主流だったが、この本で述べている新しい構造主義経済学は、それらに取って代わろうとしているわけではない。そうではなく、各国の要素賦存構造や発展段階を重視して、開発政策に役立つきちんとした新しい発想を提案しているのだ。このフレームワークは個別の国の発展段階に応じた構造の差を重視している。とりわけ民間企業が構造変化に対応して変化するのに適した望ましい制度や政策および制約やインセンティブを考えている。

経済発展とは連続する産業高度化・多様化のプロセスである。その過程で内在するコーディネーションや外部性の問題に直面しつつインフラは改善され変わっていく。欧米の先進国であれ、東アジアの新興国であれ、どの国であれ、経済発展の過程で農業社会から近代的な社会へ変容していくが、その過程で政府はコーディネーションや外部性の問題に直面する民間企業を支援しなくてはならない。先進国政府もこの役割を果たしている。

途上国政府はどこでも、このような役割を果たそうとしてきたが、大概は失敗してきた。なぜ失敗ばかりしてきたか。それは、この本で論じてきたように、要素賦存構造や発展段階に応じた産業振興のための基準が必要なのに、そのことをきちんと考えなかったからだ。野心的にすぎる高度な産業を振興したり、比較優位構造に合致しない産業を振興したりして、有望業種を選んだつもりがダメな産業を振興していたのだ。雇用を守るため、途上国だけでなく先進国の政府も、比較優位を失った衰退産業を支援することがたびたびあった。

一方、成功した途上国政府は、自然にそうなったか意図的かはともかく、自国の要素賦存構造とそれほどかけ離れていない、発展段階も近い国の成熟産業を振興対象にした。開発の歴史を振り返り、経済分析の結果得られる教訓はわかりやすい。政府は潜在的比較優位に基づいて産業の高度化と多様化を図るべきだということだ。そうすれば、コーディネーションと外部性の問題を解決することさえできれば、新しい産業を興すことができて、それらの産業は国内的にも国際的にも競争力を持つことができる。

経済的成功の秘訣は、途上国の政策担当者がその時の自国の要素賦存構造に基づいて将来の潜在的比較優位を持つ産業を見つけ出し、そのような産業に民間企業が参入することを妨げる障害を取り除くことである。もちろん言葉でいうのは簡単だが、実行するのは容易ではない。歴史を振り返れば、多くの失敗例を知る。とはいえ、不可能なことではない。それは、二〇世紀後半のブラジル、中国、フィンランド、インドネシア、アイルランド、日本、韓国、マレーシア、モーリシャス、シンガポール、ベトナムの高度成長を見ればわかる。これらの国の政策担当者は、農業中心の経済から工業化のための計画を立て実践し、一世代の間に何億人もの人々を貧困から脱出させたのである。

産業政策の実践

経済成長と工業化促進のために途上国政府が行ってきた市場に積極的に介入する経済政策は、経済学者《エコノミスト》からは疑問の目で見られてきた。確かにそれは理由のあることだ。過去を振り返れば、多くの場合、そのような政策は目標を達成できず失敗してきた。しかしどこの国も、意図的かどうかはともかく、産業政策を実践してきた。産業政策に賛成しないエコノミストも多いが、多くの国が実践してきた。

途上国の産業政策に関しては、論争と混乱があるが、それは主に二つの理由からである。第一に、産業政策の研究者は途上国の失敗に注目しがちで、成功した国の政策目標や戦略的な考え方には関心を示さないからだろう。第二の理由は、異なるタイプの政策介入が一緒くたに回帰分析されているからだ。潜在的比較優位に基づいて新しい産業を興そうとする産業政策もあれば、自国の発展段階から考えて高度にすぎる産業を振興したいという政策もあれば、比較優位を失った衰退産業を保護するという政策介入もある。

この本では二種類の政府介入を区別している。ひとつは、産業の高度化・多様化、構造変化に内在的にある情報、コーディネーション、外部性の問題を克服するための構造変化を促す政府介入である。この種の介入は、情報を提供し、外部効果を補償し、新規産業への参入を促し、ソフト・インフラとハード・インフラを改善し、比較優位構造のダイナミックな変化の中で民間企業が成長することを促進する。一方、現在の要素賦存構造に規定される比較優位構造に反するような産業や企業を保護するような政策介入もある。比較優位を失った産業を保護するのは非効率を産むし、あまりに高度な産業を促進しようとしても、うまくゆかない。

ここには、エコノミストにとってのジレンマがある。エコノミストは、政府介入は絶対認めないという立場をとって、なぜ市場に対する政府介入が望ましくないかを説明するだけにするということもできる。一方、踏み込んで成功する可能性を高めるにはどうすべきかを提言することもできる。歴史を振り返っても、経済分析からも、成功した国ではどこでも国が構造変化を促進し、民間部門が生き残れるように支援してきた。農業中心の社会から近代国家に変容してきた国は、欧米先進国だけでなく、東アジアの新興工業国でも、政府は民間企業が新しい産業を興すのを支援してきたし、新しい産業を興そうとするパイオニア企業のリスクを軽減するとともに、有用な技術や情報を企業に提供してきた。

最近の世界経済危機以前でも、どの国も民間部門に対して直接の補助金、税制優遇、開発銀行からのローンといった形で金融支援を行ってきた（Rodrik 2009）。危機が起こると、それまで以上に政府の支援が求められる。最近では多くの経済サミットで、これまで以上に積極的に産業政策を実行すべきだという論調が支配的である。それにはハード・インフラの整備やソフト・インフラの継続的整備も含まれる。「大不況」が起こって、いろいろな議論はあるものの、産業政策の議論は盛んである。政府と民間が協働して新しいインフラを整備し、新しい技術、新しい産業を振興するための経済政策を推進すべきだという。

著者は政策指向的なエコノミストとして、第二の立場、すなわち政府は踏み込んで成功する可能性を高めるべきだと考えている。そう考えるがゆえに、この本で新しい構造主義経済学を提案している。著者の尊敬する王陽明は、「学問は実践の第一歩だ。実践なき学問は無意味である」といっている。ヨハン・ヴォルフガング・ゲーテも「知るだけではダメだ。実践しなくてはならない。何かをしたいと思うだけではダメだ、実際にやらねばならない」といっている。世界中の、とくに途上国の政策担当者は、新構造主義経済学を戦略的考え方の理論的枠組みとして活用することができるだろう。もちろんそれには多くの懸念があるだろう。新構造主義経済学を特定の国の特定の問題にどうやって適用すればいいかという疑問は起こるだろう。どうやって潜在的比較優位を持つ産業を見つけ出すのかという疑問ももっともだ。振興すべき産業に民間企業が参入する際の障害をどうやって取り除くかというのも問題だ。

ＧＩＦ（成長分野識別・促進）フレームワークが新構造主義経済学の実践のためのツールなのだ。経済成長は産業の高度化、技術の高度化の連続する過程だが、ＧＩＦフレームワークによって産業政策の策定・実践の成功の可能性が最も高くなる。これは先進国でも途上国にでも当てはまる。先進国ではほとんどの産業は技術のフロンティアにあるので、産業高度化のためには新しいイノベーションが求められる。優れたイノベーションに対する特許とか新しい製品を政府が買い上げるといった事後的な支援策だけでなく、基礎研究支援やエタノールといった新しい製品を活用する政策を実施するといった事前的政策をとることもできる。

途上国において産業を高度化し多様化していく際、政府は以下の単純なステップを経て後発性の利益を実現することができる。

●ステップ1　政策担当者は、ダイナミックに発展している国で要素賦存構造が似ていて、所得水準が一〇〇%高いか二〇年前に所得水準が同じ国を見つける。そして過去二〇年間成長している貿易部門を見つける。

●ステップ2　もし国内企業がこのような産業に存在している場合、技術の高度化や新規参入の障害となっている要因を除去しなくてはならない。

●ステップ3　もし国内にこのような産業がないときは、「ステップ1」の国からＦＤＩ（海外直接投資）を誘致し、政府が起業を後押しする。

●ステップ4　「ステップ1」で特定された産業に加えて、民間企業が自分で新しい産業を興す場合もあるから、政府はそれに注目し、新産業における民間企業のイノベーションを支援する。

●ステップ5　インフラが未整備でビジネス環境が悪い国では、経済特区とか工業団地などをつくって国内企業や外国企業の参入を促し、産業クラスターを形成する。

●ステップ6　右で特定したパイオニア企業に対して政府は、一定期間の税制優遇、投資に対する資金供給、外貨へのアクセスなどの支援をすべきである。

これら六つのステップは、政策担当者の具体的行動のフレームワークを示している。政府は、潜在的比較優位を持つ産業を特定し、民間企業がそのような産業に参入し活動する際の制約を取り除き、民間企業が一歩を踏み出すことを支援しなくてはならない。

慎重すぎてはならない

ギリシャの哲学者アリストテレスは「批判精神があれば、われわれが何もいわず、何もせず、何者でもないといった困った事態を避けることができる」といっている。この本で展開してきた考え方を、ここ数年アカデミックな場や政策の場で議論してきて、いろいろな人の疑念がわかるようになってきた（Lin 2011a, 2011b; Lin and Monga 2011）。

新構造主義経済学やＧＩＦフレームワークについて話すと、同僚のエコノミストから、先進国で特定産業を育成し比較優位に沿った産業育成は問題だという批判を受けた。彼らの疑念は二つの点によっている。先進国の産業構造は構造を歪める政策介入の結果であり、潜在的可能性のある産業を単に見つけることができてもそれを発展させることはもっとむずかしい、という。

これらの批判は当たっている。たとえうまくいったケースであれ、産業政策を実践するのは容易ではない。つねに試行錯誤なのだ。政府は、失敗から学ぶチャネルやメカニズムを持っていて、戦略を修正し、判断の誤りによるコストを最小化できる。しかしＧＩＦフレームワークでは、選ばれる国は豊かだというだけでなく、長い期間にわたってダイナミックに成長している国だ。何十年にもわたってダイナミックに成長している国が比較優位に反した戦略をとっていることはまずない。比較優位に合致しない産業が何十年も補助金づけでダイナミックに成長し続けることはまず無理である。ダイナミックに成長する国では賃金は上昇するから、かつて比較優位にあった産業の比較優位が失われるだろう。ＧＩＦフレームワークでは、後発国が参考にする国と育成する産業の選択は現実的で保守的である。

世界貿易のスタイルは急速に変化するから、何十年も前の国の経験に学んでも現在の政策としてはうまくゆかないという批判もある。そんなことはない。スタイルも製品のカスタム化も昔と大きく違っているが、国家間の国際分業は変わらない。たとえばテレビを見ると、初めは白黒テレビ、それがカラーになって、いまでは液晶パネルだ。生産国も、一九五〇年代以前は米国で、一九六〇年代から八〇年代は日本、一九八〇年代から二〇〇〇年代は韓国で、いまでは中国だ。かつて白黒テレビやカラーテレビ生産に参入した先発国同様、いまテレビ市場に参入する後発国は、労働集約的液晶パネルテレビから入る。

グローバリゼーションによって分業が進むから、工業化にとっては大きなチャンスである。数十年前、多くの低所得国は、狭い国内市場、高い輸送費用、貿易障壁に悩まされ、大規模製造業による利益を実現することができなかった。グローバリゼーションの時代になって、どの国も現実の比較優位、潜在的比較優位に合致した生産活動を特定し、規模を拡大し、世界市場にニッチを自らつくり出すことができる。グローバリゼーションの結果、経済発展戦略は、これまで以上に比較優位構造に則ったものでなくてはならない。

多国籍企業はコスト削減に熱心で、どこで生産しどこから部品を調達するかについては、とても厳しい。グローバリゼーションの結果、政府の役割は大きくなった。ハード・インフラ、ソフト・インフラの善し悪しが取引費用を決定するし、生産コストは要素賦存構造と分業によって決まる。

産業政策がうまくゆくには、それを立案するテクノクラートが、育成対象産業に関して十分な知見を持っている必要があるが、大丈夫かという疑問はもっともである。[3] 第一に、低所得国は当然のことながら高い能力を持っているわけではない。ハジョン・チャンがいうように、「怠け者の日本人」とか「盗人ドイツ人」といわれたのはそれほど昔のことではない（Chang 2008b）。経済が発展するにつれて国の能力も高まる。さらに、ある種の必要条件は先進国だけに必要な場合もある。技術要素が少ない産業については、求められる能力は必要に応じて見直されなくてはならないだろう。それぞれの産業の基盤となる技術的特性を理解するより、途上国の民間企業もテクノクラートも後発性の利益を活用し、同じような要素賦存構造でありながらダイナミックに成長している国を見習うべきである。うまくやっている国は、試行錯誤か分析によってかはともかく、工業化に必要とされる知見を自らのものにしているからだ。

最後に、エコノミストの中には、公共政策を実施する際の政治経済的なむずかしさを指摘する人がいるが、それはもっともなことだ。国民は先進国を見て経済合理性を無視して高度な産業を求める場合がある。先進国で成功した産業を見て、ただちに自国では無理にもかかわらずそれを振興することで利権が形成されることすらある。このようなガバナンスの問題は、経済学者や政治学者によって研究されている（Tollison and Congleton 1995; Robinson and Torvik 2005）。

これらの議論はもっともな面もあるが、それはあくまでＣＡＤ（比較優位に反する）産業も振興してしまう伝統的産業政策についての批判である。ＣＡＤ産業にある企業は、オープンな競争的市場では勝ち残れない。このような産業は巨額の補助金と保護によってのみ存立が可能になるので、そこでは利権や汚職が発生しがちで、政府は介入をやめることがむずかしく、歪んだ構造から抜け出せない（Lin 2009b）。新構造主義経済学とＧＩＦフレームワークは、まったく異なるアプローチだ。新構造主義経済学では、潜在的比較優位に合致した産業だけが発展する。参入規制がなくなって企業は一人前である。政府が提供する優遇措置は初めだけである。たとえば税制優遇措置も、最初の数年間で情報の外部性によるコストを補償するにすぎない。一方、利権追求型の政策が蔓延し、初めの計画より長期化する政府介入があっても、それを緩和することができる。本書のアプローチはリスキーだろうか。ある意味でそうかもしれない。しかし、いま現在われわれが持っている開発戦略の中で、いちばんリスクが小さいと思う。ジャワハルラル・ネルーは、「あまりに慎重すぎる政策は最もリスクが高い」といっている。

ルワンダのポール・カガメ大統領は最近のインタビューで「ずっと援助に依存しているわけにはいかない。そのような援助依存は非人間的であり、われわれの尊厳にも関わる」といっている（Chu 2009）。これは経済発展の核心をなす言葉だ。経済成長と貧困削減（高所得、雇用機会、人間の福利向上、安定した世界）という普通の目標以上に、持続的成長というのは、個々の人間が最も崇高な目標、すなわち良い社会の一員として個人の尊厳が確立されることである。開発の思想とは尊厳の経済学なのだ。

世銀の職に就く前にも、職にあったときも、私は、多くの国家元首、首相、中央銀行総裁、政府の様々なレベルの官僚、NGOのリーダー、研究者、学者、企業家、普通の市民に会ってきた。彼らは日々、上で述べた目標に近づくために格闘していた。これまでの開発経済学は、先進国がうまくやってきたことを考え方の基準にして、途上国ではあれもないこれもできないということを言い立ててきた。開発経済学者は、途上国の欠点を直すべきだと言い続けてきた。たとえば、構造主義者は、高度な重工業の輸入代替を促進すべきだといい、「ワシントン・コンセンサス」を信奉する新古典派の人々は、民営化、市場経済化、自由化を主張してきた。このような考えに立った途上国や国際援助コミュニティの提言は失望させるだけものだった。

この本では、開発の考え方を変えることを提言してきた。エコノミストも国際援助コミュニティも、途上国政府と協働して、彼らが知っていること（要素賦存）に基づいて、彼らがうまくできること（比較優位に即した工業化）を現実的に特定し発展させるべきだ。そうすればうまくゆくし、成功は成功を産む。

近代経済成長とは、技術、産業、インフラ、社会経済的な制度の連続する構造変化のプロセスである。著者は、サブサハラ・アフリカを含む途上国は、数十年単位で八%成長が可能だと信じている。そうなれば貧困削減は達成されるし、一世代、二世代のうちには中所得国、高所得国になることができる。これを実現するには、途上国政府は、この本でこれまで述べてきたように、後発性の利益を実現し、比較優位に即した民間部門の発展を促進するような政策をとらなくてはならない。

政治指導者の目的は少しでも長く権力の座にいることかもしれない。さらに歴史に名を残すことも彼らにとって重要な目標だろう。ケインズは彼の『雇用・利子および貨幣の一般理論』の最後に、「遅かれ早かれ、善か悪かはともかく、危険なのは既得権益ではなくアイディアである」と書いている。既得権益グループは、いつの時代にもどこの国にも存在する。政治指導者はつねに裁量的な権力を持っているが、それは必ずしも既得権益の人質というわけではない。正しい知恵さえあれば、政治指導者は自国の運命を変える動機と力がある。経済史と経済分析から知恵を引き出し、すべての途上国が潜在成長力を実現し経済的繁栄を実現するために、本書が役立つことを望む。

註

（1）「陰鬱な科学」は、スコットランドの歴史家トマス・カーライルの言葉だとされる。カーライルは、彼が社会の規範と考えていた理想的な奴隷制と、経済学者が考える需要と供給が物事を決めるという考え方を批判した。カーライルは、経済学が自由や平等、黒人解放、奴隷制廃止に対する分析的な根拠を与えるといって経済学を嫌った（Carlyle 1849）。

（2） Blanchard and Simon（2001）は、この考え方についてのいちばんすぐれた実証研究である。

（3）『開発政策評論』（*Development Policy Review*）のＧＩＦシンポジウムにおけるＨ・パックの示唆に富むコメントを参照（Pack 2011）。

用語集（50音順）

オランダ病（Dutch disease）　石油・天然ガスなどの天然資源の発見によって自国通貨が増価して工業化が阻害されること。自国通貨の増価によって新たに発見された天然資源以外の産品の国際競争力は低下し、輸入は増加する。製造業製品の国際競争力は低下し、輸出が減少して輸入が増える。一九六〇年代に北海で天然ガスが発見されて、その結果オランダで経済危機が起こったことから「オランダ病」といわれる。大量の資本流入や援助資金の流入によって引き起こされる通貨の増価と経済危機もオランダ病といわれる。

構造主義経済学（structuralist economics）　第二次大戦後、主にラテンアメリカの経済学者によって主張された経済思想。構造変化を重視して、市場の失敗を是正し、輸入代替工業化といった政策介入によって歪みを是正すべきだと主張した。比較優位に反した輸入代替政策を進めたため、多くの途上国で失敗した。振興対象の産業は世界市場で競争力がなく、政府の保護と補助金に頼っていたからである。

後発性の利益（advantage of backwardness）　どの国も自国より発展している国から学ぶことができる。それによってイノベーションのコストとリスクを下げることが可能となる。近代経済成長の本質は、技術構造、産業構造、社会経済的・政治的制度の継続的な構造変化のプロセスである。産業構造の高度化と技術的イノベーションの後発性の利益によって、潜在的可能性としてだが、途上国は先進国より何倍も速く成長することができる。

新構造主義経済学（new structural economics）　経済構造や経済構造のダイナミックな変化を説明する新古典派経済学の現代版。「構造主義経済学」とどこが違うのかという疑問もあるだろう。しかし開発経済学ではすでに構造主義の考え方があり、それと区別するために「新構造主義経済学」という言葉を使用した。「新構造主義経済学」では、産業構造は生産要素の賦存構造によって内生的に決まってくると考え、それは時間の経過とともに変化する。要素賦存がその経済の予算制約であり、生産要素の相対的賦存度が生産要素価格を決定する。

新構造主義経済学によれば、途上国が世界市場で競争力を持ち、要素賦存構造を高度化し、後発性の利益を実現し、産業構造の高度化によって所得水準を高め、雇用機会を増やし、貧困削減を実現するには、比較優位に合致した政策をとるのがいちばんの近道であるという。構造変化の際の安定のために、経済合理的でない政策のもとで存在していた競争力のない企業に対しても一定期間保護することは是認される。しかし同時に自由化を進め、資源配分を改善し、ダイナミックな経済成長を実現するために、比較優位を持つ産業に民間企業の参入と外資の直接投資を促進すべきである。ダイナミックな経済成長は市場の歪みを取り除くための必要条件であり、そうして経済全体の効用水準が高まる。このようにして経済は開放化に向かい、政府は新産業の振興を後押しする。新産業の振興は、「成長分野識別・促進（ＧＩＦ）フレームワーク」の六つのステップ（第10章第2節参照）によって実現するだろう。

成長分野識別・促進（ＧＩＦ）フレームワーク（growth identification and facilitation framework）　新構造主義経済学の政策実践ツール。これは産業政策の立案・実行のツールで、比較優位に従った産業構造の高度化・多様化ができるようになって、ダイナミックな持続的経済成長が実現する。この考え方は、高所得国にも途上国にも当てはまる。途上国で産業構造の高度化・多様化のために新産業を興すにあたって、政府は潜在的比較優位に合致する産業を見つけるために六つのステップ（第10章第2節参照）によって産業振興を進め、民間企業の参入制約を除去して構造変化を促進することができる。まず政策担当者は、同じような生産要素賦存構造で高成長を実現している所得水準が二倍くらいの国の貿易可能財を生産している産業を探し出す。もし国内にこのような産業が存在している場合には、技術の高度化や新規参入の障害となっている要因を除去しなくてはならない。国内にこのような産業がないときには、政府は直接投資を誘致したり、起業を後押ししたりする。このように特定された産業に加えて、民間企業が自分で新しい産業を興す場合もあるから、政府はそれに注目し、新産業における民間企業のイノベーションを支援する。ビジネス環境が悪い国では、経済特区とか工業団地などをつくって国内企業や外国企業の参入を促し、産業クラスターを形成する。このようなパイオニア企業に対して政府は、一定期間の税制優遇、投資に対する資金供給、外貨へのアクセスなどについて支援すべきである。

潜在的比較優位（latent comparative advantage）　生産要素の賦存構造からみて国際市場で比較優位があるはずなのに、流通、電力コスト、政府の介入といった要因で取引費用が高く、国内市場でも国際市場でも競争力がない状況にあること。たとえば、低所得国では衣類、履き物、おもちゃといった労働集約的製品に比較優位があるはずなのに、高い取引費用のために国際市場で競争力がない場合がしばしば見られる。「成長分野識別・促進（ＧＩＦ）フレームワーク」によって政府は取引費用を低下させて、民間企業が国際市場で競争力を持つことを支援することができる。

中所得国の罠（middle-income trap）　長期にわたって中所得国のままで高所得国に移行できない状況を指す。世界銀行は現在、一人あたり所得が一〇〇六ドルから一万二二七五ドルにある国を中所得国としている。一九五〇年から二〇〇八年の期間でみると、二八の国が米国との所得格差を一〇パーセント・ポイント以上縮めたが、西ヨーロッパ諸国、産油国、ダイヤモンド産出国を除くと、わずか一二カ国にすぎない。言い換えれば、一五〇以上の国が低所得国か中所得国のままであった。多くの国が工業化や天然資源のおかげで低所得国から脱しているが、様々なよくわからない要因で先進国との所得格差を縮めることができない。

比較優位（comparative advantage）　ある国がある商品を他の国より安い機会費用で生産できる状況を指す。オリジナルはイギリスの経済学者デヴィッド・リカード。リカードは、各国は、より安い機会費用で生産できる商品に特化すべきであると主張した。そうすると貿易によってどちらの国も実質所得が増加するという。

スウェーデンの経済学者エリ・ヘクシャーとバーティル・オリーンは、リカードの比較優位を各国の生産要素賦存に結びつけて理論を発展させた。ある国は、自国に相対的に豊富に賦存する生産要素をより集約的に用いる商品に比較優位を持つというものである。途上国では、一般的に労働ないし天然資源が豊富で、資本は稀少である。政策介入がないなら、途上国では労働と天然資源の価格が資本に比べて相対的に安い。したがって、開放的な競争市場では、途上国は労働集約的な産業に比較優位を持ち、資本をより多く使う重工業は比較劣位となる。

比較優位に合致した（CAF）開発戦略（comparative advantage-following strategy）　生産要素賦存に規定される比較優位に合致した競争力のある産業を育成する政策のこと。近代経済成長の本質は、不断の産業高度化、技術水準高度化の過程である。比較優位に合致した産業を振興し技術を採用すると、国内市場でも世界市場でも競争力を持つことができる。そうすると経済余剰が生み出され、投資のリターンが高くなり、資本蓄積が進む。資本蓄積が進むにつれて要素賦存構造が変化し、比較優位構造も変わって来て、産業構造の高度化が進む。ＣＡＦ戦略こそが速い経済成長を実現する道である。企業が比較優位に合致した技術と産業を選択すると、相対要素価格が要素賦存構造を反映したものとなる。よく機能する市場だけでこのようなことが起こる。ＣＡＦ戦略では、政府は市場競争を維持し、産業構造高度化におけるコーディネーションと外部性に関わる諸問題を克服しなくてはならない。

比較優位に反する（CAD）開発戦略（comparative advantage-defying strategy）　生産要素の賦存構造によって決まる比較優位に反するような開発戦略。多くの途上国では、相対的に稀少な資本集約的産業を振興することが多くみられる。一般的にいえば、途上国では相対的に労働と天然資源が豊富で資本が稀少である。したがって、途上国で先進的な資本集約的産業を振興することは要素賦存構造と矛盾し、比較優位に反する。そのような産業は世界の競争市場では戦えない。第二次大戦後、一九五〇年代、六〇年代の主流の開発思考に沿って、多くの途上国政府は、自国が資本稀少で非熟練労働が豊富な経済であるにもかかわらず、資本集約的産業を興そうとした。このような産業は政府の保護と補助金なしには存続できない。最初のうちは保護と補助金による投資主導で企業は操業できるが、このような開発戦略は最終的に多くの途上国で経済の停滞と危機をもたらした。

ワシントン・コンセンサス（Washington Consensus）　一九八〇年代、九〇年代に開発思想の主流となった新自由主義的政策。その後の世銀・ＩＭＦの構造調整の基本政策となった。これは、途上国政府は市場の歪みを取り除き、社会計画を改革すべきだという考え方で、産業政策とはかけ離れたものである。ワシントン・コンセンサスの考え方によれば、すべての市場の歪みを一挙に取り払う「ビッグ・バン」アプローチを重視し、古い制度を市場重視の制度に変えるべきだという。ワシントン・コンセンサスの改革には、財政規律の確立、「競争的な」為替レートの設定、貿易自由化、金融の自由化、民営化、規制緩和などが含まれ、経済発展に対する政府の関与を最小化すべきというものである。ワシントン・コンセンサスは、たしかに新古典派の経済原理を体現したものだが、途上国が直面している政策課題を無視していた。すなわち、それまでの開発の過程で雇用確保や社会の安定のために存在していた競争力のない企業を存続させつつ、貧しい国の産業・技術の高度化、構造変化のために、どうやって現実の比較優位あるいは潜在的比較優位がある産業に民間企業の参入を促進するかという政策課題である。ワシントン・コンセンサスの処方箋は、いつも意図した結果を実現することができるわけではないのである。

訳者あとがき

「ペーパーバック版へのはしがき」の初めのほうにあるように、「著者」は、「貧しさは運命ではない」と言っている。そのスピリットや、良し。

この本のタイトル、*The Quest for Prosperity: How Developing Economies Can Take Off* を直訳すると、『豊かさを求めて――途上国はどうしたら離陸できるだろうか』とでもなるのだろう。「豊かさを求める」ことは人間の本能であり、もっとも重要な経済学・経済政策の目的だ。「訳者」は、少数派かもしれないが、開発経済学、経済発展論こそ経済学だと思っている。アルフレッド・マーシャルは、数学ではスラムに住む人々を救えないと、経済学に転向した。

ここでは「物質的」豊かさか「心の」豊かさといったむずかしい議論はしない。貧しい国にとって、「物質的」豊かさの追求は、なによりも大切な目標だろう。所得水準が上がっても必ずしも幸せになるとは限らないという議論は、豊かな国、先進国の議論であって、貧しい国には当てはまらない。

この本のアプローチは単純である。「動態的比較優位」と「歴史的アプローチ」。歴史的アプローチは、キャッチアップ理論と言ってもいいし、雁行形態論と言ってもいいだろう[1]。この「あとがき」を書くために、何十年かぶりに赤松要を読み直そうと思った。学生時代、『世界経済論』（赤松　1965）を読んだ記憶があるが、整理の悪いわが書斎で見つけることができなかったので、Akamatsu（1962）を読み直した[2]。本書でも引用されているこの論文は、アジア経済研究所の英文誌*The Developing Economies*に掲載されている。本書同様多くの人が誤解しているが、Akamatsu（1962）が載っている*The Developing Economies*は、Volume 1ではなく、Preliminary Issue[3]であって、一九六二年の*The Developing Economies*がVolume 1である。

「雁行」で検索して画像を見ると、雁の群れが「編隊」を作って飛んで行く多くの写真を見ることができる。先発する雁の群れを次の群れが追い、さらに次の群れが追うという構図だ。雁行形態論は、貿易構造の変化の歴史的定式化だと思う。「訳者」流に言えば、貿易構造変化による発展局面移行ということになる。この点に関心の読者は、大川・小浜（1993、第1章第1節）を見て下さい。

比較優位構造は、広い意味での生産要素（労働、資本、技術など）の賦存構造が時代と共に変化し、それにしたがって比較優位も変化する。当たり前のことだ。それにもかかわらず、比較優位を無視した政府介入による工業化を図って、多くの途上国が工業化に失敗したという。ラテンアメリカの輸入代替工業化の失敗などがその典型的な例で、だから古い構造主義経済学は間違っていると「著者」は論じている。「訳者」に言わせれば、当たり前のことだ。

「訳者」は輸入代替がいけないとは思っていない。産業革命発祥のイングランドを除けば、すべての国が「後発国」で、後発国の工業化は必然的に輸入代替からスタートする。問題は、効率的な輸入代替が実現する国もあれば、輸入代替政策による既得権益構造が強力となり、いつまでもいつまでも輸入代替が続く国もある。

本書でもよく議論されているガーシェンクロンの「後発性の利益」は、あくまで潜在的可能性である。後発国は、最新の技術を導入する可能性があるので、先発国よりも速くその技術を利用して工業化を進める可能性がある。しかし、「後発性の利益」を実現することができる国には、それなりの条件が必要だ。われわれはそれを「社会的能力」（social capability）と呼んでいる。[4] 本書に何度も出てくる『成長委員会報告書』（Commission on

Growth and Development 2008）で採り上げられた国は一三カ国だ。

繰り返すが、この本のアプローチは単純である。「動態的比較優位」と「雁行形態論」の二つだ。アプローチや目的は、単純なほうが有効だと思う。SDGs（持続可能な開発目標）など一体いくつ目標があるかわからない。「いくつあるかわからない」と言うことは、目標がないのと同じことだ（*The Economist*, Mar. 28th 2015）。そんなことは、いわば狂宴であって、外交官や国際NGOに任せておけばいい。世界銀行の目標は二つ、貧困撲滅と公平な成長である。(5)

経済発展は長い長い構造変化のプロセスである。一つの経済発展局面から次の局面への移行がうまく行くかどうかが肝である。発展局面移行は、連続的、自動的なものではない。それぞれの局面移行に求められる技術的、制度的条件があって、そのような条件が満たされないと、局面移行はうまく行かない。「中所得国の罠」はその一例である。技術的、制度的条件の整備には時間がかかる。

構造改革は政治経済的プロセスであり、ビッグバン・アプローチ（ショック・セラピー）ではうまく行かない。「著者」も言うように、「漸進主義」にならざるを得ない。昔、一九八〇年代だろうか、東南アジアのある国の大臣と話していて、「構造改革の方向がわかっているんだから、どんどん進めればいいじゃないか」と言ったところ、「お前なあ、構造改革って言うのは、三歩前進二歩後退の連続なんだ」と言われた。

「著者」は、最後の章で、以下のように書いている。

途上国において産業を高度化し多様化していく際、政府は以下の単純なステップを経て後発性の利益を実現することができる。

ステップ1―政策担当者は、ダイナミックに発展している国で要素賦存構造が似ていて、所得水準が一〇〇％高いか二〇年前に所得水準が同じ国を見つける。そして過去二〇年間成長している貿易部門を見つける。

ステップ2―もし国内企業がこのような産業に存在している場合、技術の高度化や新規参入の障害となっている要因を除去しなくてはならない。

ステップ3―もし国内にこのような産業がないときは、「ステップ1」の国からＦＤＩ（海外直接投資）を誘致し、政府が起業を後押しする。

ステップ4―「ステップ1」で特定された産業に加えて、民間企業が自分で新しい産業を興す場合もあるから、政府はそれに注目し、新産業における民間企業のイノベーションを支援する。

ステップ5―インフラが未整備でビジネス環境が悪い国では、経済特区とか工業団地などを作って国内企業や外国企業の参入を促し、産業クラスターを形成する。

ステップ6―右で特定したパイオニア企業に対して政府は、一定期間の税制優遇、投資に対する資金供給、外貨へのアクセスなどの支援をすべきである。

これら六つのステップは、政策担当者の具体的行動の枠組みを示している。政府は、潜在的比較優位を持つ産業を特定し、民間企業がそのような産業に参入し活動する際の制約を取り除き、民間企業が一歩を踏み出すことを支援しなくてはならない。

この「六つのステップ」でうまく行くんだろうかと思う読者も多いと思う。経済学者の半分くらいは反対かもしれない。でも、反対が多いと言うことは、ある意味で健全だ。(6) どの国でも、そんなにうまく行くというわけではない。先にも書いたように、『成長委員会報告書』(Commission on Growth and Development 2008) で採り上げられた国は一三カ国にすぎない。

「著者」のいう六つのステップをやってもうまく行かない国も多いだろうし、そもそも、六つのステップを実行できない政府もあるだろう。そこには「国への信認」が大きく影響しているように思う。

サイモン・クズネッツが「世界には四つの国がある、先進国と低開発国と日本とアルゼンチンだ」と言ったと伝えられている。(7) クズネッツとは何度か直接話したことがあるが、このことは訊かなかった。アルゼンチンや日本のことを書く時に、「クズネッツの四分類」は、よく引用される。(8) 二〇一四年二月一五日の『エコノミスト』誌は、アルゼンチン特集だった。表紙はメッシの後ろ姿で、「アルゼンチンの寓話——他の国は一〇〇年の没落から何を学ぶか」というキャプションがついていた。ご承知のように、アルゼンチンの人々は政府のことをまったく信用していません。

アルゼンチン経済が破綻した二〇〇一年一二月、『フィナンシャル・タイムズ』紙は、“Risky tango in Tokyo” という社説を掲載した。そこには「国際金融界では悪いジョークが語られている。日本経済も危ない。アルゼンチンと日本の違いは、まあ五年のちがいさ」と書かれていた。五年後に日本経済が破綻しなかったので、今のところ「悪い冗談」ですんでいるが。でも、昨今は「思っても見ないこと」が起こる世の中なのです。

政府に対する信認が政策の有効性に影響する。もう辞めているが、日本政府のある経済閣僚が「政府はこんなにやっているのに、企業はなぜ投資しないんだ」とテレビカメラの前で不満を述べていた。おそらく「法人税を下げてやったのに」と言いたかったのだろう。民間企業も庶民もそれほどバカではない。「小手先の政策変更」や「口先」だけでは、人々は踊りはしないのだ。最近では「オオカミ少年」と酷評する人までいる。(9)

六月に「イギリス人が愚か」なことはわかったが、一一月に「アメリカ人がおかしな」判断をしないことを祈るのみ（Luce 2016）。

二〇一六年七月

小浜　裕久

引用文献

赤松　要（1965）『世界経済論』国元書房。

Akamatsu, Kaname（1962）“A Historical Pattern of Economic Growth in Developing Countries,” *The Developing Economies*, Preliminary Issue, No.1, March–August.

小島　清（2004a）『雁行型経済発展論〈第１巻〉日本経済・アジア経済・世界経済』文眞堂。

小島　清（2004b）『雁行型経済発展論〈第２巻〉アジアと世界の新秩序』文眞堂。

小島　清（2007）『雁行型経済発展論〈第３巻〉国際経済と金融機構』文眞堂。

小浜裕久（2001）『戦後日本の産業発展』日本評論社。

Kohama, Hirohisa（2007）*Industrial Development in Postwar Japan*, London: Routledge.

Luce, Edward（2016）“Why is America so alarmed by a Brexit vote? There are strong parallels between those backing Leave and Donald Trump’s supporters,” *Financial Times*, June 12.

大川一司・小浜裕久（1993）『経済発展論――日本の経験と発展途上国』東洋経済新報社。

World Bank（2015）*A Measured Approach to Ending Poverty and Boosting Shared Prosperity: Concepts, Data, and the Twin Goals*, World Bank Policy Research Report.

註

（1）雁行形態論については多くの論考がある。関心の読者は、赤松要のオリジナル以外には、小島清の3部作（小島 2004a,b; 2007）がある。

（2）「訳者」は、本の整理は悪いが、電子化された情報（PDFになっている論文など）は、そこそこ整理されている。エコノミストごとの論文フォルダーがABC順になっているので、その中の「Akamatsu」、サブ・フォルダーからAkamatsu (1962) を見つけるのは簡単だ。ちなみに、「Akamatsu」サブ・フォルダーの次には「Akerlof」サブ・フォルダーが出てくる。

（3）一九六二年の*The Developing Economies*, Preliminary Issue, No.1, March–August 1962の目次を見ると、東畑精一が序文を書いており、赤松要以外には、川野重任、小島清、山本登、坂本二郎、栗本弘らが寄稿している。

（4）この点に関心の読者は、大川・小浜（1993、第6章）、小浜（2001、第3章第2節）、Kohama (2007, pp.47–48) などを参照。

（5）Ending Extreme Poverty and Promoting Shared Prosperity, April 19, 2013 (http://www.worldbank.org/en/news/feature/2013/04/17/ending_extreme_poverty_and_promoting_shared_prosperity). この点については、World Bank (2015) も参照。

（6）「官邸一強」のいまの日本より、よっぽどいい。

（7）サイモン・クズネッツの言葉と言われているが、いつどこでそう言ったかは定かではない。『エコノミスト』誌の記事でも "Simon Kuznets, a Nobel laureate, is supposed to have remarked: "There are four kinds of countries in the world: developed countries, undeveloped countries, Japan and Argentina." と書いてある。

（8）"The Japanese solution: Despite Shinzo Abe's best efforts, Japan's economic future will be a leap into the unknown" (*The Economist*, Nov. 7th, 2015) の出だしも、アルゼンチンの記事同様 "THERE are four kinds of countries in the world, the Nobel-prize-winning economist Simon Kuznets supposedly said: developed, undeveloped, Argentina and Japan" とある。

（9）増税延期、「オオカミ少年」化する安倍首相（丹羽宇一郎氏の経営者ブログ）、『日本経済新聞（電子版）』、二〇一六年六月一五日。

【監訳者紹介】

小浜裕久（こはま　ひろひさ）

1949年　川崎市に生まれる。

1972年　慶應義塾大学経済学部卒業。

1974年　慶應義塾大学大学院経済学研究科修士課程修了。

㈶国際開発センター主任研究員、静岡県立大学国際関係学部教授等を歴任。

現　在　静岡県立大学名誉教授。

著　書　*Lectures on Developing Economies—Japan's Experience and its Relevance,* Tokyo: University of Tokyo Press, 1989（共著）。

『経済発展論——日本の経験と発展途上国』東洋経済新報社、1993年（共著）。

『日本の国際貢献』勁草書房、2005年。

Industrial Development in Postwar Japan, London: Routledge, 2007.

『ODAの経済学（第3版）』日本評論社、2013年。

『途上国の旅——開発政策のナラティブ』勁草書房、2013年（共著）。

ほか。

訳　書　ウィリアム・イースタリー『エコノミスト 南の貧困と闘う』（共訳）、東洋経済新報社、2003年。

ウィリアム・イースタリー『傲慢な援助』（共訳）、東洋経済新報社、2009年。

ダンビサ・モヨ『援助じゃアフリカは発展しない』（監訳）、東洋経済新報社、2010年。

ほか。

貧困なき世界
途上国初の世銀チーフ・エコノミストの挑戦

2016年10月27日発行

著　者——ジャスティン・リン（林毅夫）
監訳者——小浜裕久
発行者——山縣裕一郎
発行所——東洋経済新報社
〒103-8345　東京都中央区日本橋本石町 1-2-1
電話＝東洋経済コールセンター　03(5605)7021
http://toyokeizai.net/
装　丁…………橋爪朋世
D T P…………アイランドコレクション
印　刷…………東港出版印刷
製　本…………積信堂
Printed in Japan　　ISBN 978-4-492-44433-7

事 項 索 引*

＊ 原著の索引を参照のうえ，訳者が新たに作成した．人名索引も同様．

A～Z

ア 行

カ 行

サ　行

タ　行

ナ　行

ハ　行

マ　行

ヤ　行

ラ，ワ　行

人 名 索 引

ア 行

カ 行

サ 行

参 考 文 献

Abu-Bader, S., and A. Abu-Qarn. 2005. "Financial Development and Economic Growth: Time Series Evidence from Egypt." MPRA Paper 1113. University Library of Munich, Germany.

Acemoglu, D. 2007. "Modeling Inefficient Institutions." In *Advances in Economics and Econometrics, Theory and Applications: Ninth World Congress of the Econometric Society*, ed. R. Blundell, W. K. Newey, and T. Persson. London: Cambridge University Press.

Acemoglu, D., and J. A. Robinson. 2001. "A Theory of Political Transitions." *American Economic Review* 91: 938–963.

——. 2002. "Economic Backwardness in Political Perspective." NBER Working Paper 8831. National Bureau of Economic Research, Cambridge, MA.

——. 2005. *Economic Origins of Dictatorship and Democracy*. New York: Cambridge University Press.

Acemoglu, D., S. Johnson, and J. A. Robinson. 2001. "The Colonial Origins of Comparative Development: An Empirical Investigation." *American Economic Review* 91: 1369–1401.

——. 2002. "Reversal of Fortune: Geography and Institutions in the Making of the Modern World Income Distribution." *Quarterly Journal of Economics* 117: 1231–94.

——. 2005. "Institutions as the Fundamental Cause of Long-Run Growth." In *Handbook of Economic Growth*, Vol. 1, Part A, ed. P. Aghion and S. N. Durlauf, 385–472. Amsterdam: Elsevier Science (North-Holland).

Aghion, P. 2009. "Some Thoughts on Industrial Policy and Growth." Documents de Travail de l'OFCE 2009–09. Observatoire Français des Conjonctures Économiques, Paris.

Aghion, P., and P. Howitt. 1992. "A Model of Growth through Creative Destruction." *Econometrica* 60 (2): 323–351.

Agosin, M., C. Larraín, and N. Grau. 2009. "Industrial Policy in Chile: A Proposal." Working Paper 294. Departamento de Economia, Universidad de Chile, Santiago. http://www.econ.uchile.cl/uploads/publicacion/c00d45b0-c1e0-46af-9c1e-2730e6c54c67.pdf. Accessed February 7, 2012.

Aitken, B., G. Hanson, and A. Harrison. 1994. "Spillovers, Foreign Investment and Export Behavior." NBER Working Paper 4967. National Bureau of Economic Research, Cambridge, MA.

Akamatsu, K. 1962. "A Historical Pattern of Economic Growth in Developing Countries." *The Developing Economies,* Preliminary Issue, No.1: 3–25.

Akerlof, G. A. and Robert J. Shiller, 2009. *Animal Spirits: How Human Psychology Drives the Economy, and Why It Matters for Global Capitalism*. Princeton, NJ: Princeton University Press〔山形浩生訳『アニマルスピリット』東洋経済新報社, 2009年〕.

Alesina, A., and D. Rodrik. 1994. "Distributive Politics and Economic Growth." *Quarterly Journal of Economics* 109: 465–490.

Arndt, H. W. 1985. "The Origins of Structuralism." *World Development* 13(2): 151–159.

Aryeetey, E., and A. K. Fosu. 2008. "Economic Growth in Ghana: 1960–2000." In *The Political Economy of Economic Growth in Africa, 1960–2000: Country Case Studies*, ed. B. Ndulu et al., 289–324. Cambridge, England: Cambridge University Press.

Åslund, A. 1994. "Lessons of the First Four Years of Systemic Change in Eastern Europe." *Journal of Comparative Economics* 19(1): 22–38.

——. 1995. "The Case for Radical Reform." In *Economic Reform and Democracy*, ed. L. Diamond and M. Plattner, 74–85. Baltimore: Johns Hopkins University Press.

Ayyagari, M., A. Demirgüç-Kunt, and V. Maksimovic. 2008. "How Well Do Institutional Theories Explain Firms' Perceptions of Property Rights?" *Review of Financial Studies* 21(4): 1833–1871.

Bailey, D., A. de Ruyter, and N. Kavanagh. 2007. "Lisbon, Sapir and Industrial Policy: Evaluating the 'Irish Success Story.'" *International Review of Applied Economics* 21(3): 453–467.

Bairoch, P. 1993. *Economics and World History: Myths and Paradoxes*. Chicago: University of Chicago Press.

Balakrishnan, P. 2007. "Visible Hand: Public Policy and Economic Growth in the Nehru Era." Centre for Development Studies Working Paper 391. Centre for Development Studies, Trivandrum, Kerala, India.

Balcerowicz, L. 1995. "Understanding Postcommunist Transitions." In *Economic Reform and Democracy*, ed. L. Diamond and M. Plattner, 86–100. Baltimore: Johns Hopkins University Press.

Banco Central de Cuba. n.d.a. "Home."
www.bc.gov.cu/English/home.asp. Accessed February 6, 2012.

——. n.d.b. "Monetary Policy."
www.bc.gov.cu/English/home.asp. Accessed February 6, 2012.

Barro, R. J. 1997. *Determinants of Economic Growth: A Cross-Country Empirical Study* (*Lionel Robbins Lectures*). Cambridge, MA: MIT Press.

——. 2009. "Government Spending Is No Free Lunch." *Wall Street Journal*, January 22.

Barro, R. J., and X. Sala-i-Martin. 1992. "Convergence." *Journal of Political Economy* 100(2): 223–251.

——. 1995. *Economic Growth*. Cambridge, MA: MIT Press.

——. 2003. *Economic Growth*, 2nd ed. Cambridge, MA: MIT Press〔大住圭介訳『内生的経済成長論』Ⅰ・Ⅱ, 九州大学出版会, 2006年〕.

Bates, R. H. 1981. *Markets and States in Africa: The Political Basis of Agricultural Policies*. Berkeley: University of California Press.

Baumol, W. 1986. "Productivity Growth, Convergence, and Welfare: What the Long-Run Data Show." *American Economic Review* 76 (December): 1072–1085.

——. 1994. "Multivariate Growth Patterns: Contagion and Common Forces as Possible Sources of Convergence." In *Convergence of Productivity, Cross-National Studies and Historical Evidence*, ed. W. Baumol, R. Nelson, and E. Wolf, 62–85. New York: Oxford University Press.

Becker, G. S. 1975. *Human Capital: A Theoretical and Empirical Analysis, with Special Reference to Education*, 2nd ed. New York: Columbia University Press〔佐野陽子訳『人的資本――教育を中心とした理論的・経験的分析』東洋経済新報社, 1976年〕.

——. 1992. "Education, Labor Force Quality, and the Economy: The Adam Smith Address." *Business Economics* 27 (1): 7–12.

Benavente, J. M. 2006. "Wine Production in Chile." In *Technology, Adaptation, and Exports: How Some Developing Countries Got It Right*, ed. V. Chandra, 225–242. Washington, DC: World Bank.

Bernanke, B. S. 2004. "The Great Moderation." Remarks at the meetings of the Eastern Economic Association, Washington, DC, February 20.

Besley, T., and S. Coate. 1998. "Sources of Inefficiency in a Representative Democracy: A Dynamic Analysis." *American Economic Review* 88: 139–156.

Bhagwati, J., and S. Chakravarty. 1969. "Contributions to Indian Economic Analysis: A Survey." *American Economic Review* 59 (4): 1–73.

Bhatnagar, S. 2006. "India's Software Industry." In *Technology, Adaptation, and Exports: How Some Developing Countries Got It Right*, ed. V. Chandra, 49–82. Washington, DC: World Bank.

Biney, A. 2008. "The Legacy of Kwame Nkrumah in Retrospect." *Journal of Pan African Studies* 2 (3): 129–159.

Birdsall, N., and A. de la Torre. 2001. *Washington Contentious: Economic Policies for Social Equity in Latin America*. Washington, DC: Carnegie Endowment for International Peace and Inter-American Dialogue.

Blanchard, O., and J. Simon. 2001. "The Long and Large Decline in U.S.Output Volatility." *Brookings Papers on Economic Activity* 32 (1): 135–164.

Blanchard, O., G. Dell'Ariccia, and P. Mauro. 2010. "Rethinking Macroeconomic Policy." IMF Staff Position Note. International Monetary Fund, Washington, DC.

Blanchard, O., R. Dornbusch, P. Krugman, R. Layard, and L. Summers. 1991. *Reform in Eastern Europe*. Cambridge, MA: MIT Press.

Blanchard, O., M. Boycko, M. Dabrowski, R. Dornbusch, R. Layard, and A. Shleifer. 1993. *Post-Communist Reform: Pain and Progress*. Cambridge, MA: MIT Press.

Blanchflower, D. 2009. "The Future of Monetary Policy." Open lecture at the University of Cardiff, Wales, March 24.

Blankenburg, S., J. G. Palma, and F. Tregenna. 2008. "Structuralism." In *The New Palgrave Dictionary of Economics*, 2nd ed., Vol. 8, ed. S. N. Durlauf and L. E. Blume, 69–74. London: Macmillan.

Blomström, M., R. E. Lipsey, and M. Zejan. 1994. "What Explains the Growth of Developing Countries?" In *Convergence of Productivity, Cross-National Studies and Historical Evidence*, ed. W. J. Baumol, R. R. Nelson, and E. N. Wolff, 243–261. New York: Oxford University Press.

Bold, B. 1982. *Famous Problems of Geometry and How to Solve Them*. New York: Dover.

Bourguignon, F. 2006. "Economic Growth: Heterogeneity and Firm-Level Disaggregation." PREM Lecture, World Bank, Washington, DC, May.

Brady, D. H., and M. Spence. 2009. "Leadership and Politics: A Perspective from the Growth Commission." *Oxford Review of Economic Policy* 25 (2) : 205–218.

——. 2010. "The Ingredients of Growth." *Stanford Social Innovation Review* 8 (2) : 34–39.
http://www.ssireview.org/articles/entry/the_ingredients_of_growth. Accessed February 8, 2012.

Braudel, F. 1984. *The Perspective of the World: Civilization and Capitalism, Fifteenth–Eighteenth Century*, Vol. 3. New York: Harper and Row〔村上光彦訳『物質文明・経済・資本主義——15–18世紀 3. 世界時間』1・2, みすず書房, 1996年, 1999年〕.

Broad, W. J. 1992. *Teller's War: The Top-Secret Story Behind the Star Wars Deception*. New York: Simon and Schuster.

Calderón, C., E. Moral-Benito, and L. Servén. 2009. "Is Infrastructure Capital Productive? A Dynamic Heterogeneous Approach." World Bank and Centro de Estudios Monetarios y Financieros, Washington, DC, and Madrid.

Cameron, D. 2010. "East End Tech City." Speech, East London, November 4.
www.number10.gov.uk/news/east-end-tech-city-speech.

Cameron, R. 1993. *A Concise Economic History of the World*, 2nd ed. Oxford, England: Oxford University Press〔第4版訳：速水融監訳『概説世界経済史』Ⅰ・Ⅱ, 東洋経済新報社, 2013年〕.

Caprio, G., and P. Honohan. 2001. *Finance for Growth: Policy Choices in a Volatile World*. New York: Oxford University Press.

Carlyle, T. 1849. "Occasional Discourse on the Negro Question." *Fraser's Magazine* (December) : 670–679.

Carneiro, P., and J. J. Heckman. 2003. "Human Capital Policy." IZA Discussion Paper 821. Institute for the Study of Labor, Bonn, Germany.

Carroll, L. 1865 [1897]. *Alice's Adventures in Wonderland*. London: Macmillan〔高橋康也・高橋迪訳『不思議の国のアリス』新書館, 2005年, ほか〕.

Cass, D. 1965. "Optimum Growth in an Aggregative Model of Capital Accumulation." *Review of Economic Studies* 32 (July) : 233–240.

Chala, Z. T. 2010. "Economic Significance of Selective Export Promotion on Poverty

Reduction and Inter-Industry Growth of Ethiopia." Ph.D. dissertation, Virginia Polytechnic Institute and State University, Blacksburg, VA, June.

Chandra, V., J. Y. Lin, and Y. Wang. 2013. "Leading Dragon Phenomenon: New Opportunities for Catch-up in Low-Income Countries." *Asian Development Review* 30 (1): 52–84.

Chang, H.-J. 2002. *Kicking Away the Ladder: Development Strategy in Historical Perspective*. London: Anthem〔横川信治監訳『はしごを外せ――蹴落とされる発展途上国』日本評論社, 2009年〕.

——. 2007. *Bad Samaritans: Rich Nations, Poor Policies, and the Threat to the Developing World*. London: Random House.

——, ed. 2008a. *Bad Samaritans: The Myth of Free Trade and the Secret History of Capitalism*. New York: Bloomsbury.

——. 2008b. "Lazy Japanese and Thieving Germans: Are Some Cultures Incapable of Economic Development?" In *Bad Samaritans: The Myth of Free Trade and the Secret History of Capitalism*, ed. H.-J. Chang, 167–208. New York: Bloomsbury.

——. 2008c. "State-Owned Enterprise Reform." UN Policy Note 4. United Nations Department of Economic and Social Affairs, New York.

Chenery, H. B. 1958. "The Role of Industrialization in Development Programmes." In *The Economics of Underdevelopment*, ed. A. N. Agarwala and S. P. Singh, 450–471. Bombay: Oxford University Press.

——. 1960. "Patterns of Industrial Growth." *American Economic Review* 50: 624–654.

Chenery, H. B., and M. Bruno, 1962. "Development Alternatives in an Open Economy: The Case of Israel." *Economic Journal* 72: 79–103.

Cheng, C.-Y. 1982. *China's Economic Development: Growth and Structural Change*. Boulder, CO: Westview.

Chu, J. 2009. "Rwanda Rising: A New Model of Economic Development." *Fast Company Magazine* 134 (April): 80–91.

Chuhan-Pole, P., and M. Angwafo, eds. 2011. *Yes Africa Can: Success Stories from a Dynamic Continent*. Washington, DC: World Bank.

CIA (Central Intelligence Agency). n.d. "Burundi." In *The World Factbook*. Washington, DC.
https://www.cia.gov/library/publications/the-world-factbook/geos/by.html. Accessed February 8, 2012.

Cipolla, C. M. 1980. *Before the Industrial Revolution: European Society and Economy, 1000-1700*, 2nd ed. New York: Norton.

Clark, G. 2007. *A Farewell to Alms: A Brief Economic History of the World*. Princeton, NJ: Princeton University Press〔久保恵美子訳『10万年の世界経済史』上・下, 日経BP社, 2009年〕.

Clift, J. 2010. "IMF Explores Contours of Future Macroeconomic Policy." *IMF Survey Magazine*, February 12.

Coase, R. H. 1937. "The Nature of the Firm." *Economica* 4 (16) : 386–405.

——. 1960. "The Problem of Social Cost." *Journal of Law and Economics* 3 (1) : 1–44.

Collier, P. 2007. *The Bottom Billion: Why the Poorest Countries Are Failing and What Can Be Done about It*. New York: Oxford University Press〔中谷和男訳『最底辺の10億人』日経BP社，2008年〕.

——. 2010. "Why Natural Resources Should Help End Poverty." *New Statesman*, June 28.

Commission of the European Communities. 2005. "Implementing the Community Lisbon Programme: A Policy Framework to Strengthen EU Manufacturing—Towards a More Integrated Approach for Industrial Policy." Communication from the Commission. Brussels, Belgium, October 5.

Commission on Growth and Development. 2008. *The Growth Report: Strategies for Sustained Growth and Inclusive Development*. Washington, DC: World Bank〔田村勝省訳『世界銀行　経済成長レポート――すべての人々に恩恵のある開発と安定成長のための戦略』一灯社，2009年〕.

——. n.d. "About Us."
www.growthcommission.org/index.php?option=com_content&task=view&id=13&Itemid=58. Accessed February 6, 2012.

Convention People's Party. 1962. "Program for Work and Happiness." Central Committee of the Party, Accra, Ghana.

Cooper, F. 2002. *Africa since 1940: The Past of the Present*. Cambridge, England: Cambridge University Press.

Crook, Clive. 2012. "An Economics Masterpiece You Should Be Reading Now." Bloomberg, December 18, 2012.
Online at: http://www.bloomberg.com/news/print/2012-12-18/an-economics-master.

Daveri, F., and O. Silva. 2004. "Not Only Nokia: What Finland Tells Us about New Economy Growth." *Economic Policy* (April) : 117–163.

Deaton, A. 2009. "Instruments of Development: Randomization in the Tropics, and the Search for the Elusive Keys to Economic Development." Working Paper 1128, Woodrow Wilson School of Public and International Affairs, Center for Health and Wellbeing, Princeton University, Princeton, NJ.

de Ferranti, D., G. E. Perry, D. Lederman, and W. F. Maloney. 2002. *From Natural Resources to the Knowledge Economy: Trade and Job Quality*. Washington, DC: World Bank.

de Grauwe, P. 2008. "Cherished Myths Fall Victim to Economic Reality." *Financial Times*, July 22.

DeLong, J. B. 1997. "Slouching Towards Utopia? The Economic History of the Twentieth Century."
http://econ161.berkeley.edu/tceh/Slouch_title.html.

Demery, L. 1994. "Côte d'Ivoire: Fettered Adjustment." In *Adjustment in Africa: Lessons from Country Case Studies*, ed. I. Husain and R. Faruqee, 72–152. Washington, DC:

World Bank.

Deng, X. 1980. "On the Reform of the System of Party and State Leadership." Speech for a meeting of the Political Bureau of the Central Committee of the Communist Party of China, Beijing, August 18.

——. 1984. *Selected Works of Deng Xiaoping, 1975-1982*, Vol. 2. Beijing: Foreign Language Press.

——. 1992. *Selected Works of Deng Xiaoping, 1938-1965*, Vol. 1. Beijing: Foreign Language Press.

——. 1994. *Selected Works of Deng Xiaoping, 1982-1992*, Vol. 3. Beijing: Foreign Language Press.

Devarajan, S., W. Easterly, and H. Pack. 2002. "Low Investment Is Not the Constraint on African Development." Working Paper 13. Center for Global Development, Washington, DC.

Diamond, L., and M. F. Plattner. 1995. "Introduction." In *Economic Reform and Democracy*, ed. L. Diamond and M. F. Plattner, i–xxii. Baltimore: Johns Hopkins University Press.

Di Maio, M. 2008. "Industrial Policies in Developing Countries: History and Perspectives." Working Paper 48–2008. Department of Finance and Economic Sciences, Macerata University, Macerata, Italy.

Dinh, H. T., V. Palmade, V. Chandra, and F. Cossar. 2012. *Light Manufacturing in Africa: Targeted Policies to Enhance Private Investment and Create Jobs*. Washington, DC: World Bank.

Djik, M. V., and A. Szirmail. 2006. "Industrial Policy and Technology Diffusion: Evidence from Paper Making Machinery in Indonesia." *World Development* 34 (12) : 2137–2152.

Du, L., A. Harrison, and G. Jefferson. 2011. "Do Institutions Matter for FDI Spillovers? The Implications of China's 'Special Characteristics.'" Policy Research Working Paper 5757. World Bank, Washington, DC.

Duflo, E. 2004. "Scaling Up and Evaluation." In *Annual World Bank Conference on Development Economics 2004*, ed. F. Bourguignon and B. Pleskovic, 341–349. Washington, DC: World Bank.

Dulfano, I. 2003. "Intel and Costa Rica: A Model for Global Expansion, Economic Development, and Sustainability." *Global Business Languages* 8 (3) .

Dutt, A. K., and J. Ros. 2003. "Development Economics and Political Economy." In *Development Economics and Structuralist Macroeconomics: Essays in Honor of Lance Taylor*, ed. A.K. Dutt and J. Ros, 3–28. Northhampton, MA: Edward Elgar.

Easterly, W. R. 2001. "The Lost Decades: Explaining Developing Countries' Stagnation in Spite of Policy Reform, 1980–1998." *Journal of Economic Growth* 6 (2) : 135–157.

Easterly, W., and S. Fischer. 1995. "The Soviet Economic Decline." *World Bank Economic Review* 9 (3) : 341–371.

The Economist. 2008. "Connectivity and Commitment Pay Dividends in African Transport." October 16.

Eichengreen, B., M. Mussa, G. Dell'Ariccia, E. Detragiache, G. M. Milesi-Ferretti, and A. Tweedie. 1999. *Liberalizing Capital Movements: Some Analytical Issues*. Washington, DC: International Monetary Fund.

Engerman, S. L., and K. L. Sokoloff. 1997. "Factor Endowments, Institutions, and Differential Paths of Growth among New World Economies: A View from Economic Historians of the United States." In *How Latin America Fell Behind*, ed. S. Haber, 260–306. Stanford, CA: Stanford University Press.

European Commission. 1994. *An Industrial Competitiveness Policy for the European Union*. Communication from the Commission to the Council, the European Parliament, the Economic and Social Committee, and the Committee of the Regions. Brussels, Belgium. COM (94) 319 final, September 14.

FIAS (Foreign Investment Advisory Service). 2008. *Special Economic Zones: Performance, Lessons Learned, and Implications for Zone Development*. Washington, DC: World Bank.

Fischer, S. 2001. "The Challenge of Globalization in Africa." Remarks at the France–Africa Summit, Yaounde, January 19.
http://www.iie.com/fischer/pdf/Fischer077.pdf. Accessed February 7, 2012.

——. 2003. "Globalization and Its Challenges." Ely Lecture presented at the American Economic Association meetings, Washington, DC, January 3.
http://www.iie.com/fischer/pdf/fischer011903.pdf. Accessed February 7, 2012.

Francesco, G., and M. Pagano. 1991. "Can Severe Fiscal Contractions Be Expansionary? Tales of Two Small European Countries." In *NBER Macroeconomics Annual 1990*, ed. O. J. Blanchard and S. Fischer, 75–122. Cambridge, MA: MIT Press.

Freeland, C. 2000. *Sale of the Century: Russia's Wild Ride from Communism to Capitalism*. New York: Crown Business.

Freeman, C., M. Kumhof, D. Laxton, and J. Lee. 2009. "The Case for a Global Fiscal Stimulus." IMF Position Note. International Monetary Fund, Washington, DC.

Furtado, C. 1964. *Development and Underdevelopment*. Los Angeles: University of California Press.

——. 1970. *Economic Development of Latin America*. London: Cambridge University Press.

G-8 (Group of Eight). 2005. "The Gleneagles Communique." 31st G-8 Summit, Gleneagles Hotel, Auchterarder, Scotland, July 8.

Galbraith, J. 2002. "Shock without Therapy." *American Prospect*, August 25.
http://prospect.org/cs/articles?article=shock_without_therapy. Accessed February 23, 2012.

Gavin, M., and R. Perotti. 1997. "Fiscal Policy in Latin America." In *NBER Macroeconomics Annual 1997*, Vol. 12, ed. B. S. Bernanke and J. Rotemberg, 11–72.

Cambridge, MA: MIT Press.

Gelb, A., V. Ramachandran, M. K. Shah, and G. Turner. 2007. "What Matters to African Firms? The Relevance of Perception Data." Policy Research Working Paper 4446. World Bank, Washington, DC.

German Federal Ministry of Economics and Technology. 2010. In *Focus: Germany as a Competitive Industrial Nation*. Berlin.

Gerschenkron, A. 1962. *Economic Backwardness in Historical Perspective: A Book of Essays*. Cambridge, MA: Belknap Press of Harvard University Press〔部分訳：絵所秀紀ほか訳『後発工業国の経済史――キャッチアップ型工業化論』ミネルヴァ書房, 2005年〕.

Gibson, B., 2003. "An Essay on Late Structuralism." In *Development Economics and Structuralist Macroeconomics: Essays in Honor of Lance Taylor*, ed. A. K. Dutt and J. Ros, 52–76. Northampton, MA: Edward Elgar.

Glaeser, E., and A. Shleifer. 2002. "Legal Origins." *Quarterly Journal of Economics* 117 (November) : 1193–1229.

Glassburner, B. 2007. *The Economy of Indonesia: Selected Readings*. Jakarta: Equinox.

Gordon, R., and W. Li. 2005. "Tax Structure in Developing Countries: Many Puzzles and a Possible Explanation." NBER Working Paper 11267. National Bureau of Economic Research, Cambridge, MA.

Government of Ghana. 1959. *The Second Development Plan, 1959–64*. Accra: Government Printer.

Greif, A. 1993. "Contract Enforceability and Economic Institutions in Early Trade: The Maghribi Traders' Coalition." *American Economic Review* 83 (3) : 525–548.

Grossman, G. M., and E. Helpman. 1994. "Protection for Sale." *American Economic Review* 84 (4) : 833–850.

——. 1996. "Electoral Competition and Special Interest Politics." *Review of Economic Studies* 63 (2) : 265–286.

——. 2001. *Special Interest Politics*. Cambridge, MA: MIT Press.

Haggard, S., and R. R. Kaufman. 1995. "The Challenges of Consolidation." In *Economic Reform and Democracy*, ed. L. Diamond and M. F. Plattner, 1–12. Baltimore: Johns Hopkins University Press.

Harrison, A., and A. Rodríguez-Clare. 2010. "Trade, Foreign Investment, and Industrial Policy for Developing Countries." In *Handbook of Development Economics*, Vol. 5, ed. D. Rodrik, 4039–4213. Amsterdam: North-Holland.

Hausmann, R., and B. Klinger. 2006. "Structural Transformation and Patterns of Comparative Advantage in the Product Space." CID Working Paper 128. Kennedy School, Center for International Development, Harvard University, Cambridge, MA.

——. 2008. "Growth Diagnostics in Peru." CID Working Paper 181. Kennedy School, Center for International Development, Harvard University, Cambridge, MA.

Hausmann, R., D. Rodrik, and A. Velasco. 2006. "Getting the Diagnostics Right." *Finance*

and Development 43 (1) : 12–15.

——. 2008. “Growth Diagnostics.” In *The Washington Consensus Reconsidered: Towards a New Global Governance*, ed. N. Serra and J. E. Stiglitz, 324–354. New York: Oxford University Press.

Heckman, J. J. 2006. “Skill Formation and the Economics of Investing in Disadvantaged Children.” *Science* 312 (5782) : 1900–1902.

Heckscher, E. F., and B. Ohlin. 1991. *Heckscher-Ohlin Trade Theory*. Cambridge, MA: MIT Press.

Helpman, E. 2004. *The Mystery of Economic Growth*. Cambridge, MA: Harvard University Press〔大住圭介ほか訳『経済成長のミステリー』九州大学出版会, 2009年〕.

Henckel, T., and W. McKibbin. 2010. *The Economics of Infrastructure in a Globalized World: Issues, Lessons, and Future Challenges*. Washington, DC: Brookings Institution.

Her Majesty’s Government. 2009. “Going for Growth: Our Future Prosperity.” Department for Business Innovation and Skills, London.

Hesse, M. 2008. “Truth: Can You Handle It?” *Washington Post*, April 27.

Hidalgo, C. A., B. Klinger, A.-L. Barabási, and R. Hausmann. 2007. “The Product Space Conditions the Development of Nations.” *Science* 317 (5837) : 482–487.

Hirschman, A. O. 1958. *The Strategy of Economic Development*. New Haven, CT: Yale University Press〔小島清監修, 麻田四郎訳『経済発展の戦略』巌松堂出版, 1961年〕

——. 1982. “The Rise and Decline of Development Economics.” In *The Theory and Experience of Economic Development*, ed. M. Gersovitz and W. A. Lewis, 372–390. London: Allen and Unwin.

Hoeffler, A. 1999. “The Augmented Solow Model and the African Growth Debate.” Centre for the Study of African Economies, Oxford University, Oxford, England.

Holdren, J. 2011. “America COMPETES Act Keeps America’s Leadership on Target.” White House press release, January 6.

Honohan, P., and B. Walsh. 2002. “Catching Up with the Leaders: The Irish Hare.” *Brookings Papers on Economic Activity* 1: 1–57.

Huntington, S. P. 1992. *The Third Wave: Democratization in the Late Twentieth Century*. Norman, Okla.: University of Oklahoma Press〔坪郷實ほか訳『第三の波——20世紀後半の民主化』三嶺書房, 1995年〕.

ILO. n.d. “Sectors Covered.” International Labour Organization, Geneva, Switzerland. Available at http://www.ilo.org/sector/sectors-covered/lang—en/index.htm. Accessed February 7, 2012.

Ilzetzki, E., and C. A. Vegh. 2008. “Procyclical Fiscal Policy: Truth or Fiction?” NBER Working Paper 14191. National Bureau of Economic Research, Cambridge, MA.

IMF (International Monetary Fund). 2001. *Guidelines for Foreign Exchange Reserves Management*. Washington, DC.

IMF and Republic of Slovenia. 2001. “Article IV, Report 01/76.” Washington, DC, May.

——. 2011. *Global Financial Stability Report*. Washington, DC.

Irwin, D. A. 1996. *Against the Tide: An Intellectual History of Free Trade.* Princeton, NJ: Princeton University Press〔小島清監修，麻田四郎訳『自由貿易理論史——潮流に抗して』文眞堂, 1999年〕.

Isaacson, W. 2007. *Einstein: His Life and Universe*. New York: Simon and Schuster〔二間瀬敏史監訳『アインシュタイン　その生涯と宇宙』上・下, 武田ランダムハウスジャパン，2011年〕.

Ito, H. 1980. “Financial Repression.” Portland State University, Oregon.

Jalava, J., and M. Pohjola. 2007. “ICT as a Source of Output and Productivity Growth in Finland.” *Telecommunications Policy* 31 (8–9) : 463–472.

Jamieson, I. 1980. *Capitalism and Culture: A Comparative Analysis of British and American Manufacturing Organizations*. London: Gower.

Jäntti, M., and J. Vartiainen. 2009. “The Finnish Development State and Its Growth Regime.” Research Paper 2009/35. United Nations University, Helsinki.

Jones, B. F., and B. A. Olken. 2005. “Do Leaders Matter? National Leadership and Growth since World War II.” *Quarterly Journal of Economics* 120 (3) : 835–864.

Jones, C. I. 1998. *Introduction to Economic Growth.* New York: W. W. Norton〔香西泰監訳『経済成長理論入門——新古典派から内生的成長理論へ』日本経済新聞社, 1999年〕.

Jones, C. I., and P. M. Romer. 2009. “The New Kaldor Facts: Ideas, Institutions, Population, and Human Capital.” NBER Working Paper 15094. National Bureau of Economic Research, Cambridge, MA.〔2010. *American Economic Journal: Macroeconomics* 2 (1) : 224–245〕.

Ju, J., J. Y. Lin, and Y. Wang. 2009. “Endowment Structures, Industrial Dynamics, and Economic Growth.” Policy Research Working Paper 5055. World Bank, Washington, DC.

Juppé, A., and M. Rocard. 2009. *Investir por l’avenir: Priorités stratégiques d’investissement et emprunt national*. Report by the Juppé-Rocard Commission on the Grand Emprut, Paris.

Justman, M., and B. Gurion. 1991. “Structuralist Perspective on the Role of Technology in Economic Growth and Development.” *World Development* 19 (9) : 1167–1183.

Kaldor, N. 1961. “Capital Accumulation and Economic Growth.” In *The Theory of Capital*, ed. F. A. Lutz and D. C. Hague, 177–222. New York: St. Martin’s Press.

Kanbur, R. 2009. “The Crisis, Economic Development Thinking, and Protecting the Poor.” Presentation to the World Bank’s Executive Board, Washington, DC, July 7.

Katz, J. 2006. “Salmon Farming in Chile.” In *Technology, Adaptation, and Exports: How Some Developing Countries Got It Right,* ed. V. Chandra, 193–224. Washington, DC: World Bank.

Kim, Y. H. 1988. *Higashi ajia kogyoka to sekai shihonshugi* (Industrialisation of East

Asia and the world capitalism). Tokyo: Toyo Keizai Shimpo-sha〔金泳鎬『東アジア工業化と世界資本主義――第 4 世代工業化論』東洋経済新報社, 1988年〕.

Kojima, K. 2000. "The 'Flying Geese' Model of Asian Economic Development: Origin, Theoretical Extensions, and Regional Policy Implications." *Journal of Asian Economies* 11: 375–401.

Koopmans, T. C. 1965. "On the Concept of Optimal Economic Growth." In *Study Week on the Econometric Approach to Development Planning*, ed. Pontificia Accademia Scientiarum, 225–287. Amsterdam: North-Holland.

Kosonen, K. 1992. "Saving and Economic Growth from a Nordic Perspective." In *Social Corporatism*, ed. J. Pekkarinen et al., 178–209. Oxford, England: Clarendon.

Kroeber, A. L., and C. Kluckhohn. 1952. "Culture: A Critical Review of Concepts and Definitions." *Papers of the Peabody Museum of American Archeology and Ethnology* 47 (1): 41–79.

Krueger, A. O. 1974. "The Political Economy of Rent-Seeking Society." *American Economic Review* 64 (3): 291–303.

——. 1992. *Economic Policy Reform in Developing Countries*. Cambridge, MA: Blackwell.

——. 1997. "Trade Policy and Economic Development: How We Learn." *American Economic Review* 87 (1): 1–22.

Krugman, P. 1979. "A Model of Innovation, Technology Transfer, and the World Distribution of Income." *Journal of Political Economy* 87 (2): 253–266.

——. 1991. "Increasing Returns and Economic Geography." *Journal of Political Economy* 99 (3): 483–499.

——. 1993. "Protection in Developing Countries." In *Policymaking in the Open Economy: Concepts and Case Studies in Economic Performance*, ed. R. Dornbusch, 127–148. New York: Oxford University Press.

——. 1996. "Ricardo's Difficult Idea." Paper presented at the Manchester conference on free trade.
http://web.mit.edu/krugman/www/ricardo.htm. Accessed February 6, 2012.

——. 2009. *The Return of Depression Economics and the Crisis of 2008*. New York: W. W. Norton〔三上義一訳『世界大不況への警告』早川書房，1999年〕.

Kuznets, S. 1966. *Modern Economic Growth: Rate, Structure, and Spread*. New Haven, CT: Yale University Press〔塩野谷祐一訳『近代経済成長の分析』上・下，東洋経済新報社，1968年〕.

——. 1971. "Modern Economic Growth: Findings and Reflections." Nobel Prize Lecture presented in Stockholm, Sweden, December 11.

Lal, D. 1983. *The Poverty of Development Economics*. Cambridge, MA, and London: Harvard University Press and IEA Hobart.

Landes, D. S. 1969. *The Unbound Prometheus: Technological Change and Industrial Development in Western Europe from 1750 to the Present*. London: Cambridge Univer-

sity Press〔石坂昭雄・富岡庄一訳『西ヨーロッパ工業史――産業革命とその後 1750–1968』1・2，みすず書房，1980年，1982年〕.

——. 1998. *The Wealth and Poverty of Nations: Why Some Are So Rich and Some So Poor*. New York: Norton.

Larraín, F., L. F. López-Calva, and A. Rodríguez-Clare. 1996. "Intel: A Case Study of Foreign Direct Investment in Central America." In *Economic Development in Central America*, Vol. 1: *Growth and Internationalization*, ed. F. Larraín, Ch. 6. Cambridge, MA: Harvard University Press.

Lau, L. J., Y. Qian, and G. Roland. 2000. "Reforms without Losers: An Interpretation of China's Dual-Track Approach to Transition." *Journal of Political Economy* 108 (1): 120–143.

Leechor, C. 1994. "Ghana: Frontrunner in Adjustment." In *Adjustment in Africa: Lessons from Country Case Studies*, ed. I. Husain and R. Faruqee, 153–192. Washington, DC: World Bank.

Leibenstein, H. 1957. *Economic Backwardness and Economic Growth: Studies in the Theory of Economic Development*. New York: John Wiley and Sons.

Leke, A., S. Lund, C. Roxburgh, and A. van Wamelen. 2010. "What Is Driving Africa's Growth?" *McKinsey Quarterly* (June).

Lévi-Strauss, C. 1963. *Structural Anthropology*, trans. by C. Jacobson and B. G. Schoepf, New York: Basic Books (Original in French: *Anthropologie structurale*, 1958)〔荒川幾男ほか訳『構造人類学』みすず書房, 1972年〕.

Lewis, W. A. 1954. "Economic Development with Unlimited Supplies of Labor." *Manchester School* 22 (May): 139–191.

Li, J. W., and Y. J. Zheng, eds. 1989. *Technological Progress and the Choice of Industrial Structure*. Beijing: Kexue Chubanshe.

Li, S., C. Luo, and T. Sicular. 2011. "Overview: Income Inequality and Poverty in China, 2002–2007." CIBC Centre for Human Capital and Productivity Working Paper 2011/10, University of Western Ontario, London, Canada.

Li, Y. 1983. *Zhongguo gongye bumen jiegou* (The structure of the Chinese industry). Beijing: China People's University Press.

Lim, W. 2011. "Joint Discovery and Upgrading of Comparative Advantage: Lessons from Korea's Development Experience." In *Postcrisis Growth and Development: A Development Agenda for the G20*, ed. S. Fardoust, Y. Kim, and C. Sepúlveda, 173–226. Washington, DC: World Bank.

Lin, J. Y. 1989. "An Economic Theory of Institutional Change: Induced and Imposed Change." *Cato Journal* 9 (Spring–Summer): 1–32.

——. 1990. "Collectivization and China's Agricultural Crisis in 1959–1961." *Journal of Political Economy* 98 (December): 1228–1252.

——. 1992. "Rural Reforms and Agricultural Growth in China." *American Economic Review* 82 (1): 34–51.

——. 1995. “The Needham Puzzle: Why the Industrial Revolution Did Not Originate in China.” *Economic Development and Cultural Change* 41 (2) : 269–292.

——. 1997. “Reform and Development: Lessons from Transitional Economies in East Asia.” Paper prepared for the Conference Stabilization, Growth, and Transition: Symposium in Memory of Michael Bruno, Jerusalem, November 22–24.

——. 2003. “Development Strategy, Viability, and Economic Convergence.” *Economic Development and Cultural Change* 53 (2) : 277–308.

——. 2009a. “Beyond Keynesianism: The Necessity of a Globally Coordinated Solution.” *Harvard International Review* 31 (2) : 14–17.

——. 2009b. *Economic Development and Transition: Thought, Strategy, and Viability*. Cambridge, England: Cambridge University Press.

——. 2011a. *Demystifying the Chinese Economy*. Cambridge, UK: Cambridge University Press〔劉徳強訳『北京大学中国経済講義』東洋経済新報社, 2012年〕.

——. 2011b. *New Structural Economics and Policy*. Washington, DC: World Bank.

——. 2011c. “New Structural Economics: A Framework for Rethinking Economic Development.” *World Bank Research Observer* 26 (2) : 193–221.

——. 2012a. *Benti and Changwu: Dialogues on Methodology in Economics*. New York: Cengage.

——. 2012b. “From Flying Geese to Leading Dragons: New Opportunities and Strategies for Structural Transformation in Developing Countries.” *Global Policy* 3 (4) : 397–409.

Lin, J. Y., F. Cai, and Z. Li. 1994. *The China Miracle: Development Strategy and Reform*. Shanghai: Shanghai People’s Publishing House and Shanghai Sanlian Sudian, 1994; Hong Kong: the Chinese University of Hong Kong Press, 1995, rev. ed., 2003 (English edition)〔初版訳：杜進訳『中国の経済発展』日本評論社, 1997年〕.

——. 1996. “The Lessons of China’s Transition to a Market Economy.” *Cato Journal* 16 (2) : 201–231.

——. 1998. “Competition, Policy Burdens, and State-Owned Enterprise Reform.” *American Economic Review* 88 (2) : 422–427.

Lin, J. Y., and H.-J. Chang. 2009. “DPR Debate: Should Industrial Policy in Developing Countries Conform to Comparative Advantage or Defy It?” *Development Policy Review* 27 (5) : 483–502.

Lin, J. Y., and D. Doemeland. 2012. “Beyond Keynesianism: Global Infrastructure Investments in Times of Crisis.” Policy Research Working Paper 5940. World Bank, Washington, DC.

Lin, J. Y., and Z. Li. 2008. “Policy Burden, Privatization, and Soft Budget Constraint.” *Journal of Comparative Economics* 36: 90–102.

——. 2009. “Development Strategy, Viability, and Economic Distortions in Developing Countries.” Policy Research Working Paper 4906. World Bank, Washington DC.

Lin, J. Y., and C. Monga. 2011. “Growth Identification and Facilitation: The Role of the

State in the Dynamics of Structural Change." *Development Policy Review* 29 (3) : 264–290.

Lin, J. Y., and R. Ren. 2007. "East Asian Miracle Debate Revisited." *Economic Research Journal* 42 (8) : 4–12.

Lin, J. Y., and G. Tan. 1999. "Policy Burdens, Accountability, and the Soft Budget Constraint." *American Economic Review: Papers and Proceedings* 89 (2) : 426–431.

Lin, J. Y., X. Sun, and Y. Jiang. 2009. "Towards a Theory of Optimal Financial Structure." Policy Research Working Paper 5038. World Bank, Washington, DC.

List, F. 1841 [1930]. *Das Nationale System der Politischen Ökonomie* (The national system of political economy), Vol. 6: *Schriften, Reden, Briefe*, ed. A. Sommer. Berlin: Reinmar Hobbing〔小林昇訳『経済学の国民的体系』岩波書店, 1970年〕.

Lucas, R. E. 1988. "On the Mechanics of Economic Development." *Journal of Monetary Economics* 22 (1) : 3–42.

——. 1990. "Why Doesn't Capital Flow from Rich to Poor Countries?" *American Economic Review* 80 (2) : 92–96.

——. 2002. *Lectures on Economic Growth*. Cambridge, MA: Harvard University Press.

Mabro, R. 1974. *The Egyptian Economy, 1952-1972*. Oxford, England: Clarendon.

Mabro, R., and S. Radwan. 1976. *The Industrialization of Egypt, 1939-1973: Policy and Performance*. Oxford, England: Clarendon.

Maddison, A. 2001. *The World Economy: A Millennial Perspective*. Paris: Organisation for Economic Co-operation and Development〔金森久雄監訳『経済統計で見る世界経済2000年史』柏書房, 2004年〕.

——. 2006. *The World Economy*. Paris: Organisation for Economic Co-operation and Development.

——. n.d. "Historical Statistics of the World Economy: 1–2008 AD." www.ggdc.net/maddison/Historical_Statistics/horizontal-file_02-2010.xls. Accessed February 23, 2012.

Maliranta, M. 2010. "Finland's Path to the Global Productivity Frontier through Creative Destruction." *International Productivity Monitor* 20 (Fall) : 68–84.

Mankiw, N. G. 1995. "The Growth of Nations." *Brookings Papers on Economic Activity* 1: 275–326.

——. 2006. "The Macroeconomist as Scientist and Engineer." *Journal of Economic Perspectives* 20 (4) : 29–46.

Marshall, A. 1890. *Principles of Economics*. London: Macmillan〔第 9 版訳：馬場啓之助訳『経済学原理』全 4 巻, 東洋経済新報社, 1965–67年〕.

Mathews, J. A. 2006. "Electronics in Taiwan: A Case of Technological Leaning." In *Technology, Adaptation, and Exports: How Some Developing Countries Got It Right*, ed. V. Chandra, 83–126. Washington, DC: World Bank.

McKinnon, R. I. 1973. *Money and Capital in Economic Development.* Washington, DC: Brookings Institution.

Melese, A. 2007. "Triple Role of the Dutch in the Growth of the Cut-Flower Industry in Ethiopia." Unpublished thesis, The Hague, the Netherlands.

Mendes, S. M., E. C. Teixeira, and M. A. Salvato. 2009. "Investimentos em infra-estrutura e produtividade total dos fatores na agricultura Brasileira: 1985–2004." *Revista Brasileira de Economia* 63 (2) : 91–102.

Menon, R. 2010. "Markets and Government: Striking a Balance in Singapore." Opening address at the Singapore Economic Policy Forum, Singapore, October 22.

Merlin-Jones, D. 2010. "Time for Turning? Why the Conservatives Need to Rethink Their Industrial Policy (If They Have One)." *Civitas* 7 (January) : 1–11.

MIGA (Multilateral Investment Guarantee Agency). 2006. *The Impact of Intel in Costa Rica Investing: Nine Years after the Decision to Invest.* Washington, DC: World Bank Group.

Mill, J. S. 1848. *Principles of Political Economy*. London: Longmans, Green〔末永茂喜訳『経済学原理』全５冊，岩波文庫，1959-63年〕.

Mistry, P. S., and N. Treebhoohun. 2009. *The Export of Tradeable Services in Mauritius: A Commonwealth Case Study in Economic Transformation*. London: Commonwealth Secretariat.

Mkapa, B. 2008. "Leadership for Growth, Development, and Poverty Reduction: An African Viewpoint and Experience." Working Paper 8. Commission on Growth and Development, Washington, DC.

MOFCOM. 2013. *China Africa Economic and Trade Co-operation 2013*. Online at: http://english.mofcom.gov.cn/article/newsrelease/press/201309/2013900285772.shtml.

Mokyr, J. 1990. *The Lever of Riches: Technological Creativity and Economic Progress*. New York: Oxford University Press.

Monga, C. 1996. *The Anthropology of Anger: Civil Society and Democracy in Africa*. Boulder, CO: Lynne Rienner.

——. 1997. *L'argent des autres—Banques et petites entreprises en Afrique: Le cas du Cameroun*. Paris: LDGJ-Montchretien.

——. 2006. "Commodities, Mercedes-Benz, and Structural Adjustment: An Episode in West African Economic History." In *Themes in West Africa's History*, ed. E. Akyeampong, 227–264. Oxford, England: James Currey.

Montiel, P., and L. Servén. 2008. "Real Exchange Rates, Saving, and Growth: Is There a Link?" Background paper for *The Growth Report: Strategies for Sustained Growth and Inclusive Development*. Washington, DC: World Bank.

Mottaleb, K. A., and T. Sonobe. 2011. "An Inquiry into the Rapid Growth of the Garment Industry in Bangladesh." *Economic Development and Cultural Change* 60 (1) : 67–89.

Mrak, M., M. Rojec, and C. Silva-Jáuregui. 2004. "Slovenia: From Yugoslavia to the European Union." *Transition Studies Review* 11 (3) : 269–272.

Murphy, K. M., A. Shleifer, and R. W. Vishny. 1989. “Industrialization and Big Push.” *Journal of Political Economy* 97 (5) : 1003–1026.

Myrdal, G. 1957. *Economic Theory and Under-developed Regions*. London: Gerald Duckworth〔小原敬士訳『経済理論と低開発地域』東洋経済新報社, 1959年〕.

——. 1968. *Asian Drama: An Inquiry into the Poverty of Nations*. New York: Twentieth Century Fund〔縮刷版訳：板垣與一監訳『アジアのドラマ』全 2 冊, 東洋経済新報社, 1974年〕.

Naik, G. 2006a. “Bridging the Knowledge Gap in Competitive Agriculture: Grapes in India.” In *Technology, Adaptation, and Exports: How Some Developing Countries Got It Right*, ed. V. Chandra, 243–274. Washington, DC: World Bank.

——. 2006b. “Closing the Yield Gap: Maize in India.” In *Technology, Adaptation, and Exports: How Some Developing Countries Got It Right*, ed. V. Chandra, 275–300. Washington, DC: World Bank.

Naím, M. 2000. “Washington Consensus or Confusion?” *Foreign Policy* 118 (Spring) : 86 –103.

National Science Foundation (NSF). n.d.
http://www.nsf.gov/about/budget/

Naughton, B. 1995. *Growing Out of Plan: Chinese Economic Reform 1978-1993*. Cambridge, England: Cambridge University Press.

Nelson, R. R., and S. G. Winter, 1982. *An Evolutionary Theory of Economic Change*. Cambridge, MA: Harvard University Press〔後藤晃・角南篤・田中辰雄訳『経済変動の進化理論』慶應義塾大学出版会, 2007年〕.

Nicholas, T. 2010. “The Role of Independent Invention in U.S. Technological Development, 1880–1930.” *Journal of Economic History* 70 (1) : 57–82.

Nkrumah, K. 1957. “Independence Day Speech.” Accra, Ghana, March 6.

——. 1960. “The Sessional Address.” Parliamentary Debates, Accra, Ghana, July 4.

Noland, M., and H. Pack. 2003. *Industrial Policy in an Era of Globalization: Lessons from Asia*. Washington, DC: Peterson Institute for International Economics.

North, D. 1981. *Structure and Change in Economic History*. New York: W. W. Norton〔大野一訳『経済史の構造と変化』日経BP社, 2013年〕.

——. 1990. *Institutions, Institutional Change, and Economic Performance*. Cambridge, England: Cambridge University Press〔竹下公視訳『制度・制度変化・経済成果』晃洋書房, 1994年〕.

——. 1994. “Economic Performance through Time.” *American Economic Review* 84 (3) : 359–368.

Nurkse, R. 1953. *Problems of Capital Formation in Underdeveloped Countries*. New York: Oxford University Press〔土屋六郎訳『後進諸国の資本形成』改訳版, 巌松堂出版, 1973年〕.

O’Brian, T. M., and A. D. Rodriguez. 2004. “Improving Competitiveness and Market Access for Agricultural Exports through the Development and Application of Food

Safety and Quality Standards: The Example of Peruvian Asparagus." Inter-American Institute for Cooperation on Agriculture, Agricultural Health and Food Safety Program, San José, Peru.

Ocampo, J. A., and L. Taylor, 1998. "Trade Liberalization in Developing Economies: Modest Benefits but Problems with Productivity Growth, Macro Prices, and Income Distribution." *Economic Journal* 108: 1523–1546.

Ocampo, J. A., C. Rada, and L. Taylor. 2009. *Growth and Policy in Developing Countries: A Structuralist Approach*. New York: Columbia University Press.

OECD (Organisation for Economic Co-operation and Development). 2002. *Foreign Direct Investment for Development: Maximizing Benefits, Minimizing Costs*. Paris.

Olson, M. 1982. *The Decline and Fall of Nations: Economic Growth, Stagflation, and Social Rigidities*. New Haven, CT: Yale University Press.

O'Rourke, P. J. 1991. *Parliament of Whores: A Lone Humorist Attempts to Explain the Entire U.S. Government*. New York: Grove.

Osman-Gani, A. M. 2004. "Human Capital Development in Singapore: An Analysis of National Policy Perspectives." *Advances in Developing Human Resources* 6 (3): 276–287.

Ozawa, T. 2005. *Institutions, Industrial Upgrading, and Economic Performance in Japan—The Flying-Geese Paradigm of Catch-up Growth*. Northampton, MA: Edward Elgar.

Pack, H. 2011. "DPR Debate: Growth Identification and Facilitation." *Development Policy Review* 29 (3): 259–310.

Paulson, H. 2008. "Comprehensive Approach to Market Developments." Statement by Secretary of the Treasury Henry Paulson, Washington, DC, September 19.

Perkins, D. H. 1969. *Agricultural Development in China, 1368–1968*. Chicago: Aldine.

——. 1988. "Reforming China's Economic System." *Journal of Economic Literature* 26 (2): 601–645.

Persson, T., and G. Tabellini. 1994. "Is Inequality Harmful to Growth?" *American Economic Review* 38: 765–773.

Piekkola, H. 2007. "Public Funding of R&D and Growth: Firm-Level Evidence from Finland." *Economics of Innovation and New Technology* 16 (3): 195–210.

Pinkovskiy, M., and X. Sala-i-Martin. 2009. "Parametric Estimations of the World Distribution of Income." NBER Working Paper 15433. National Bureau of Economic Research, Cambridge, MA.

Pomeranz, K. 2000. *The Great Divergence: China, Europe, and the Making of the Modern World Economy*. Princeton, NJ: Princeton University Press〔川北稔監訳『大分岐——中国, ヨーロッパ, そして近代世界経済の形成』名古屋大学出版会, 2015年〕.

Porter, M. E. 1990. *The Competitive Advantage of Nations*. New York: Free Press〔土岐坤・中辻萬治・小野寺武夫・戸成富美子訳『国の競争優位』上・下, ダイヤモンド社, 1992年〕.

Portes, R. 1993. "From Central Planning to a Market Economy." In *Making Markets: Economic Transformation in Eastern Europe and the Post-Soviet States*, ed. S. Islam and M. Mandelbaum. New York: Council on Foreign Relations.

Prebisch, R. 1950. *The Economic Development of Latin America and Its Principal Problems*. New York: United Nations. Reprinted in *Economic Bulletin for Latin America* 7 (1) : 1–22.

——. 1959. "Commercial Policy in Underdeveloped Countries." *American Economic Review* 49 (2) : 251–273.

Prescott, E. 1999. "Interview with Edward Prescott." In *Conversations with Economists: Interpreting Macroeconomics*, ed. B. Snowdown and H. Vane, 258–269. Northampton, MA: Edward Elgar〔岡地勝二訳『マクロ経済学はどこまで進んだか——トップエコノミスト12人へのインタビュー』東洋経済新報社, 2001年, 所収〕.

Pritchett, L. 1997. "Divergence, Big Time." *Journal of Economic Perspectives* 11 (3) : 3–17.

——. 2001. "Where Has All the Education Gone?" *World Bank Economic Review* 15 (3) : 367–391.

——. 2006. "The Quest Continues." *Finance and Development* 43 (1) .

Radelet, S. 2010. *Emerging Africa: How 17 Countries Are Leading the Way.* Washington, DC: Center for Global Development.

Ravallion, M. 2009. "Should the Randomistas Rule?" *Economists' Voice* 6 (2) : 1–5.

Rawski, T. G. 1979. *Economic Growth and Employment in China.* New York: Oxford University Press.

Rhee, Y. W. 1990. "The Catalyst Model of Development: Lessons from Bangladesh's Success with Garment Exports." *World Development* 18 (2) : 333–346.

Rhee, Y. W., and T. Belot. 1990. "Export Catalysts in Low-Income Countries." Discussion Paper 72. World Bank, Washington, DC.

Ricardo, D. 1817. *On The Principles of Political Economy and Taxation*. London: John Murray.

——. 1921. *On the Principles of Political Economy and Taxation*, 3rd ed. London: John Murray〔羽鳥卓也・吉澤芳樹訳『経済学および課税の原理』上・下, 岩波文庫, 1987年, ほか〕.

Rilke, R. M. 1984. *Letters to a Young Poet*. New York: Random House〔高安国世訳『若き詩人への手紙・若き女性への手紙』新潮文庫, 1953年, 所収〕.

Robinson, J. 1933. *The Economics of Imperfect Competition*. London: Macmillan〔加藤泰男訳『不完全競争の経済学』文雅堂書店, 1957年〕.

——. 1956. *The Accumulation of Capital*. London: Macmillan〔杉山清訳『資本蓄積論』みすず書房, 1977年〕.

Robinson, J. A., and R. Torvik. 2005. "White Elephants." *Journal of Public Economics* 89: 197–210.

Rocheteau, G. 1982. *Pouvoir financier et indépendance économique en Afrique: Le cas du*

Sénégal. Paris: Orstom-Karthala.
Rodrik, D. 2005. "Growth Strategies." In *Handbook of Economic Growth*, Vol. 1, ed. P. Aghion and S. Durlauf, 967–1014. New York: Elsevier.
——. 2006. "Goodbye Washington Consensus, Hello Washington Confusion? A Review of the World Bank's *Economic Growth in the 1990s: Learning from a Decade of Reform.*" *Journal of Economic Literature* 44 (4) : 973–987.
——. 2009. "Industrial Policy: Don't Ask Why, Ask How." *Middle East Development Journal* 1 (1) : 1–29.
Romalis, J. 2007. "Capital Taxes, Trade Costs, and the Irish Miracle." *Journal of the European Economic Association* 5 (2–3) : 459–469.
Romer, C. 2009. "The Case for Fiscal Stimulus: The Likely Effects of the American Recovery and Reinvestment Act." Speech at the University of Chicago, February 27.
Romer, P. M. 1986. "Increasing Returns and Long-Run Growth." *Journal of Political Economy* 95 (5) : 1002–1037.
——. 1987. "Growth Based on Increasing Returns Due to Specialization." *American Economic Review* 77 (2) : 56–62.
——. 1990. "Endogenous Technological Change." *Journal of Political Economy* 98 (5) : S71–S102.
——. 1993. "Two Strategies for Economic Development: Using Ideas and Producing Ideas." In *Proceedings of the World Bank Annual Conference on Development Economics 1992*, ed. L. Summers and S. Shah, 63–91. Washington, DC: World Bank.
Rosenstein-Rodan, P. N. 1943. "Problems of Industrialisation of Eastern and South-Eastern Europe." *Economic Journal* 53 (210/211) : 202–211.
——. 1961. "How to Industrialize an Underdeveloped Area." In *Regional Economic Planning*, ed. W. Isard, 205–211. Paris: Organization for European Economic Cooperation.
Rostow, W. W. 1960. *The Stages of Economic Growth: A Non-Communist Manifesto*. Cambridge, England: Cambridge University Press〔木村健康・久保まち子・村上泰亮訳『経済成長の諸段階』ダイヤモンド社，1961年〕.
Roubiniand, N., and X. Sala-i-Martin. 1992. "Financial Repression and Economic Growth." *Journal of Development Economics* 39: 5–30.
Sá Barreto, R. C., and E. Almeida. 2009. "A contribuição da pesquisa para convergência e crescimento da renda agropecuária no Brasil." *Revista de Economia e Sociologia Rural* 47 (3) : 719–737.
Sachs, J. 1993. *Poland's Jump to the Market Economy*. Cambridge, MA: MIT Press.
Sage, S. F. 1992. *Ancient Sichuan and the Unification of China*. Albany: State University of New York Press.
Salisbury, H. 1992. *The New Emperors: China in the Era of Mao and Deng*. Boston: Little, Brown.
Sawers, L. 2005. "Nontraditional or New Traditional Exports: Ecuador's Flower Boom."

Latin American Research Review 40 (3) : 40–66.

Schopenhauer, A. 1890 [1998]. “Further Psychological Observations.” In *Studies in Pessimism: A Series of Essays*, trans. T. B. Saunders. New York: Macmillan.

Schultz, T. W. 1961. “Investments in Human Capital.” *American Economic Review* 51 (1) : 1–17.

——. 1962. *Investment in Human Beings*. Chicago: University of Chicago Press.

——. 1964. *Transforming Traditional Agriculture*. Chicago: University of Chicago Press〔逸見謙三訳『農業近代化の理論』東京大学出版会, 1966年〕.

Schumpeter, J. 1942. *Capitalism, Socialism, and Democracy.* New York: Harper and Row.

——. 1975. *Capitalism, Socialism, and Democracy*, 3rd ed. New York: Harper〔中山伊知郎・東畑精一訳『新装版　資本主義・社会主義・民主主義』東洋経済新報社, 1995年〕.

Selim, T. H. 2006. “Monopoly: The Case of Egyptian Steel.” *Journal of Business Case Studies* 2 (3) : 85–92.

Sen, A. 1960. *The Choice of Technique: An Aspect of the Theory of Planned Economic Development*. Oxford: Blackwell.

Service, R. 2005. *Stalin: A Biography*. Cambridge, MA: Harvard University Press.

Shambaugh, D. 1993. “Deng Xiaoping: The Politician.” In “Deng Xiaoping: An Assessment.” Special issue, *China Quarterly* 135: 457.

Shaw, E. 1973. *Financial Deepening in Economic Development.* New York: Oxford University Press.

Shiue, C. H., and W. Keller. 2007. “Markets in China and Europe on the Eve of the Industrial Revolution.” *American Economic Review* 97 (4) : 1189–1216.

Short, P. 2004. *Pol Pot: Anatomy of a Nightmare.* New York: Henry Holt.

Singer, H. 1950. “The Distribution of Gains between Borrowing and Investing Countries.” *American Economic Review* 40 (2) : 473–485.

Skidelsky, R. 2003. “The Mystery of Growth.” *New York Review of Books*, March 13.

Smith, A. 1776. *The Wealth of Nations*. Chicago: University of Chicago Press〔大河内一男監訳『国富論』全 3 冊, 中公文庫, 1978年, ほか〕.

Smith, R. 2010. “Casualties—US vs. NVA/VC.” www.rjsmith.com/kia_tbl.html. Accessed February 23, 2012.

Sokoloff, K. L., and S. L. Engerman. 2000. “History Lessons: Institutions, Factor Endowments, and Paths of Development in the New World.” *Journal of Economic Perspectives* 14 (3) : 217–232.

Solow, R. M. 1969. *Growth Theory: An Exposition*. New York: Oxford University Press〔第 2 版訳：福岡正夫訳『成長理論』岩波書店, 2000年〕.

——. 1998. *Monopolistic Competition and Macroeconomic Theory*. Cambridge, England: Cambridge University Press.

Spar, D. 1998. *Attracting High Technology Investment: Intel's Costa Rica Plan*. FIAS Occasional Paper 11. Washington, DC: World Bank, Foreign Investment Advisory Ser-

vice.
Spence, M. 2011. *The Next Convergence: The Future of Economic Growth in a Multi-speed World*. New York: Farrar, Straus, and Giroux.
State Statistical Bureau. 1987. *Zhongguo gudingzichantouzi tonggiziliao* (China capital construction statistical data, 1950–1985). Beijing: Zhongguo Tongji Chubanshe.
Stiglitz, J. E. 1998. "More Instruments and Broader Goals: Moving toward the Post-Washington Consensus." WIDER Annual Lecture 2. World Institute for Development Economics Research, United Nations University, Helsinki.
——. 2002. *Globalization and Its Discontents*. New York: Norton〔鈴木主税訳『世界を不幸にしたグローバリズムの正体』徳間書店, 2002年〕.
——. 2003. "Challenging the Washington Consensus: Interview with Lindsey Schoenfelder." *Brown Journal of World Affairs* 9 (2): 33–40.
——. 2009. *Freefall: America, Free Markets, and the Sinking of the World Economy*. New York: W. W. Norton〔楡井浩一・峯村利哉 訳『フリーフォール――グローバル経済はどこまで落ちるのか』徳間書店, 2010年〕.
Subramanian, A., and D. Roy. 2003. "Who Can Explain the Mauritian Miracle? Meade, Romer, Sachs, or Rodrik?" In *In Search of Prosperity: Analytic Narratives on Economic Growth*, ed. D. Rodrik, 205–243. Princeton, NJ: Princeton University Press.
Sweeney, P. 1999. *The Celtic Tiger: Ireland's Continuing Economic Miracle*, 2nd ed. Dublin: Oak Tree Press.
Taylor, L. 1983. *Structuralist Macroeconomics: Applicable Models for the Third World*. New York: Basic Books.
——. 1991. *Income Distribution, Inflation, and Growth: Lectures in Structuralist Macroeconomics*. Cambridge, MA: MIT Press.
——. 2004. *Reconstructing Macroeconomics: Structuralist Proposals and Critiques of the Mainstream*. Cambridge, MA: Harvard University Press.
Tollison, R. D., and R. D. Congleton, eds. 1995. *The Economic Analysis of Rent-Seeking*. Aldershot, England: Edward Elgar.
Torrens, R. 1815. *Essay on the External Corn Trade*. London: J. Hatchard.
Trebilcock, C. 1981. *The Industrialization of Continental Powers, 1780-1914*. London: Longman.
UNCTAD (United Nations Conference on Trade and Development). 2006. *A Case Study of the Salmon Industry in Chile*. New York.
——. n.d. *UNCTADstat*. Geneva.
Weber, M. 1958. *The Protestant Ethic and the Spirit of Capitalism*. New York: Charles Scribner's Sons〔大塚久雄訳『プロテスタンティズムの倫理と資本主義の精神』岩波文庫, 改訳版, 1989年〕.
Whitman, W. B., ed. 2003. *The Quotable Politician*. Guilford, CT: Lyons.
Williamson, J. 2002. "Did the Washington Consensus Fail?" Speech at the Center for

Strategic and International Studies, Washington, DC, November 6.

Williamson, O. E. 2000. "The New Institutional Economics: Taking Stock, Looking Ahead." *Journal of Economic Literature* 38 (3) : 595–613.

Wolf, M. 2012. "Pragmatic Search for Path to Prosperity." *Financial Times*, October 14, 2012.
Online at: http://www.ft.com/intl/cms/s/2/a6c9aba2-12d2-11e2-ac28-00144feabdc0.html#axzz2yP5dD2mg.

World Bank. 1993. *The East Asian Miracle: Economic Growth and Policy.* Oxford, England: Oxford University Press〔白鳥正喜監訳, 海外経済協力基金開発問題研究会訳『東アジアの奇跡――経済成長と政府の役割』東洋経済新報社, 1994年〕.

——. 1995. *Bureaucrats in Business: The Economics and Politics of Government Ownership*. Washington, DC.

——. 1996. *World Development Report 1996: From Plan to Market*. Washington, DC.

——. 2002. *Transition: The First Ten Years; Analysis and Lessons for Eastern Europe and the Former Soviet Union*. Washington, DC.

——. 2005. *Economic Growth in the 1990s: Learning from a Decade of Reform.* Washington, DC.

——. 2007. *World Development Report 2008: Agriculture for Development*. Washington, DC〔田村勝省訳『世界開発報告　2008――開発のための農業』一灯舎, 2008年〕.

——. 2009a. "Enhancing Growth and Reducing Poverty in a Volatile World: A Progress Report on the Africa Action Plan." Washington, DC.

——. 2009b. *Global Monitoring Report 2009: A Development Emergency*. Washington, DC.

——. 2010a. *Africa Development Indicators*. Washington, DC.

——. 2010b. *The Little Data Book on Information and Communication Technology 2010.* Washington, DC.

——. 2010c. *World Development Indicators*. Washington, DC.

——. 2010d. *Investing Across Borders 2010*. Washington, DC: World Bank.

——. 2011. *World Development Report 2011: Conflict, Security, and Development.* Washington, DC: World Bank〔田村勝省訳『世界開発報告　2011――紛争, 安全保障と開発』一灯舎, 2012年〕.

——. 2013. *Doing Business Indicators 2013*. Washington, DC: World Bank.
http://press.princeton.edu/

WTO (World Trade Organization). n.d. "The Case for Open Trade." WTO Trade Resources. www.wto.org/trade_resources/history/wto/wto.htm. Accessed February 6, 2012.

Wu, Y.-L. 1965. *The Economy of Communist China: An Introduction*. New York: Praeger.

Yeboah, K. 1999. "Introducing the Ghana Steel Fund." *Ghanaweb,* November 30.

Yeltsin, B. N. 1990. *Against the Grain: An Autobiography*. New York: Summit Books.

——. 1995. *The Struggle for Russia*. New York: Crown.

——. 2000. *Midnight Diaries*. New York: Public Affairs.

Young, A. 2010. "The African Growth Miracle." Department of Economics, London School of Economics.

mfi.uchicago.edu/publications/papers/real-consumption-measures-for-the-poorer-regions-of-the-world.pdf. Accessed May 22, 2012.

Zagha, R., G. Nankani, and I. Gill. 2006. "Rethinking Growth." *Finance and Development* 43 (March): 7–11.

Zellner, A. 1979. "Causality and Econometrics, Policy and Policymaking." *Carnegie-Rochester Conference Series on Public Policy* 10: 9–54.

Zoellick, R. B. 2010. "Remarks for the High-Level China–Africa Experience-Sharing Program on Special Economic Zones and Infrastructure Development." Beijing, September 14.